Die Rollen der Angehörigen in der Gesundheitskommunikation

Doreen Reifegerste

Die Rollen der Angehörigen in der Gesundheitskommunikation

Modelle, Funktionen und Strategien

Doreen Reifegerste
Kommunikationswissenschaft
Universität Erfurt
Erfurt, Thüringen, Deutschland

ISBN 978-3-658-25030-0 ISBN 978-3-658-25031-7 (eBook)
https://doi.org/10.1007/978-3-658-25031-7

Die Deutsche Nationalbibliothek verzeichnet diese Publikation in der Deutschen Nationalbibliografie; detaillierte bibliografische Daten sind im Internet über http://dnb.d-nb.de abrufbar.

Springer VS

Verantwortlich im Verlag: Barbara Emig-Roller

Springer VS ist ein Imprint der eingetragenen Gesellschaft Springer Fachmedien Wiesbaden GmbH und ist ein Teil von Springer Nature
Die Anschrift der Gesellschaft ist: Abraham-Lincoln-Str. 46, 65189 Wiesbaden, Germany

Der Mensch ist des Menschen Medizin.
Walter H. Lechler

Vorwort

Für einen Wissenschaftler gibt es solche Themen, die man selbst zielstrebig anvisiert (und die man dann vielleicht mangels Förderung nicht umsetzen kann) und dann gibt es Themen, die unverhofft aber doch hartnäckig an die Tür klopfen. Wie ein heimatloser Hund, der einen treuherzig anschaut, kommen sie zu einem und bleiben dann (mit nassem Fell und Flöhen!) vor dem Ofen liegen und wollen untersucht werden. Die Angehörigen in der Gesundheitskommunikation kamen in den letzten Jahren immer wieder zu allen möglichen und unmöglichen Zeitpunkten (Urlaub, Feiertage, Bahnfahrten...) zu mir und haben eingefordert, dass ich Wissen über sie schaffe. Sie haben mich herausgefordert, ihr Verhalten mit meinen sozialwissenschaftlichen Mitteln zu beschreiben, zu verstehen und zu erklären.

Die Reaktionen der Forschergemeinschaft und der Praktiker aus dem Gesundheitswesen hätten unterschiedlicher nicht sein können. Einige konnten durch meine Berichte eine völlig neue Ebene sehen, waren froh, dass endlich jemand das Thema angehe und fanden das „total wichtig". Häufig verbunden auch mit der Frage, wie denn nun mit den Angehörigen umzugehen sei, welche Strategien es denn für sie gebe. Dagegen fanden andere die Kommunikation mit den Angehörigen wenig relevant („erst mal die Patientenprobleme klären"), wenig interessant („schon alles bekannt"), zu umfassend („ein ganzes Forschungsgebiet") oder schlicht zu selbstverständlich, um erforscht zu werden. Dennoch hatten viele oft mehr als eine Anekdote aus dem privaten Kontext der Gesundheitskommunikation zu bieten, was dann doch auf eine gewisse *Relevanz* schließen lässt. Immer wenn ich von den pessimistischen Reaktionen demotiviert war, kamen wieder die Angehörigen und haben mir von ihren Aufgaben, enttäuschten Erwartungen, Ängsten und vielfältigen Kommunikationserfahrungen berichtet. Besonderen Eindruck haben bei mir die verwitweten Krebsangehörigen und pflegende Angehörige in der ambulanten Intensivtherapie hinterlassen. Sie haben nicht nur Wissen geschaffen, sondern mir auch zur kostenfreien Weiterbildung in Weisheitsdimensionen wie Empathie, Perspektivwechsel und der Überwindung von Kontrollillusionen verholfen.

Neben der Relevanzdiskussion hat mir auch die Komplexität und der relationale, transaktionale, multiperspektivische oder auch systemische Charakter des Themas immer wieder Kopfzerbrechen bereitet (z. B. Wo fängt man in der Kausalanalyse an?; Was ist das relevante Zielkriterium? und Wer ist die relevante Zielperson?). Auch hier waren die Reaktionen des Fachpublikums unterschiedlich. Während die einen (vor allem Mediziner) das Thema für zu komplex hielten, war den Soziologen meine (notwendigerweise zum Teil reduzierende) Herangehensweise noch nicht komplex genug. Als Kommunikationswissenschaftlerin erschreckte mich zumindest der relationale Charakter nicht, ist er doch Definitionsmerkmal der Kommunikation. Aber selbst der Rechtswissenschaftler Thomas Klie meint im Pflegereport 2015: „Das Leben wäre unvollständig gedacht, wenn es nur von der Fähigkeit zur Selbstbestimmung her gedacht, wertgeschätzt und verstanden wird. Autonomie in einem tieferen Sinne erwerben wir immer aus der Relationalität, aus der Beziehung zu anderen“ (S. 9). Ich folgte schließlich der Empfehlung der Kommunikationswissenschaftlerin Janice Krieger, die meint, dass die *Umarmung der Komplexität* die einzig mögliche Bewältigungsstrategie für die Integration der Angehörigen wäre.

Diese Einstellung brachte allerdings auch eine Akzeptanz der Vielfalt der theoretischen und methodischen wissenschaftlichen Zugänge mit sich. Die kommunikationswissenschaftliche Perspektive ist aufgrund ihrer *Integrationsfähigkeit* zwar prädestiniert dafür, dennoch führen derartige Rand- und Mischthemen zum Teil ins „Niemandsland der Disziplinen“, für die sich gleichermaßen jeder und keiner zuständig fühlt. Hier unbeirrt den Fokus auf die Kommunikation mit den Angehörigen zu behalten, war Herausforderung und Anliegen zugleich, bietet sich dadurch doch die Möglichkeit quer Einblicke in ganz unterschiedliche Ansätze und Denkweisen zu erhalten.

In diesem Sinne möchte ich all meinen sozialen (und parasozialen) Motivatoren und Demotivatoren, Begleitern, Tröstern, Ratgebern, Gatekeepern, Relais, instrumentellen (finanziellen) Unterstützern u. ä. für Anregungen in Form von Wissen, Fragen, Zweifeln und Anekdoten *danken,* die mit ihren Reaktionen mir (und den Angehörigen) weitergeholfen haben. Sie zeigen, dass auch meine Arbeit von vielen Unterstützern und Unterstützerinnen in meinem formellen und informellen Netzwerk abhängig ist.

Zur besseren Lesbarkeit wird im Übrigen weitgehend auf die gleichzeitige Verwendung männlicher und weiblicher Sprachformen verzichtet. Dennoch gelten sämtliche Personenbezeichnungen gleichermaßen für beiderlei Geschlecht.

Letztlich hoffe ich, dass das Forschungsfeld der Angehörigenkommunikation (mit seinen vielen bunten Hunden) auch zahlreiche Studierende und Forschende aus Kommunikationswissenschaft, Medizin, Psychologie, Gesundheits- und Pflegewissenschaften, Soziologie und angrenzenden Feldern sowie Praktiker in sozialen, pflegerischen und medizinischen Berufen inspiriert und sie zu weiterer Wissensschaffung, Perspektivwechseln und vor allem zu konstruktiver Kommunikation anregt. Ebenso freue ich mich über Hinweise und Ergänzungen, die der Weiterentwicklung der Angehörigenkommunikation dienen.

Doreen Reifegerste

Inhaltsverzeichnis

1 Einleitung . . . 1
1.1 Relevanz der Angehörigenkommunikation . . . 1
1.1.1 Funktion der Angehörigen für Patienten . . . 1
1.1.2 Funktionen der Angehörigen für das Gesundheitssystem . . . 3
1.1.3 Effekte für die Gesundheit der Angehörigen . . . 5
1.2 Begriffsklärungen . . . 6
1.2.1 Merkmale der Angehörigen . . . 6
1.2.2 Angehörigenkommunikation . . . 10
1.3 Zielstellung . . . 12
1.4 Aufbau der Arbeit . . . 13
Literatur . . . 15

2 Modelle der Angehörigenkommunikation . . . 19
2.1 Theorien der sozialen Unterstützung . . . 20
2.1.1 Dimensionen sozialer Unterstützung . . . 20
2.1.2 Bewertung sozialer Unterstützung . . . 22
2.1.3 Implikationen für die Angehörigenkommunikation . . . 25
2.2 Rollentheorien . . . 27
2.2.1 Rollenkonzepte . . . 28
2.2.2 Rollenprobleme . . . 35
2.2.3 Implikationen für die Angehörigenkommunikation . . . 38

2.3 Modelle der triadischen Entscheidungsfindung 40
2.3.1 Beteiligung an der medizinischen Entscheidungsfindung 41
2.3.2 Wirkungen der Angehörigenbeteiligung 44
2.3.3 Implikationen für die Angehörigenkommunikation 46
2.4 Two-Step-Flow of Support 47
2.4.1 Adaption des Two-Step-Flow 47
2.4.2 Implikationen für die Angehörigenkommunikation 51
2.5 Modelle der Gesundheitskompetenz 52
2.5.1 Gesundheitskompetenz der Patienten 53
2.5.2 Gesundheitskompetenz der Angehörigen 55
2.5.3 Implikationen für die Angehörigenkommunikation 59
Literatur 62

3 Kommunikationsrollen der Angehörigen 75
3.1 Differenzierung der Angehörigenrollen 75
3.2 Informationelle Unterstützungsfunktionen 79
3.2.1 Übermittler 81
3.2.2 Gatekeeper 85
3.2.3 Repräsentant 86
3.2.4 Vermittler 88
3.3 Emotionale Unterstützungsfunktionen 90
3.3.1 Begleiter 92
3.3.2 Tröster 95
3.3.3 Motivator 97
3.4 Unterstützungsrollen in der Entscheidungsfindung 99
3.4.1 Ratgeber 100
3.4.2 Interessenvertreter 103
3.5 Rollen der instrumentellen Unterstützung 106
Literatur 111

4 Strategische Angehörigenkommunikation 125
4.1 Situationsanalyse für Angehörigeninterventionen 126
4.1.1 Personenbezogene Faktoren 128
4.1.2 Krankheitsbezogene Faktoren 129
4.2 Ziele 134
4.2.1 Integration 138
4.2.2 Rollenklärung 143
4.2.3 Kompetenzentwicklung der Angehörigen 147
4.2.4 Entlastung der Angehörigen 151
4.3 Kommunikationsbeteiligte 155
4.3.1 Patienten 155
4.3.2 Angehörige 156
4.3.3 Ärzte und Pflegepersonal 159
4.3.4 Weitere Experten und Institutionen 160
4.4 Kommunikationswege 162
4.4.1 Persönliche Kommunikation 166
4.4.2 Massenmediale Angebote 167
4.4.3 Onlineangebote 169
4.4.4 Social Media und Foren 170
Literatur 173

5 Fazit 187
5.1 Transdisziplinäre Forschungsperspektiven 188
5.2 Praktische Implikationen 192
Literatur 196

Abbildungsverzeichnis

Abb. 1.1 Potentielles Unterstützungsnetzwerk eines Patienten 9
Abb. 2.1 Perspektiven der Unterstützungsbewertung 23
Abb. 2.2 Kaskadenmodell der Stressbewältigung.................... 26
Abb. 2.3 Kommunikationsrollen in einer Dyade 33
Abb. 2.4 Auswahl von Kommunikationsrollen in einer Triade................................... 34
Abb. 2.5 Kontinuum der Angehörigenbeteiligung bei medizinischen Entscheidungen 42
Abb. 2.6 TRIO-Framework.. 43
Abb. 2.7 Two-Step-Flow der Kommunikation (oben) und Two-Step-Flow of Support (unten) 48
Abb. 2.8 Modell der Gesundheitskompetenz 54
Abb. 2.9 Modell der Gesundheitskompetenz von pflegenden Angehörigen................................ 57
Abb. 3.1 Rollen der Angehörigen nach Unterstützungsart............. 76
Abb. 3.2 Beispiele für Repertoires der Unterstützungsbedarfe und -angebote.. 77
Abb. 4.1 Strategien in der Angehörigenkommunikation............... 135

Tabellenverzeichnis

Tab. 1.1 Mögliche Klassifikationsmerkmale der Angehörigenkommunikation . . . 12
Tab. 2.1 Entscheidungsstile in der Familienkommunikation . . . 45
Tab. 3.1 Angehörigenrollen der informationellen Unterstützung . . . 80
Tab. 3.2 Angehörigenrollen der emotionalen Unterstützung . . . 90
Tab. 3.3 Angehörigenrollen der Entscheidungsunterstützung . . . 99
Tab. 3.4 Angehörigenrollen der instrumentellen Unterstützung . . . 104
Tab. 4.1 Beispiele für Angebote zur Kompetenzentwicklung der Angehörigen . . . 152
Tab. 4.2 Bewertung von Kommunikationswegen . . . 165

Einleitung

1

1.1 Relevanz der Angehörigenkommunikation

1.1.1 Funktion der Angehörigen für Patienten

Angehörige, die sich um die gesundheitliche Versorgung anderer Personen kümmern, sind für die Entstehung, Aufrechterhaltung und Bewältigung von Erkrankungen von zentraler Bedeutung (Wilz und Meichsner 2012). Sie übernehmen zahlreiche *Funktionen für die Gesundheit* ihrer Kinder, Ehepartner, Eltern, Geschwister oder Freunde und können in der Gesundheitsversorgung von Patienten wichtige Vermittler, Multiplikatoren und Entscheidungsträger sein. Angehörige treffen bspw. zentrale Gesundheitsentscheidungen für den Patienten, der selbst noch nicht oder nicht mehr dazu in der Lage ist, suchen nach Gesundheitsinformationen für den Patienten (Reifegerste et al. 2017), organisieren die Inanspruchnahme professioneller Leistungen oder begleiten den Patient beim Arztbesuch (Rosland et al. 2011). Sie helfen mit konkreten Handlungen (z. B. Kochen, Körperpflege, Transport) oder stehen dem Patienten emotional zur Seite (Wilz und Meichsner 2015).

Die *Pflege durch Angehörige* stellt dabei nur eine spezielle Funktion von Angehörigen in der Gesundheitsversorgung dar, bei der sie unbezahlt eine pflegebedürftige Person mehrere Stunden pro Woche zu Hause oder in einer Einrichtung (vor allem instrumentell) unterstützen (Lamura et al. 2006). Unterstützungsleistungen der pflegenden Angehörigen beschränken sich zudem nicht allein auf Pflegedienstleistungen, sondern kommen bspw. auch durch Auswahl, Organisation und regelmäßige Beobachtung eines Pflegeheims oder die Abstimmung mit dem betreuenden Pflegepersonal zum Ausdruck. Im Folgenden finden aber auch nicht pflegende Angehörige sowie Angehörige von nicht pflegebedürftigen Patienten Berücksichtigung, da sich Gesundheitskommunikation nicht auf pflegebezogene Aspekte beschränken lässt.

D. Reifegerste, *Die Rollen der Angehörigen in der Gesundheitskommunikation*,
https://doi.org/10.1007/978-3-658-25031-7_1

All diese Punkte sprechen dafür, dass Kommunikationsprozesse mit Angehörigen ein wichtiger Bestandteil von Gesundheitskommunikation sind. Auch in dem Fall, dass die *Unterstützungsleistungen der Angehörigen nicht adäquat* für die Versorgung der Patienten sind (z. B. im Fall von Bevormundung oder Überfürsorge) könnte die Kommunikation mit den Angehörigen relevant sein, um ihr Verhalten gesundheitsförderlicher auszurichten (Wilz und Meichsner 2015). Gesellschaftliche Wandlungsprozesse, wie der demografische Wandel, die Zunahme von chronischen Erkrankungen, die Veränderungen in den Familienstrukturen (Wilkesmann 2016) sowie die Entwicklungen der Medientechnologien tragen zusätzlich dazu bei, dass die Kommunikation mit den Angehörigen relevanter wird. Obwohl es zunächst widersprüchlich erscheint, sind gerade die *Individualisierungsprozesse* im Gesundheitswesen (Dieterich 2006) und der gesellschaftliche Trend zur Singularisierung familiärer Strukturen (Rosenbrock und Gerlinger 2014) wichtige Gründe für die zunehmende Integration der Angehörigen in Kommunikationsprozesse der Gesundheitsversorgung. Gesundheitsvorsorge und -versorgung wird zwar primär als Aufgabe und Verantwortung des Einzelnen gesehen (Beck-Gernsheim 2008; Borgetto 2016), der möglichst als mündiger Patient (Dieterich 2006) auftreten soll, allerdings sind die meisten Personen im Krankheitsfall auf informelle Unterstützung aus dem Familien- und Freundeskreis angewiesen. In modernen Gesellschaften verlieren langfristige und stabile Anbindungen an einem Wohnort und damit die Unterstützung des Einzelnen durch eine größere, räumlich klar definierte Gruppe (wie Dorf, Großfamilie, Religionsgemeinschaft) zunehmend an Bedeutung (Bierhoff 2010). Durch die neuen digitalen Kommunikationswege sind allerdings viele neue informelle und formelle Unterstützungsformen unabhängig von räumlichen und zeitlichen Beschränkungen verfügbar (z. B. Onlineselbsthilfegruppen oder Apps). Die Unterstützungserwartungen und -möglichkeiten sind damit vielfältiger geworden, was einer bewussteren Gestaltung und intensiveren Abstimmung (d. h. Kommunikation zur Rollenklärung) als bei klar definierten Beziehungen und Rollen bedarf (Klie 2014). Aufgrund der beschriebenen gesellschaftlichen Modernisierungsprozesse und damit einhergehender Veränderungen an Größe und Dichte sozialer Netzwerke, verändern sich auch die Kommunikationswege und Möglichkeiten der Kommunikationsmittel zwischen Patient und Angehörigen (Borgetto und Kälble 2007), aber auch zwischen medizinischem Personal und Angehörigen und den Angehörigen untereinander.

Auch die zunehmende *Patientenautonomie* (Lipp und Brauer 2016) mag zunächst eher den Eindruck erwecken, dass die Kommunikation mit den Angehörigen an Bedeutung verliert. Die Selbstbestimmung und Verantwortungsübernahme des Patienten wird in einigen Fällen jedoch erst durch die Einbeziehung der Angehörigen ermöglicht. Entweder weil ein Patient seinen Willen gerade nicht selbst vertreten kann (z. B. wenn der Angehörige als Bevollmächtigter oder Betreuer auftritt) oder weil der Angehörige das Selbstvertrauen des Patienten in der Interaktion mit dem Patienten stärkt und dieser somit seine Wünsche besser geltend machen kann. Zudem sind die Angehörigen auch ein wichtiger Bestandteil der Patientenentscheidungen (George und George 2003). Medizinische Entscheidungen über Behandlung und Pflege werden oft nicht allein vom Patienten getroffen, sondern im Kontext des sozialen Netzwerks und sind damit auch abhängig von den Vorstellungen von Familienmitgliedern und Freunden (Epstein 2013). Wichtige Voraussetzung für die Patientenautonomie sind zudem Informationen, die gefunden und verarbeitet werden müssen (Soellner et al. 2009). Häufig sind Patienten damit überfordert, sodass Angehörige sie dabei unterstützen diese Informationen zu finden, zu filtern und einzuordnen (Cutrona et al. 2016).

Schließlich bedarf auch die zunehmende Orientierung an den psychologischen und sozialen Bedürfnissen der Patienten einer zunehmenden Integration der Angehörigen, da sie einen wichtigen Beitrag zur körperlichen, aber vor allem auch zur psychologischen und sozialen Gesundheit (d. h. Lebensqualität) der Patienten leisten, z. B. indem sie wichtige Informationen über zentrale Bedürfnisse und Gewohnheiten eines Patienten liefern (Woods et al. 2009).

1.1.2 Funktionen der Angehörigen für das Gesundheitssystem

Neben diesen Funktionen der Angehörigen für den einzelnen Patienten, lassen sich auch kollektive Funktionen von Angehörigen und ihre Effekte auf das medizinische Personal betrachten, deren gesellschaftliche Relevanz durch die *Transformationsprozesse in der Pflege- und Gesundheitsversorgung* zunimmt. Aufgrund der demografischen Entwicklung (d. h. der Zunahme von älteren Patienten) nimmt der Bedarf an Unterstützung und damit auch an Kostenreduktion und Effizienz bei der Erbringung medizinischer und pflegerischer Leistungen zu. Um diesem Bedarf gerecht zu werden, ist das Gesundheitswesen sowohl aus ökonomischer als auch aus pflegerischer Sicht dabei vor allem auf die die informellen Leistungen des engeren sozialen Bezugssystems, d. h. den Angehörigen als Hilfsinstanzen, angewiesen, da vor allem an den psychosozialen Bereichen der Versorgung (Wilkesmann 2016), der Verweildauer und damit auch der Entlassungsvorbereitung (z. B. mobilisierende Pflege) gespart wird (Braun et al. 2009). Die Verlagerung von professioneller, stationärer Betreuung hin zu Unterstützungsleistungen der Angehörigen im ambulanten Bereich stellt somit für den Staat (und damit für die solidarische Finanzierung der Sozialversicherungssysteme) eine wichtige personelle und finanzielle Ressource dar (Mantovan et al. 2010; Wetzstein et al. 2015).

Durch die demografische sowie die medizinische Entwicklung steigt auch die Anzahl an Erkrankungen, die einen *hohen Familienbezug* aufweisen. So nehmen insbesondere chronische Krankheiten zu, die langfristig und hauptsächlich ambulant versorgt werden (Schaeffer und Haslbeck 2016). Krankheiten wie Diabetes, Krebs oder Depression verlangen daher nicht nur dem Betroffenen, sondern der ganzen Familie Veränderungen von Interaktionen und Rollen im Alltag ab (Fennell et al. 2016). Insgesamt steigen die Versorgungsleistungen der Angehörigen mit Fortschreiten der Erkrankungen und des Alters an und führen häufig auch zur Überforderung der Angehörigen (Schaeffer und Haslbeck 2016). Eine Weiterentwicklung der Angehörigenkommunikation ist somit insbesondere für Angehörige älterer und chronisch kranker Patienten relevant (Wolff und Roter 2011).

Medizinische Entwicklungen verstärken die Betroffenheit der Familie aber auch in anderen Krankheitsbereichen und Patientengruppen. So verlangen die vielfältigen Technologien und *Behandlungsoptionen* (insbesondere bei medizinischen Eingriffen am Lebensende) den Patienten und damit auch ihren Familien immer komplexere Entscheidungen ab, die sie nicht allein treffen wollen oder können (Epstein 2013). Zudem treffen *gendiagnostische Verfahren* Aussagen, die weit über den Patienten hinausgehen und aufgrund der erblichen Verbindungen auch die Verwandtschaft betreffen können und dort besprochen werden müssen oder sollten (Hovick 2014; Parrott et al. 2012).

Von *Mitarbeitern in der Gesundheitsversorgung* werden Angehörige vielfach als unwichtig erachtet (Becker et al. 2010) oder als störend für ihre Arbeit empfunden (Schaeffer und Haslbeck 2016). Sie gelten mitunter als Besserwisser, Beschwerdeführer, Außenstehende oder heimliche Feinde des medizinischen Personals, die zu wenig Zeit haben, zur falschen Zeit und mit falschen Vorstellungen kommen und nur kontrollieren wollen (Kramer 2012). Beschwerden und Presseskandale über Gesundheitseinrichtungen werden tatsächlich auch meist von Angehörigen eingeleitet (Daneke 2010). Von Pflegekräften und Ärzten werden sie somit häufig als zusätzliche Last empfunden und der Umgang mit ihnen nicht als Bestandteil der Arbeit betrachtet (Woods et al. 2009). Fehlende Anerkennung von Angehörigen zeigt sich zudem als Ursache für erhöhten Arbeitsstress beim medizinischem Pflegepersonal (Woods et al. 2009). Außerdem werden bei bestimmten Erkrankungen (wie bspw. Depression oder der Rehabilitation nach einem Schlaganfall) die überfürsorglichen Hilfeleistungen der Angehörigen auch als unpassend oder hindernd für die Gesundwerdung der Patienten eingeschätzten (Wilz und Meichsner 2015). Nicht zuletzt werden auch kulturelle Differenzen bei Patienten mit Migrationshintergrund häufig als Belastung durch medizinisches Personal empfunden, da zahlreiche und häufige Besuche das Ruhebedürfnis anderer Patienten und den Ablauf der pflegerischen Maßnahmen einschränken können (Voigt und Praez-Johnsen 2001). Da das medizinische Personal und die Angehörigen aber für kranke Menschen die wichtigsten Bezugspersonen sind, wirkt sich auch deren Beziehung untereinander auf die Patienten aus (Woods et al. 2009).

Die tägliche *Arbeit des medizinischen Personals* weist somit zahlreiche Konfliktpotenziale mit den Angehörigen auf. Sie als Kooperationspartner zu betrachten, würde mitunter Abläufe in der Gesundheitsversorgung effektiver und effizienter machen (Majerovitz et al. 2009). Dennoch tritt die Kommunikation mit den Angehörigen in der Gesundheitsversorgung weniger als Strategie, sondern zumeist als emergentes Phänomen der Klinikkommunikation (Reifegerste 2018) oder als „Hobbybereich" einzelner Mitarbeiter auf (George und George 2003, S. 40). Angebote, die Angehörige nutzen, sind meist gar nicht für sie intendiert (Reifegerste 2018) und die Kontaktaufnahme mit den Angehörigen findet vielfach eher zufällig und meist nur sehr kurz statt. Selbst dann, wenn Angehörige als Vermittler zwischen dem medizinischen Personal und dem Patienten auftreten und dort wichtige Funktionen übernehmen, indem sie u. a. den Pflegekräften und Ärzten Informationen geben oder die Überleitung zwischen verschiedenen Behandlungen organisieren (Becker et al. 2010). Zudem berücksichtigt die Aus- und Weiterbildung des medizinischen Personals die Herausforderungen der Kommunikation mit den Angehörigen (z. B. Konflikte in triadischer Kommunikation) kaum (George und George 2003).

1.1.3 Effekte für die Gesundheit der Angehörigen

Letztlich ist auch die *Gesundheit der Angehörigen* selbst ein wichtiger Anlass für die Kommunikation mit ihnen, da sich die Erkrankung eines Familienmitglieds häufig auf die Gesundheit und die Lebensqualität der gesamten Familie auswirkt (Wilz und Meichsner 2012). Die eigenen Bedürfnisse und die Selbstfürsorge der Angehörigen treten durch die Unterstützung der Patienten mitunter so weit in den Hintergrund, dass sie selbst gesundheitliche Probleme aufweisen. Insbesondere die Betrachtungen von pflegenden Angehörigen zeigen, dass sie ein erhöhtes Risiko für gesundheitliche (körperliche und psychische) Beschwerden haben (DAK 2015). Sie sind oft von deutlichen Einschränkungen ihres sozialen und beruflichen Lebens betroffen und leiden mitunter auch unter einer tatsächlichen (oder wahrgenommenen) Stigmatisierung aufgrund der Erkrankung des Patienten (Mak und Cheung 2008; Werner und Shulman 2014). Belastungsfaktoren von Angehörigen können dabei neben der Überlastung durch die vielfältigen Aufgaben und finanziellen Sorgen auch die eigene Krankheit und die emotionale Belastung durch den potenziellen Verlust eines nahestehenden Menschen sein (George und George 2003). Hinzu kommen möglicherweise Schuldgefühle und Überforderung, weil sie ihren eigenen Ansprüchen oder denen anderer nicht gerecht werden oder Konflikte zwischen verschiedenen Angehörigen eines Patienten (Kienle et al. 2006). Auch die aktive oder passive Gewalt der (pflegenden) Angehörigen gegenüber der gepflegten Person kann ein Ausdruck einer Überforderung des Angehörigen sein (George und George 2003).

Positive Beziehungen der Angehörigen zum Personal in Gesundheits- und Pflegeeinrichtungen wirken sich nicht nur auf die Gesundheit des Patienten, sondern auch für die Angehörigen gesundheitsförderlich aus. Beispielsweise sind Streitigkeiten mit den Mitarbeitern ein häufiger Grund von Depression bei Angehörigen, die einen Demenzpatienten im Pflegeheim besuchten (Woods et al. 2009). Angehörige wünschen sich häufig mehr Integration, *mehr Informationen* über den Zustand des Patienten, die Behandlungsmöglichkeiten, Konsequenzen für die Alltagsbewältigung und größere Offenheit bei Problemen. Die häufig im Versorgungsalltag praktizierte Nichtkommunikation mit den Angehörigen bedeutet für sie zum einen Unsicherheit über die Situation einer nahestehenden Person und zum anderen aber auch eine mangelnde Anerkennung ihrer Unterstützungsleistung für den Patienten (Yuen et al. 2018).

1.2 Begriffsklärungen

Vor einer weitergehenden theoretischen Betrachtung der Angehörigenkommunikation soll zunächst geklärt werden, welche Angehörigen, welche Art von Kommunikation mit Angehörigen und welche Formen der Gesundheitskommunikation in diesem Buch dargestellt werden.

1.2.1 Merkmale der Angehörigen

Angehörige stellen eine *sehr heterogene Gruppe* dar, die aus ganz unterschiedlichen Altersgruppen und Lebenswelten und in ganz unterschiedlichen Beziehungen zum Patienten steht. Im engeren Sinne schließt der Begriff nur die Familienangehörigen mit Verwandtschafts- oder Verschwägerungsverhältnis (d. h. meist Partner, Kinder, Eltern) ein. Aufgrund der zunehmenden Mobilität in unserer Gesellschaft (Kramer 2012) sind Familienbeziehungen allerdings nicht mehr an die traditionellen Wohn- und Haushaltsformen gebunden, sondern der Begriff der Familie ist mit vielfältigen Formen des Zusammenlebens und den daran Beteiligten (wie z. B. Adoptiv- und Pflegefamilien, multilokale Familien, Stieffamilien oder Familien mit gleichgeschlechtlichen Elternteilen) verbunden (Jurczyk 2014). Hingegen wohnen Familienmitglieder nicht mehr selbstverständlich in enger räumlicher Nähe zueinander und Mehrgenerationenhaushalte stellen eher die Ausnahme dar (George und George 2003). Dennoch liegt allen Familienformen ein gemeinsames Identifikationsmerkmal zugrunde: die aktive Gestaltung und Ausübung von Unterstützung in Fürsorgebeziehungen zwischen den Familienmitgliedern (Jurczyk 2014). *Familie* wird daher als eine „Gemeinschaft mit starken Bindungen definiert, in der mehrere Generationen füreinander sorgen und Verantwortung füreinander übernehmen" (Hennig 2014, S. 142). Dementsprechend beschränkt sich der Kreis der Angehörigen häufig nicht mehr auf verwandte Personen und so können neben (Ehe-)Partnern, Kindern und Eltern auch Freunde oder vertraute Nachbarn oder Mitbewohner die Angehörigen (im Wortsinn dem Patienten angehörende Personen) sein, die Fürsorge und Verantwortung für eine Person übernehmen.

Diese eher weite Definition steht zum Teil im Widerspruch zur Gesetzeslage. Denn aus *rechtlicher Sicht* ist der Familienbegriff zwar nicht klar definiert und wird in unterschiedlichen Regelungen und Normen verschieden verwendet, dennoch haben Ehepartner und Familienangehörige (vgl. Art. 6 Abs. 1 GG und Art. 8 EMRK) eine besondere Stellung in medizinischen Entscheidungssituationen inne (Lipp und Brauer 2016). So werden sie bspw. bevorzugt als Betreuer für einwilligungsunfähige Patienten gewählt (§ 1897 Abs. 5 BGB) oder vorrangig als Informationsquelle für den mutmaßlichen Patientenwillen befragt (§ 1901b Abs. 2 BGB). Der Gesetzgeber geht davon aus, dass die verwandtschaftlichen und sonstigen persönlichen Bindungen, insbesondere die „Bindungen zu Eltern, zu Kindern, zum Ehegatten und zum Lebenspartner" (§ 1897 Abs. 5 BGB) und nahe Angehörige (§ 1901b Abs. 2 BGB) besonders dafür geeignet sind (Lipp und Brauer 2016).

Im Fokus der Betrachtungen stehen aber die *Kommunikations- und Unterstützungsprozesse* der Beteiligten und nicht deren rechtlicher Status; auch wenn dieser insbesondere für das medizinische Personal eine wichtige Grundlage für die Kommunikationsprozesse darstellt (Eberlein et al. 2017). Als Angehörige werden im Folgenden und in Anlehnung an die oben zitierte Definition von Familie all diejenigen Personen bezeichnet, die sich in einer vertrauten, häufig auch verpflichtenden Nähe zum Patienten befinden (George und George 2003, S. 16) und gegenüber dem Betroffenen Verantwortung empfinden, sich angehörig fühlen und bereit zur Unterstützung (jedweder Art) sind (Horn 2008). Klie (2014) macht außerdem deutlich, dass weniger die ausgeführten Pflegehandlungen oder Dienstleistungen, sondern vielmehr die Verantwortungsübernahme, die anteilnehmende

Sorge und damit die Unterstützung für den anderen im Mittelpunkt stehen sollte. Diese Definition folgt einer eher sozial-funktionalen, psychologischen und weniger einer rechtlichen oder biologischen Sichtweise (Jungbauer 2009).

Die Angehörigen lassen sich als informelle Unterstützer zudem durch eine Abgrenzung zu drei anderen Gruppen: den Patienten, weniger engen Kontakten und den formellen Unterstützern definieren. Die *Patienten* sind die Betroffenen, Klienten, Erkrankten, deren Gesundheit primär im Fokus der Kommunikation steht. Dabei ist nicht ausgeschlossen, dass auch Angehörige als sog. Patienten zweiter Ordnung (Ernst und Weißflog 2013) gesundheitliche Probleme aufweisen und selbst als aktive Kommunikatoren und Manager ihrer Erkrankung auftreten. Beides steht aber nicht im Fokus der Betrachtungen der Angehörigenkommunikation. Zudem können andere Patienten (Betroffene der Krankheit oder in gleicher Behandlungseinrichtung) auch wichtige Quellen für soziale Unterstützung sein, werden aber im Allgemeinen nicht als Angehörige bezeichnet, auch wenn sie Funktionen von Angehörigen übernehmen. Meist handelt es sich dabei um weniger enge Kontakte (sog. *weak ties*), die Bindungen mit ihnen können allerdings im Krankheitsverlauf auch sehr eng werden (Wright et al. 2010). *Formelle Unterstützer* versorgen den Patienten im Unterschied zu den Angehörigen aus professionellen Gründen. Hier sind vor allem das medizinische Personal, Gesundheitsberufe, wie Ärzte und Pflegekräfte zu nennen, aber auch Personen mit (sozial-) pädagogischer oder psychologischer Ausbildung, wie Gesundheitsberater, Apotheker, Angestellte im Sanitätsfachhandel oder Krankenkassenmitarbeiter.

Es handelt es sich damit um eine relationale Eigenschaft, die sich nur aus der Beziehung zum Patienten definieren lässt, dem der Angehörige „angehört". Im Mittelpunkt der Betrachtung steht somit die *Dyade* aus Patient und Angehörigem, wobei hier der Fokus auf letzterem liegt (der aber nur durch den Patienten zum Angehörigen wird). Durch eine zusätzliche dritte Partei (wie einem Arzt, dem Pflegepersonal oder medialen Informationsangeboten) wird daraus eine *Triade*. Die Kommunikation der Angehörigen ergibt sich entsprechend als Trialog von Patienten und informellen sowie formellen Unterstützern. Zwangsläufig ist hier die Komplexität des Miteinander höher als bei einer dyadischen Beziehung oder einem Dialog (Kramer 2012). So kann die Angehörigenkommunikation zwischen den professionellen Unterstützern (medizinisches Personal oder andere Experten) und den Angehörigen, den Angehörigen und den Patienten und gemeinsam mit allen drei Beteiligten oder als Kommunikation der Angehörigen untereinander stattfinden.

Der Fokus der Betrachtungen in dieser Arbeit liegt dabei auf den Mikrostrukturen, d. h. dyadischen oder triadischen Beziehungen und nicht auf der gesamten Netzwerkstruktur, wie etwa einer größeren Gruppe (Friemel 2008).

Dabei stellt dies gegenüber der Betrachtung des gesamten *Netzwerkes* (siehe Abb. 1.1) bereits eine Reduktion auf die für die Theorieentwicklung relevantesten Beziehungen dar. Der Patient kann somit als *Ego* angesehen werden, der Beziehungen zu verschiedenen *Alteri* als potentiellen informellen Unterstützern (den Angehörigen) aufweist.

Die *Heterogenität* der Angehörigen führt dazu, dass sie ganz unterschiedliche Erwartungen an die Versorgung der Patienten haben und sie sich in ganz unterschiedlicher Art und Intensivität einbringen können. So können Angehörige im Kindes- und Jugendalter (Metzing und Schnepp 2007) oder erwachsene Berufstätige mit eigener Familie andere Unterstützungsleistungen (bspw. eher informationelle) erbringen als pensionierte Partner von älteren Menschen (bspw. eher instrumentelle). Letztere sind aber möglicherweise bereits aufgrund eigener Erkrankungen zeitlich oder körperlich eingeschränkt (Woods et al. 2009). Zudem weisen die Angehörigen auch einen sehr unterschiedlichen Bildungsstand und einen unterschiedlichen sozioökonomischen Status auf. Dies führt neben der eigenen Erfahrung mit Krankheiten

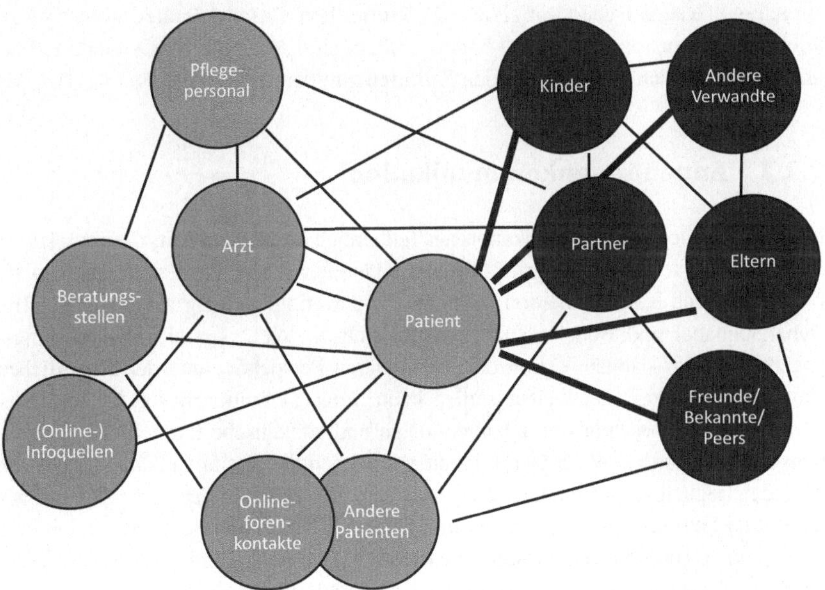

Abb. 1.1 Potentielles Unterstützungsnetzwerk eines Patienten. (Anmerkung: Angehörige und deren Beziehungen zum Patienten sind fett markiert. Beziehungen zwischen Unterstützungsgebern sind beispielhaft dargestellt)

oder einer professionellen Ausbildung zu sehr unterschiedlichen Wissensständen bei den Angehörigen. Während einige Angehörige aufgrund einer chronischen Erkrankung Expertenstatus erlangt haben, benötigen andere selbst Unterstützung oder sind nicht motiviert nach weiteren Informationen zu suchen (George und George 2003).

Ein weiterer Aspekt der Vielfältigkeit der Angehörigen entsteht auch aus ihrer *kulturellen Zugehörigkeit.* Andere Kulturen und Religionen haben einen anderen Umgang mit Gesundheit und Krankheit und gehen dementsprechend auch anders mit der Erkrankung eines Nahestehenden um (Griese und Rothe 2012). So basiert bspw. der islamische Glaube auf einer Schicksalstheorie, die davon ausgeht, dass alles von Gott geplant ist und dementsprechend der Körper als gottgegebenes Gut anerkannt wird, das es zu pflegen und zu bewahren gilt. Zudem gilt der Krankenhausbesuch als wichtiger Teil der islamischen Kultur. Im Umgang mit den Angehörigen ist daher mitunter Verständnis für diese kulturellen Unterschiede notwendig (George und George 2003). Einschränkend muss hierbei allerdings erwähnt werden, dass sich ein Großteil der folgenden Ausführungen nur auf die westliche Kultur bezieht, d. h. auf Studien aus dem deutsch- oder englischsprachigen Raum basiert, obgleich die kulturellen Besonderheiten eine weitere wichtige Dimension darstellen können. Zudem sind Angehörige oft wichtige Vermittler, um zwischen verschiedenen Kulturen zu übersetzen (Abschn. 3.2.4).

1.2.2 Angehörigenkommunikation

Um die Angehörigenkommunikation als Teilbereich der Gesundheitskommunikation zu definieren, soll dieser Begriff zunächst erläutert werden. Führt man die Begriffe Gesundheit und Kommunikation zusammen (für Definitionen der einzelnen Begriffe siehe Schnabel und Bödeker 2012), ergibt sich ein recht komplexer Forschungsgegenstand, der – abhängig von der disziplinären Perspektive und der begrifflichen Eingrenzung – eng oder weit ausfallen kann. *Enge* Definitionen von Gesundheitskommunikation beschränken auf intentionale und strategische Formen der Gesundheitskommunikation. *Weite* Definitionen von Gesundheitskommunikation umfassen hingegen jegliches, gesundheitsbezogenes soziales Handeln (Rogers 1996). Baumann und Hurrelmann (2014) legen im Handbuch Gesundheitskommunikation eine sehr weite Definition von Gesundheitskommunikation zugrunde. Sie spezifizieren aber verschiedenen Kommunikationswege zur „Vermittlung und zum Austausch von Wissen, Meinungen und Gefühlen zwischen Menschen" zu gesundheitlichen Themen (Baumann und Hurrelmann 2014, S. 8) auf verschiedenen Ebenen:

- direkt-persönliche (interpersonale) Kommunikation mit den Gesundheitsdienstleistern, anderen Patienten oder Angehörigen
- organisationale Kommunikation (z. B. von und in Krankenhäusern, Praxisgemeinschaften, Altersheimen, Kuranstalten, Versicherungsorganisationen)
- massenmediale, öffentliche Kommunikation (d. h. Kampagnen oder Medienberichterstattung oder Werbung),
- elektronische bzw. digitale Gesundheitskommunikation (im Internet, sozialen Netzwerken, mobile Telefonie, e-Health, Telemedizin etc.), die sowohl massenmediale, organisationale als auch interpersonale Kommunikation ermöglicht

Auch in der vorliegenden Arbeit werden sowohl direkte als auch medial vermittelte *Kommunikationswege* berücksichtigt, um der sozialen und medialen Realität der Angehörigenkommunikation gerecht zu werden. In der Angehörigenkommunikation sind allerdings nur jene Kommunikationsprozesse der Gesundheitskommunikation enthalten, die auch eine (direkte oder indirekte) Beteiligung der Angehörigen aufweisen. So findet die direkt-persönliche (interpersonale) Angehörigenkommunikation vor allem als Ergänzung zu Arzt-Patientengesprächen als begleiteter Arztbesuch statt, während sich die Angebote zur Angehörigenberatung, -begleitung, -schulung und -betreuung auf organisationaler Ebene einordnen lassen. Die massenmediale Kommunikation unterstützt dagegen vorrangig die Informationssuche von Angehörigen. Zunehmend bedeutsam werden elektronische Medien, die sich zur zeitlich und räumlich unabhängigen Angehörigenkommunikation eignen und für alle drei beschriebenen Formen (interpersonal, organisational und massenmedial) Anwendung finden. Dies zeigt wie vielfältig die Medienwahl im Kontext der Angehörigenkommunikation ist.

Als mögliche *Klassifikationsmerkmale* für die Angehörigenkommunikation (siehe Tab. 1.1) bieten sich somit die Kommunikationswege (Abschn. 4.4) an. Darüber hinaus kann das Forschungsfeld aber auch anhand der verschiedenen Zielstellungen (Abschn. 4.2) oder der Beteiligten (Abschn. 4.3) strukturiert werden. Zudem können viele Studien auch anhand des Gesundheits- bzw. Krankheitsthemas oder der Patienteneigenschaften eingeordnet werden (Abschn. 4.1).

Das zweite und dritte Kapitel des vorliegenden Buches folgen dieser weiten Definition der Gesundheitskommunikation, das vierte Kapitel fokussiert auf die eher strategischen Formen der Gesundheitskommunikation. Dabei werden möglichst viele zielführende Kommunikationsmaßnahmen (Beratung, Organisationsentwicklung, Aufklärungs- und Informationskampagnen) eingesetzt, um Krankheitsrisiken zu vermeiden und Gesundheitsressourcen zu stärken (Schnabel 2009, S. 39). Insgesamt werden vor allem durch Kommunikation beeinflussbare Prozesse betrachtet. Diese

Tab. 1.1 Mögliche Klassifikationsmerkmale der Angehörigenkommunikation

Zielstellung	Beteiligte	Kommunikationswege	Gesundheitsthema	Patient
• Körperliche, psychische oder soziale Gesundheit des Patienten • Arbeitszufriedenheit des Personals • Angehörigengesundheit	• Angehörige • Patient • Medizinisches Personal • Weitere formelle Unterstützer • Weitere informelle Unterstützer	• Direkt persönlich, interpersonal • Organisational • Massenmedial, öffentlich • Elektronisch, digital	• Akut/chronisch • Präventiv/kurativ/ palliativ • Psychisch/ physisch • Ambulant/ stationär	• Alter • Geschlecht • Beziehung zum Angehörigen • Gesundheitszustand

laufen zwar vor dem Hintergrund medizinischer Gegebenheiten und Behandlungsmaßnahmen ab, stehen aber nicht in Konkurrenz zu ihnen, sondern unterstützen sie eher (z. B. Hilfe der Angehörigen bei Medikamenteneinnahme).

1.3 Zielstellung

Bislang wurde sich Angehörigen in Forschungsvorhaben meist mit einem krankheitsspezifischen Fokus genähert, weitgehend ohne die entsprechenden Interaktionen übergreifend zu betrachten. So liegen zahlreiche vereinzelte Befunde zum Informationsbedarf von Angehörigen, ihrer Mediennutzung und zu Interventionen sowie Schulungsprogrammen für einzelne Krankheitsbilder vor. Aufgrund der langen Verlaufsdauern chronischer Krankheiten und deren Folgeerscheinungen wie Multimorbidität, Überlagerung von Krankheits- und Therapiefolgen und dauerhaften Funktionseinschränkungen (Schaeffer und Haslbeck 2016) sind allerdings *krankheitsübergreifende Modelle der Angehörigenintegration* erforderlich. Zum einen um der Versorgung der Patienten gerecht zu werden, aber auch um Leistungserbringern eine kohärente Kommunikationsstrategie (auch für die Versorgung akut erkrankter Patienten) zu ermöglichen. Die vorhandenen Konzepte zur Angehörigenintegration in der Gesundheitskommunikation (Abschn. 2.3) konzentrieren sich zudem entweder nur auf eine Art der Unterstützung (z. B. Entscheidungsunterstützung), nur auf eine Zielstellung (körperliche Gesundheit der Patienten) oder nur auf die positiven Effekte. Sie klammern damit die jeweils anderen Effekte häufig aus und werden damit der Komplexität des Forschungsfeldes nicht gerecht.

Ausgangspunkt dieses Buches ist daher die Idee, dass die Angehörigen zentrale Ansprechpartner und Beteiligte in zahlreichen Kommunikationsprozessen im Gesundheitsbereich sind und es daher auch eines übergreifenden *strategischen Ansatzes* für die Kommunikation mit ihnen bedarf. Ziel ist es daher, auf der Basis vorhandener sozialwissenschaftlicher Theorien anhand eines transdisziplinären Rahmenmodells die vielfältigen *Rollen* der Angehörigen in gesundheitsbezogenen Kommunikationsprozessen systematisch *multiperspektivisch* zu beschreiben. Dies dient als Grundlage zur Entwicklung *strategischer Ansätze* für die Kommunikation mit Angehörigen.

Für die theoretische Fundierung wird somit explizit eine *transdisziplinäre Sichtweise* angestrebt, bei der vorhandene Konzepte verschiedener Disziplinen zur Fragestellung der Angehörigenkommunikation zusammengeführt werden. Für diese Bündelung von vereinzelten Forschungsansätzen aus verschiedenen Disziplinen ist die Kommunikationswissenschaft (und damit auch der Teilbereich der Gesundheitskommunikation) als *Integrationsdisziplin* prädestiniert, da sie aufgrund ihrer Entwicklung eine Fülle an Perspektiven, Gegenständen, Theorien und Methoden vereint (Karmasin et al. 2014). Ergänzend zu den etablierten psychologischen und medizinischen oder pflegewissenschaftlichen Perspektiven der Angehörigenintegration kann sich eine kommunikationswissenschaftliche Perspektive unabhängig von bestimmten Krankheitsbildern oder Versorgungsformen auf das Zusammenspiel von Inhalt, Formen und Richtungen der Vermittlung und des Austausches in den Interaktionen mit Angehörigen konzentrieren (MacGeorge et al. 2011).

Angesichts der Fülle der vorhandenen Befunde und der Breite dieses transdisziplinären, krankheits- und kommunikationskanalübergreifenden Ansatzes ist allerdings eine vollständige Beschreibung des Forschungsstandes zur Angehörigenkommunikation nicht beabsichtigt; vielmehr wird mit den *zentralen Modellen, Rollen und Strategien* ein theoriebasierter Orientierungsrahmen für die Angehörigenkommunikation geliefert.

Dies leistet sowohl für die Forschung in der Gesundheitskommunikation als auch für die Entwicklung von Kommunikationskonzepten in der Praxis einen wichtigen heuristischen Wert, da sich hieraus Strategien in der Gesundheitskommunikation ableiten lassen, die sowohl Gesundheit und Autonomie der Patienten als auch die Gesundheit der Angehörigen und des medizinischen Personals stärken, die wiederum die Patienten unterstützen (Cutrona et al. 2015).

1.4 Aufbau der Arbeit

Die Struktur der Arbeit orientiert sich an der Logik des Two-Step-Flow of Support (d. h. dem Zwei-Stufen-Fluss der Unterstützung), welches das *Rahmenmodell* für die Strategien der Angehörigenkommunikation bildet (Abschn. 2.4). Analog zum

Two-Step-Flow der Kommunikation (Lazarsfeld et al. 1944) lassen sich idealtypisch ein einstufiger und ein zweistufiger Kommunikationsprozess unterscheiden. Während sich der einstufige Austausch auf Patient und Angehörige beschränkt, bezieht der zweistufige Kommunikationsprozess weitere Kommunikationsbeteiligte wie das medizinische Personal, Beratungsstellen oder Informationsdienste u. ä. mit ein. Dabei findet der Austausch keineswegs nur in einer Richtung statt, sondern verläuft zwischen den jeweiligen Beteiligten interaktiv und dynamisch. Im Fokus steht aber der zweistufige Unterstützungsprozess, bei dem die Angehörigen unterstützt werden (erste Stufe), damit sie wiederum den Patienten unterstützen (zweite Stufe).

Dementsprechend werden im zweiten Kapitel zunächst die *Theorien* vorgestellt, die (vorrangig aber nicht nur) zum Verständnis der Unterstützungsprozesse zwischen Patienten und Angehörigen beitragen, bevor diese um Modelle zweistufiger Kommunikationsprozesse erweitert werden. Die Theorien und Ansätze der Soziologie, der Sozialpsychologie, der Kommunikationswissenschaft und der Gesundheitswissenschaft werden jeweils mit ihren zentralen Implikationen für die Angehörigenkommunikation vorgestellt. Damit soll die theoretische Einbettung deutlich werden, die als Grundlage für die Funktionen der Angehörigenrollen in der Gesundheitskommunikation dient. Für Praktiker ist es aber auch möglich sich auf die Implikationen der Theorien zu beschränken und dann beim dritten oder vierten Kapitel einzusteigen und sich ggf. im Nachgang mittels der Kapitelverweise jeweils spezifisch die theoretischen Grundlagen zu erschließen.

Die Theorien der sozialen Unterstützung geben dabei nicht nur Einblicke in die Arten der Austauschprozesse zwischen Patienten und Angehörigen, sondern auch für deren Bewertung. Für das Verständnis von Rollenveränderungen und -konflikten werden zudem wichtige Erkenntnisse der Rollentheorien und die für die Angehörigenkommunikation relevanten Rollenkonzepte vorgestellt. Die Kommunikationsprozesse im Trialog zwischen Patient, Angehörigen und Arzt werden dann anhand der triadischen Entscheidungsmodelle dargestellt. Aus der Verknüpfung dieser Theorien mit dem Zwei-Stufen-Fluss der Kommunikation leitet sich schließlich der Zwei-Stufen-Fluss der Unterstützung ab, der in Abschn. 2.4 detailliert erläutert wird. Die Kommunikation zwischen den Angehörigen und weiteren Personen oder Informationsquellen wird wiederum maßgeblich von der Gesundheitskompetenz beeinflusst, weshalb abschließend in Kapitel zwei auch die entsprechenden Modelle vorgestellt werden.

Im dritten Kapitel werden anhand dieses Rahmenmodells die *Kommunikationsrollen* von Angehörigen auf der Basis der Austauschprozesse zwischen Patienten und Angehörigen vorgestellt sowie deren unterstützende und weniger unterstützende Hilfeleistungen beschrieben. Dabei wird der Forschungsstand aus den vorhandenen Forschungsfeldern in Psychologie, Soziologie und

Kommunikationswissenschaft anhand der Funktionen der Angehörigen in der Gesundheitskommunikation systematisch zusammengeführt.

Im vierten Kapitel werden darauf aufbauend Kommunikationsstrategien entwickelt, die sich für die strategische (d. h. geplante und zielorientierte) Kommunikation mit Angehörigen durch Dritte anwenden lassen. Damit ist es möglich auch die strategische Adressierung der Angehörigen für gesundheitsrelevante Zielstellungen unabhängig von einer Krankheit oder einem spezifischen Kommunikationsmodus zu betrachten.

Im Fazit werden schließlich die Implikationen des ausgearbeiteten Modells, der identifizierten Rollen und Kommunikationsstrategien für die Theorieentwicklung, die empirische Forschung sowie die praktische Umsetzung von Angehörigenkommunikation erläutert.

Literatur

Baumann, E., & Hurrelmann, K. (2014). Gesundheitskommunikation: Eine Einführung. In K. Hurrelmann & E. Baumann (Hrsg.), *Handbuch Gesundheitskommunikation* (S. 8–17). Bern: Huber.

Becker, G., Kempf, D. E., Xander, C. J., Momm, F., Olschewski, M., & Blum, H. E. (2010). Four minutes for a patient, twenty seconds for a relative – an observational study at a university hospital. *BMC health services research, 10*(1), 94. https://doi.org/10.1186/1472-6963-10-94.

Beck-Gernsheim, E. (2008). Welche Gesundheit woll(t)en wir? Neue Diagnose- und Therapiemöglichkeiten bringen auch neue Kontrollen, Entscheidungszwänge und –konflikte. In D. Schäfer (Hrsg.), *Gesundheitskonzepte im Wandel. Geschichte, Ethik und Gesellschaft* (S. 115–126). Stuttgart: Steiner.

Bierhoff, H. W. (2010). *Psychologie prosozialen Verhaltens. Warum wir anderen helfen.* Stuttgart: Kohlhammer.

Borgetto, B. (2016). Soziologie des kranken Menschen. Krankenrollen und Krankenkarrieren. In M. Richter & K. Hurrelmann (Hrsg.), *Soziologie von Gesundheit und Krankheit* (Lehrbuch, 1. Aufl., S. 369–381). Wiesbaden: Springer. https://doi.org/10.1007/978-3-658-11010-9_25.

Borgetto, B., & Kälble, K. (2007). *Medizinsoziologie: Sozialer Wandel, Krankheit, Gesundheit und das Gesundheitssystem.* Weinheim: Beltz Juventa.

Braun, B., Buhr, P., Klinke, S., Müller, R., & Rosenbrock, R. (2009). *Pauschalpatienten, Kurzlieger und Draufzahler. Auswirkungen der DRGs auf Versorgungsqualität und Arbeitsbedingungen im Krankenhaus* (1. Aufl.). Bern: Huber.

Cutrona, S. L., Mazor, K. M., Vieux, S. N., Luger, T. M., Volkman, J. E., & Finney Rutten, L. J. (2015). Health information-seeking on behalf of others: Characteristics of "surrogate seekers". *Journal of Cancer Education, 30*(1), 12–19. https://doi.org/10.1007/s13187-014-0701-3.

Cutrona, S. L., Mazor, K. M., Agunwamba, A. A., Valluri, S., Wilson, P. M., Sadasivam, R. S., et al. (2016). Health information brokers in the general population: An analysis of the health information national trends survey 2013–2014. *Journal of Medical Internet Research, 18*(6), e123. https://doi.org/10.2196/jmir.5447.

DAK. (Hrsg.). (2015). Pflege-Report 2015. So pflegt Deutschland. Hamburg. https://www.dak.de/dak/download/pflegereport-2015-1701160.pdf.

Daneke, S. (2010). *Achtung, Angehörige! Kommunkationstips und wichtige Standards für Pflege- und Leitungskräfte*. Hannover: Schlütersche Verlagsgesellschaft.

Dieterich, A. (2006). Eigenverantwortlich, informiert und anspruchsvoll ... Der Diskurs um den mündigen Patienten aus ärztlicher Sicht (WZB Discussion Paper No. SP I 2006-310). http://hdl.handle.net/10419/47375.

Eberlein, E., Reifegerste, D., & Link, E. (2017). Triadische Kommunikation im Kontext medizinischer und psychotherapeutischer Behandlung: Die Rolle der Angehörigen von Depressionspatienten. In C. Lampert & M. Grimm (Hrsg.), *Gesundheitskommunikation als transdisziplinäres Forschungsfeld* (S. 237–248). Baden-Baden: Nomos.

Epstein, R. M. (2013). Whole mind and shared mind in clinical decision-making. *Patient Education and Counseling, 90*(2), 200–206. https://doi.org/10.1016/j.pec.2012.06.035.

Ernst, J., & Weißflog, G. (2013). Gemeinsam stark – Angehörige als Unterstützung. *Heilberufe, 65*(7–8), 56–59. https://doi.org/10.1007/s00058-013-0761-5.

Fennell, K. M., Heckel, L., Wilson, C., Byrnes, M., & Livingston, P. M. (2016). How calls from carers, friends and family members of someone affected by cancer differ from those made by people diagnosed with cancer; analysis of 4 years of South Australian Cancer Council Helpline data. *Supportive Care in Cancer, 24*(6), 2611–2618. https://doi.org/10.1007/s00520-015-3069-y.

Friemel, T. N. (2008). Anatomie von Kommunikationsrollen. *KZfSS Kölner Zeitschrift für Soziologie und Sozialpsychologie, 60*(3), 473–499. https://doi.org/10.1007/s11577-008-0024-7.

George, W., & George, U. (Hrsg.). (2003). *Angehörigenintegration in der Pflege*. München: Ernst Reinhardt.

Griese, C., & Rothe, K. (2012). Gesundheitsvorsorge und medizinische Versorgung. In C. Griese & H. Marburger (Hrsg.), *Interkulturelle Öffnung: ein Lehrbuch* (S. 181–200). München: Oldenbourg.

Hennig, M. (2014). Familienbeziehungen über Haushaltsgrenzen hinweg – Familie als Netzwerk. In A. Steinbach, M. Hennig, & O. Arránz Becker (Hrsg.), *Familie im Fokus der Wissenschaft* (Familienforschung, S. 141–172). Wiesbaden: Springer.

Horn, D. A. (2008). Pflegende Angehörige wachkomatöser Menschen. *Das Gesundheitswesen, 70*(07), A103. https://www.thieme-connect.com/products/ejournals/abstract/10.1055/s-0028-1086328.

Hovick, S. R. (2014). Understanding family health information seeking: A test of the theory of motivated information management. *Journal of Health Communication, 19*(1), 6–23. https://doi.org/10.1080/10810730.2013.778369.

Jungbauer, J. (2009). *Familienpsychologie kompakt:[online Materialien]*. Weinheim: Beltz.

Jurczyk, K. (2014). Doing Family – Der Practical Turn der Familienwissenschaften. In A. Steinbach, M. Hennig, & O. Arránz Becker (Hrsg.), *Familie im Fokus der Wissenschaft* (Familienforschung, S. 117–138). Wiesbaden: Springer.

Karmasin, M., Rath, M., & Thomaß, B. (Hrsg.). (2014). *Kommunikationswissenschaft als Integrationsdisziplin*. Wiesbaden: Springer.

Kienle, R., Knoll, N., & Renneberg, B. (2006). Soziale Ressourcen und Gesundheit: Soziale Unterstützung und dyadisches Bewältigen. In B. Renneberg & P. Hammelstein (Hrsg.), *Gesundheitspsychologie* (Springer-Lehrbuch, S. 107–122). Berlin: Springer.

Klie, T. (2014). *Wen kümmern die Alten? Auf dem Weg in eine sorgende Gesellschaft.* München: Pattloch.

Kramer, M. (2012). *Potentiale der Angehörigenarbeit.* Münster: LIT.

Lamura, G., Mnich, E., Wojszel, B., Nolan, M., Krevers, B., Mestheneos, L., et al. (2006). Erfahrungen von pflegenden Angehörigen älterer Menschen in Europa bei der Inanspruchnahme von Unterstützungsleistungen. Ausgewählte Ergebnisse des Projektes EUROFAMCARE. *Zeitschrift fur Gerontologie und Geriatrie, 39*(6), 429–442. https://doi.org/10.1007/s00391-006-0416-0.

Lazarsfeld, P. F., Berelson, B., & Gaudet, H. (1944). *The people's choice: How the voter makes up his mind in a presidential campaign.* New York: Duell, Sloan and Pearce.

Lipp, V., & Brauer, D. (2016). Autonomie und Familie in medizinischen Entscheidungssituationen. In H. Steinfath & C. Wiesemann (Hrsg.), *Autonomie und Vertrauen. Schlüsselbegriffe der modernen Medizin* (1. Aufl., S. 201–237). Wiesbaden: Springer. https://doi.org/10.1007/978-3-658-11074-1_6.

MacGeorge, E. L., Feng, B., Burleson, B. R., Knapp, M. L., & Daly, J. A. (2011). Supportive communication. In M. L. Knapp & J. A. Daly (Hrsg.), *The SAGE handbook of interpersonal communication* (S. 317–354). Thousand Oaks: Sage.

Majerovitz, D. S., Mollott, R. J., & Rudder, C. (2009). We're on the same side: Improving communication between nursing home and family. *Health Communication, 24*(1), 12–20. https://doi.org/10.1080/10410230802606950.

Mak, W. W. S., & Cheung, R. Y. M. (2008). Affiliate stigma among caregivers of people with intellectual disability or mental illness. *Journal of Applied Research in Intellectual Disabilities, 21*(6), 532–545. https://doi.org/10.1111/j.1468-3148.2008.00426.x.

Mantovan, F., Ausserhofer, D., Huber, M., Schulc, E., & Them, C. (2010). Interventionen und deren Effekte auf pflegende Angehörige von Menschen mit Demenz – Eine systematische Literaturübersicht. *Pflege, 23*(4), 223–239. https://doi.org/10.1024/1012-5302/a000050.

Metzing, S., & Schnepp, W. (2007). Kinder und Jugendliche als pflegende Angehörige: Wer sie sind und was sie leisten. Eine internationale Literaturstudie (1990–2006). *Pflege, 20*(6), 323–330. https://doi.org/10.1024/1012-5302.20.6.323.

Parrott, R., Peters, K. F., & Traeder, T. (2012). Uncertainty management and communication preferences related to genetic relativism among families affected by Down syndrome, Marfan syndrome, and neurofibromatosis. *Health Communication, 27*(7), 663–671. https://doi.org/10.1080/10410236.2011.629408.

Reifegerste, D. (2018, November). *Emergent und trotzdem zielführend – Klinikkommunikation mit Angehörigen.* 25. Jahrestagung der DGPuK Fachgruppe PR und Organisationskommunikation, Stuttgart.

Reifegerste, D., Bachl, M., & Baumann, E. (2017). Wer sind die Surrogate Seeker? Demografische, motivationale und sozio-kontextuelle Faktoren der Suche nach Gesundheitsinformationen für andere Personen. In C. Lampert & M. Grimm (Hrsg.), *Gesundheitskommunikation als transdisziplinäres Forschungsfeld* (S. 119–130). Baden-Baden: Nomos.

Rogers, E. M. (1996). The field of health communication today. An up-to-date report. *Journal of Health Communication, 1*(1), 15–24. https://doi.org/10.1080/108107396128202.

Rosenbrock, R., & Gerlinger, T. (2014). *Gesundheitspolitik. Eine systematische Einführung* (3. vollst. überarb Aufl.). Bern: Hogrefe.

Rosland, A.-M., Piette, J. D., Choi, H., & Heisler, M. (2011). Family and friend participation in primary care visits of patients with diabetes or heart failure: Patient and physician determinants and experiences. *Medical Care, 49*(1), 37–45. https://doi.org/10.1097/MLR.0b013e3181f37d28.

Schaeffer, D., & Haslbeck, J. (2016). Bewältigung chronischer Krankheit. In M. Richter & K. Hurrelmann (Hrsg.), *Soziologie von Gesundheit und Krankheit* (Lehrbuch, 1. Aufl., S. 243–256). Wiesbaden: Springer. https://doi.org/10.1007/978-3-658-11010-9_16.

Schnabel, P. E. (2009). Zielgruppengerechte Gesundheitskommunikation. In R. Roski (Hrsg.), *Zielgruppengerechte Gesundheitskommunikation. Akteure, Audience Segmentation, Anwendungsfehler* (S. 33–58). Wiesbaden: VS Verlag.

Schnabel, P.-E., & Bödeker, M. (2012). *Gesundheitskommunikation* (1. Aufl.). Weinheim: Julius Beltz.

Soellner, R., Huber, S., Lenartz, N., & Rudinger, G. (2009). Gesundheitskompetenz – ein vielschichtiger Begriff. *Zeitschrift für Gesundheitspsychologie, 17*(3), 105–113. https://doi.org/10.1026/0943-8149.17.3.105.

Voigt, G., & Praez-Johnsen, H. (2001). Interkulturelle Kommunikation im Krankenhaus – Zur Verständigung zwischen Pflegenden und MigrantenpatientInnen am Beispiel von Angehörigen. *Pflege, 6*(2), 45–50.

Werner, S., & Shulman, C. (2014). Does type of disability make a difference in affiliate stigma among family caregivers of individuals with autism, intellectual disability or physical disability? *Journal of Intellectual Disability Research, 59*(3), 272–283. https://doi.org/10.1111/jir.12136.

Wetzstein, M., Rommel, A., & Lange, C. (2015). Pflegende Angehörige – Deutschlands größter Pflegedienst. *GBE kompakt, 6*(3), 3–11. https://doi.org/10.17886/RKI-GBE-2016-018.

Wilkesmann, M. (2016). Transformationsprozesse im Krankenhauswesen. In M. Richter & K. Hurrelmann (Hrsg.), *Soziologie von Gesundheit und Krankheit* (Lehrbuch, 1. Aufl., S. 353–381). Wiesbaden: Springer.

Wilz, G., & Meichsner, F. (2012). Einbezug von Familienangehörigen chronisch Kranker in die Arzt-Patient-Kommunikation. *Bundesgesundheitsblatt – Gesundheitsforschung – Gesundheitsschutz, 55*(9), 1125–1133. https://doi.org/10.1007/s00103-012-1532-1.

Wilz, G., & Meichsner, F. (2015). Unterstützende Interventionen für Angehörige. In W. Rief & P. Henningsen (Hrsg.), *Psychosomatik und Verhaltensmedizin* (Bd. 25, S. 444–456). Stuttgart: Schattauer.

Wolff, J. L., & Roter, D. L. (2011). Family presence in routine medical visits: A meta-analytical review. *Social Science and Medicine, 72*(6), 823–831. https://doi.org/10.1016/j.socscimed.2011.01.015.

Woods, B., Keady, J., & Seddon, D. (2009). *Angehörigenintegration: Beziehungszentrierte Pflege und Betreuung von Menschen mit Demenz*. Bern: Huber.

Wright, K. B., Rains, S., & Banas, J. (2010). Weak-tie support network preference and perceived life stress among participants in health-related, computer-mediated support groups. *Journal of Computer-Mediated Communication, 15*(4), 606–624. https://doi.org/10.1111/j.1083-6101.2009.01505.x.

Yuen, E. Y. N., Knight, T., Ricciardelli, L. A., & Burney, S. (2018). Health literacy of caregivers of adult care recipients. A systematic scoping review. *Health & Social Care in the Community, 26*(2), e191–e206. https://doi.org/10.1111/hsc.12368.

Modelle der Angehörigenkommunikation 2

Das folgende Kapitel stellt Theorien und Ansätze der Soziologie, der Sozialpsychologie, der Gesundheitswissenschaften und der Kommunikationswissenschaft vor, die für die Angehörigenkommunikation zentral erscheinen und aus denen sich jeweils Implikationen ableiten lassen. Im Vordergrund steht jeweils der Bezug zur Angehörigenkommunikation, sodass Fachdebatten und spezifische Weiterentwicklungen der Theorien nur in diesem Zusammenhang betrachtet werden. Dabei werden jeweils auch die Parallelen oder Unterschiede zwischen den Ansätzen aufgezeigt.

Soziale Unterstützung bildet die Basis für die Prozesse der Angehörigenkommunikation und wird daher sowohl in ihren verschiedenen Dimensionen als auch in ihrer Wirkungsweise und möglichen daraus abgeleiteten Kommunikations- und Interventionsstrategien vorgestellt. Ausgehend von den verschiedenen Rollentheorien werden dann für die Angehörigenkommunikation relevante Rollenkonzepte und mögliche Rollenprobleme durch unklare Rollendefinitionen und Rollenkonflikte aufgezeigt. Als eine potenzielle Kommunikationsstrategie wird daraus die Rollenklärung abgeleitet, die bereits in anderen Kontexten angewendet wird.

Während die ersten beiden Theorieblöcke vor allem auf die Interaktionen zwischen Patienten und Angehörigen fokussieren, nehmen die beiden dann folgenden Modelle die Triade stärker in den Blick. Modelle der triadischen Entscheidungsfindung zeigen Möglichkeiten der Systematisierung und Bewertung der Arzt-Patienten-Angehörigen-Kommunikation auf, die wiederum Ableitungen für Kommunikationsstrategien aufzeigen. Die Verknüpfung des Two-Step-Flow mit Theorien der sozialen Unterstützung dient als Rahmenmodell, um die Kommunikations- und Unterstützungswege zwischen Angehörigen und Patient sowie zwischen Angehörigen und weiteren Personen und Informationsquellen abzubilden.

D. Reifegerste, *Die Rollen der Angehörigen in der Gesundheitskommunikation*,
https://doi.org/10.1007/978-3-658-25031-7_2

Modelle der Gesundheitskompetenz und deren Dimensionen und Angehörigenspezifika bilden schließlich eine zentrale Grundlage für die Kommunikationsstrategie der Kompetenzentwicklung.

2.1 Theorien der sozialen Unterstützung

Um die Kommunikationsprozesse zwischen Angehörigen und Patienten konkreter zu beschreiben und zu erklären, ist es notwendig die Austauschprozesse der Individuen zu betrachten (Friemel 2008). Das Konzept der sozialen Unterstützung (Cutrona und Russell 1987; Lakey und Cohen 2000) beschreibt sowohl verschiedene relevante Dimensionen dieser Austauschprozesse als auch deren Bewertung und Wirkmechanismen. Es bildet damit eine wichtige wissenschaftliche Grundlage für die Betrachtung der Kommunikation von Angehörigen mit Patienten (George und George 2003) und für die Ableitung von Strategien.

2.1.1 Dimensionen sozialer Unterstützung

Konzepte der sozialen Unterstützung werden in verschiedenen Forschungsfeldern theoretisch hergeleitet und angewendet. Mehrheitlich wird soziale Unterstützung als ein mehrdimensionales Konzept beschrieben, welches nicht nur die Quellen der sozialen Unterstützung im Rahmen eines sozialen Netzwerkes, sondern auch die Funktionen des Austauschs berücksichtigt (Heaney und Israel 2008).

> Soziale Unterstützung ist eine Hilfsinteraktion zwischen dem Unterstützungsgeber und dem Unterstützungsempfänger. Ziel ist es, einen Problemzustand, der dem Unterstützungsempfänger Leiden erzeugt, zu verändern oder erträglicher zu machen, falls eine Veränderung nicht möglich ist (Kienle et al. 2006, S. 120).

Daraus wird deutlich, dass soziale Unterstützung immer mindestens zwei Individuen (einen *Geber* und einen *Empfänger*) voraussetzt und mit einer positiv gerichteten Intention aus der Perspektive des Gebers verbunden ist. Angehörige treten in der Gesundheitskommunikation in erster Linie als Geber sozialer Unterstützung für die Patienten auf. In der Angehörigenkommunikation ist die soziale Unterstützung aber noch in anderer Hinsicht relevant. Denn auch die unterstützenden Angehörigen bedürfen häufig der sozialen Unterstützung, um ihre Rollen ausüben zu können. Dies gilt vor allem dann, wenn ihre eigenen Ressourcen erschöpft sind und die Angehörigen überfordert sind (Abschn. 4.2.4). Sie können dann selbst als Unterstützungsempfänger auftreten, der gleichzeitig Unterstützungsgeber für den Patienten ist (Cutrona et al. 2015).

Da soziale Unterstützung immer auf der Basis von sozialen Beziehungen, d. h. einem *sozialen Netzwerk* stattfindet, sind sowohl die eher quantitativen, strukturellen Aspekte als auch die qualitativen Aspekte relevant. Soziale Beziehungen in sozialen Netzwerken lassen sich demnach vor allem anhand struktureller Merkmale (wie Anzahl, Dauer, Frequenz) und der Qualität der Beziehungen (z. B. anhand der räumlichen Nähe, Stabilität der Beziehung, Zufriedenheit mit der Beziehung) beschreiben (Laireiter 2002). Soziale Unterstützung kann sowohl von formellen als auch informellen Quellen geleistet werden, verschiedene Netzwerkmitglieder leisten aber verschiedene Arten der sozialen Unterstützung. So wird informationelle Unterstützung (z. B. Weitergabe von Expertenwissen) eher durch das medizinische Personal geleistet und emotionale Unterstützung (z. B. Trost und Zuspruch) vor allem durch Familie und Freunde. Zugleich gehen die verschiedenen sozialen Beziehungen aber auch mit einer unterschiedlichen Motivation zu sozialer Unterstützung einher. Langfristige und intensive Hilfe wird eher nur durch nahestehende Angehörige und Familienmitglieder geleistet, zu kurzfristiger Hilfe sind auch Nachbarn und Freunde bereit (Heaney und Israel 2008).

Grundsätzlich hat sich gezeigt, dass die Anzahl der sozialen Bindungen, d. h. die *soziale Integration* in einem sozialen Netzwerk einen positiven Einfluss auf soziale Unterstützung hat. Dabei existiert aber kein linearer Anstieg der Wirkungen. Sehr niedrige Werte sozialer Integration (z. B. alleine wohnen und kein Kontakt mit Familie oder Freunden) haben negative Effekte auf die Gesundheit und die Mortalität. Wenn aber eine bestimmte Schwelle der Integration erreicht ist, dann hat dies keine weiteren Vorteile. Es genügt mindestens eine starke und intime Beziehung zu haben, die sicherstellt, dass Unterstützung generiert werden kann (Heaney und Israel 2008). Neben der reinen Anzahl der Bindungen ist es aber auch entscheidend, inwieweit man in der Lage ist, aus diesem sozialen Netzwerk soziale Unterstützung zu generieren (Knoll et al. 2017).

Im Gegensatz zu den quantitativen, strukturellen Merkmalen beschreiben die Formen der sozialen Beziehungen nicht deren Beziehungsart, sondern deren Inhalt und somit die eher *qualitativen Aspekte.* Sie werden meist anhand von mehreren Arten der sozialen Unterstützung unterschieden, auch wenn sie nicht immer klar voneinander abgegrenzt werden können (Lin et al. 2015):

1. *informationelle Unterstützung* beschreibt, wie Patienten z. B. Informationen zu Behandlungsmöglichkeiten oder einem bestimmten Krankenhaus oder allgemeine Ratschläge erhalten;
2. *Unterstützung durch Begleitung* und gemeinsame Aktivitäten (engl. companionship support).

3. *emotionale tröstende Unterstützung* bezieht sich vor allem auf ein Umsorgtsein, mit dem die Unterstützungsgeber ein Gefühl von Sicherheit vermitteln und dabei helfen mit den affektiven Reaktionen auf die Situation umzugehen (Eichhorn 2008);
4. Bestätigung von Werten oder der Autonomie des anderen (sogenannter esteem support oder *Unterstützung durch Wertschätzung*);
5. *Entscheidungsunterstützung* beschreibt das Geben von Ratschlägen und Empfehlungen, um Entscheidungen über Behandlungsoptionen, medizinisches Personal und Institutionen treffen zu können (Holt-Lunstead und Uchino 2015).
6. *instrumentelle oder tangible Unterstützung* betrifft alle möglichen Hilfsleistungen, die sich materiell oder finanziell äußern, können aber auch in Einkäufen, Behördengängen und der Organisation von Pflegeleistungen u. ä. bestehen;

Entscheidungsunterstützung wird zwar von den meisten Taxonomien der Arten sozialer Unterstützung nicht explizit als eigene Art der Unterstützung genannt (für eine Übersicht siehe Lin et al. 2015), im Gesundheitskontext lässt es sich dennoch als distinkte Dimension sozialer Unterstützung betrachten (Krieger et al. 2017). Unterstützung durch Begleitung wird in manchen Studien als separate Form der Unterstützung (Cavallo et al. 2014) aber auch als Unterform emotionaler Unterstützung (Le Poire 2006) betrachtet. Da sie ohne weitere Hilfeleistungen, wie Transport, nicht direkt zur Lösung des Problems beiträgt, wird sie hier den Formen emotionaler Unterstützung zugeordnet, auch wenn sie mitunter andere Funktionen erfüllen kann.

2.1.2 Bewertung sozialer Unterstützung

Die positiven Wirkungen sozialer Unterstützung auf die körperliche Gesundheit zeigen sich vor allem in einer geringeren Mortalität und Morbidität, der schnelleren Genesung von einer Krankheit und dem besseren Gesundheitsstatus, der sich u. a. durch physiologische Indikatoren wie Blutdruck und Immunabwehr und weniger Einschränkungen bei chronischen Krankheiten nachweisen lässt (Kienle et al. 2006). Noch deutlichere Effekte der sozialen Unterstützung (als für die somatische Gesundheit) lassen sich für die psychische Gesundheit aufzeigen (Laireiter 2002). Unabhängig von der Krankheit zeigt sich ein positiver Einfluss auf den Bewältigungsprozess, das Stressempfinden und das Wohlbefinden (Heaney und Israel 2008).

Entscheidend ist dabei vor allem die *subjektive Einschätzung* der Unterstützung. Ob und inwieweit eine Situation als belastend und damit als Stressfaktor empfunden wird, hängt laut *Transaktionalem Stressmodell* (Lazarus und Folkman 1984) davon ab, wie die Ressourceneinschätzung ausfällt (Schaeffer und Moers 2008). Negativer Stress tritt demnach nur dann auf, wenn die Umweltanforderungen nach Einschätzung des Betroffenen die individuellen Ressourcen (d. h. die eigenen Kompetenzen und die Unterstützungsangebote) übersteigen. Diese subjektive und situationsabhängige Stressbewertung liegt auch dem interaktionstheoretischen *Trajektkonzept* (Corbin und Strauss 2010) zugrunde, dass das Transaktionale Stressmodell um eine zeitliche Dimension erweitert und damit die typischen Bewältigungserfordernisse im Verlauf einer chronischen Krankheit abbildet (Abschn. 2.2.1.1).

Eine (vom Geber) als hilfreich intendierte soziale Unterstützung bedeutet somit nicht zwangsläufig, dass das Verhalten (d. h. die Hilfsinteraktion) auch die beabsichtigten Folgen hat oder dass das Verhalten aus der Perspektive des Empfängers oder aus der Perspektive Dritter (z. B. dem medizinischen Personal) auch entsprechend positiv bewertet wird. Um Unterstützungsinteraktionen zu bewerten sind demnach mindestens drei verschiedene Perspektiven zu berücksichtigen, die in ihrer Bewertung häufig voneinander abweichen (siehe Abb. 2.1): die des Empfängers, die des Gebers und schließlich auch die eines *Beobachters* (Dunkel-Schetter et al. 1992). Die Beobachterrolle wird in der Gesundheitskommunikation vor allem durch das medizinische Personal, aber auch durch andere Angehörige, staatliche Aufsichtsbehörden (z. B. das Jugendamt) oder allgemeine gesellschaftliche Normen repräsentiert.

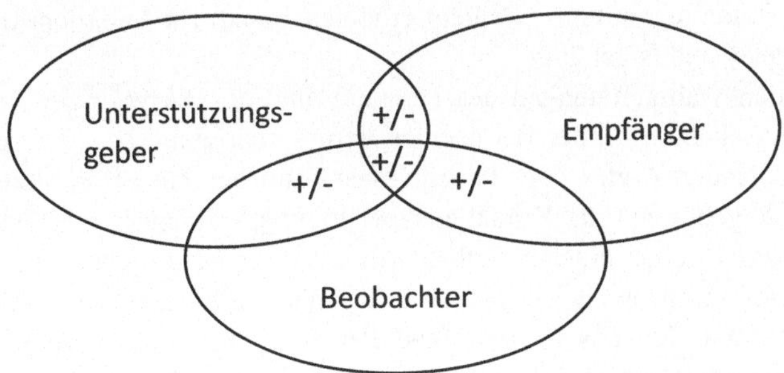

Abb. 2.1 Perspektiven der Unterstützungsbewertung. (Anmerkung: nach Dunkel-Schetter et al. 1992 und Knoll et al. 2017, S. 144; +/- stellt die positive oder negative Bewertung der Interaktion dar)

Es sind somit drei verschiedene Deutungsmöglichkeiten vorhanden, um zu entscheiden, ob es sich um eine *positive Unterstützung* handelt. Dunkel-Schetter und Kollegen (1992) priorisieren allerdings die Sicht des Empfängers, um die soziale Unterstützungsleistung als solche zu definieren, was auch einer patientenorientierten Sichtweise entspricht. Die Unterstützungsleistungen werden dementsprechend vorrangig anhand der Perspektive des empfangenden Patienten bewertet. Dieser kann die (vom Geber positiv intendierte) soziale Unterstützung als nicht hilfreich wahrnehmen (Heaney und Israel 2008), weil er sie bspw. als soziale Kontrolle empfindet. Zudem kann die soziale Unterstützung den Empfänger (d. h. den Patienten) auch überfordern, da er die mit der Unterstützungsleistung verbundenen Erwartungen des Gebers nicht erfüllen kann (Kienle et al. 2006). Da soziale Unterstützung meist ein reziproker Prozess ist, versuchen Individuen eine Balance zwischen dem Geben und Empfangen zu erreichen (Lin et al. 2015). Erhält man mehr Unterstützung als man geben kann, führt dies möglicherweise zu Schuld, Scham und einer schwindenden Selbstwirksamkeit (Knoll et al. 2006). Erschwerend kommt hinzu, dass die Wahrnehmung sozialer Unterstützung und die Fähigkeit sie anzunehmen krankheitsbedingt (z. B. bei Depressions- oder Demenzerkrankungen) eingeschränkt sein kann (Lienemann und Siegel 2016).

Interaktionen, die vom Geber nicht positiv intendiert sind, gelten als *soziale Unterminierung*. Diese zeichnet sich durch aktive Handlungen aus, die die Probleme oder den Zustand des anderen verschlimmern. Dies geschieht u. a. durch eine negative Bewertung der Aktivitäten, Anstrengungen, Eigenschaften des Anderen oder indem der Andere ablehnend behandelt, verärgert oder daran gehindert wird, bestimmte Aktionen auszuführen (Kienle et al. 2006). Diese negativen interpersonalen Interaktionen wirken sich oft kritischer auf die Gesundheit der „Empfänger" aus als ein Mangel an sozialer Unterstützung. Sie können zu Depressionen, schlechten Stimmungen und zu einem erhöhten Risiko für Infektionskrankheiten führen (Heaney und Israel 2008).

Neben den Wahrnehmungen des Patienten und der Angehörigen finden aber auch die Einschätzungen der Beobachter Berücksichtigung. Aus der Perspektive des beobachtenden Arztes oder Psychologen kann ein Zuviel an Unterstützung durch den Angehörigen die Krankheitsbewältigung verhindern oder erschweren, da gerade das Erleben eigener Selbstwirksamkeit notwendig für den Heilungsprozess wäre, was bspw. bei Depression der Fall sein kann (Klauer 2002). Möglicherweise fühlt sich das medizinische Personal aber auch in seinen eigenen Abläufen behindert und erschwert daher die Hilfeleistungen der Angehörigen.

2.1.3 Implikationen für die Angehörigenkommunikation

Soziale Unterstützung bewegt sich somit in einem Spannungsfeld zwischen Über- und Unterengagement des Angehörigen und Über- und Unterforderung des Patienten, die beide dysfunktional (d. h. nicht effektiv) für die Bewältigung der Erkrankung ausfallen können. Wenn Angehörige die volle Verantwortung für den Erkrankten übernehmen und ihn gegen alle Anforderungen, negativen Informationen und andere Unannehmlichkeiten abschirmen (sogenanntes protektives Abpuffern), können sie die Krankheitsbewältigung des Patienten erschweren oder behindern (Ernst und Weißflog 2013). Auf der anderen Seite steht das Überfordern des Patienten. Indem der Angehörige unverzüglich wieder zur Tagesordnung zurückkehrt und vom Patienten wieder Normalität einfordert, Bedrohungen oder traumatischen Erfahrungen leugnet, überschätzt er möglicherweise die Fähigkeit des Patienten (Knoll et al. 2017).

Daraus wird zum einen deutlich, wie relevant die soziale Unterstützung für die Krankheitsbewältigung ist. Zum anderen erkennt man auch, dass es notwendig ist, die Höhe der Unterstützungsleistungen zwischen Geber und Empfänger (ggf. mit dem medizinischen Personal) sensibel auszuhandeln (Abschn. 4.2.2). Im Folgenden werden daher Ansätze vorgestellt, die Anregungen geben, mit welchen Strategien die Unterstützungsleistungen an die Unterstützungsbedarfe angepasst werden können.

Lazarus und Folkman (1984) unterschieden im Transaktionalen Stressmodell verschiedene Strategien zur Bewältigung bzw. zum Coping des Stresses. Diese Strategien der Stressbewältigung können durch den Betroffenen allein unternommen werden (interne Ressourcen), können aber auch im Zusammenhang mit der sozialen Unterstützung durch andere (externe Ressourcen) stehen, wenn die eigenen Ressourcen nicht ausreichen. Sie nennen zum einen das *problemorientierte Coping*, bei dem ggf. durch informationelle oder instrumentelle Unterstützung das Problem beseitigt werden kann. Im Gegensatz dazu versucht das *emotionsorientierte Coping* (ggf. mit emotionaler Unterstützung), die durch die Situation entstandene emotionale Erregung zu bewältigen. Die *Theorie des optimalen Matching* (Cutrona und Russell 1990) geht davon aus, dass je nach Stressor bestimmte Arten der Unterstützung am geeignetsten sind. Unterstützungsfunktionen, die dabei helfen das Problem des Betroffenen zu lösen oder zu beseitigen, beinhalten vorrangig informationelle und instrumentelle Unterstützung (problemorientiertes Coping). Sind die Probleme aber nicht zu beseitigen, z. B. weil die Krankheit nicht heilbar ist, dann kommen vorrangig Unterstützungsformen in Betracht, die dem Betroffenen dabei helfen, die Situation zu bewältigen (emotionsorientiertes Coping). Dies kann in Form von Trost und Zuspruch oder gemeinsamen Aktivitäten geschehen (Lin et al. 2015). Es gilt somit nicht nur die Höhe der Unterstützungsleistungen, sondern auch die Art der Unterstützungsleistungen zwischen Geber und Empfänger abzustimmen.

Bodenmann (2002) betrachtet in seinem *Konzept des dyadischen Coping* weniger die Art der Stressoren und deren Bewältigung, sondern fokussiert die gemeinsame Bewältigung in einer Paarbeziehung (z. B. der Patientin und ihres Partners). Er geht davon aus, dass Menschen in Partnerschaften als System funktionieren und sich daher ständig gegenseitig durch aktive Handlungen, Stimmungslagen, Transmissions- und Übertragungseffekte beeinflussen. Die Untersuchungen zu diesem und anderen ähnlichen Konzepten zum Ko-Management von Gesundheitsproblemen zeigen, dass vor allem eine gute Abstimmung (d. h. effektive Kommunikation) zwischen den Partnern zu einer reduzierten Belastung des gesunden Partners und einem besseren Umgang des Patienten mit seiner schweren Krankheit führt (Magsamen-Conrad et al. 2015). Diese Wirkung zeigt sich unabhängig davon welche Bewältigungsstrategie gewählt wird (Bodenmann 2002).

Das *Kaskadenmodell* des Stress-Coping-Prozesses (Bodenmann 2000) macht zudem deutlich, dass bei einem Stressereignis iterativ verschiedene Instanzen der Unterstützung in Anspruch genommen werden. Wenn sowohl die individuelle Bewältigung als auch die dyadische Bewältigung in der Paarbeziehung (d. h. die Unterstützung durch den Partner) nicht ausreichend sind, suchen die Betroffenen soziale Unterstützung bei Freunden und Verwandten. Diese wird wiederum bei Bedarf durch die Unterstützung von Bekannten und schließlich die Inanspruchnahme professioneller Hilfe erweitert (siehe Abb. 2.2).

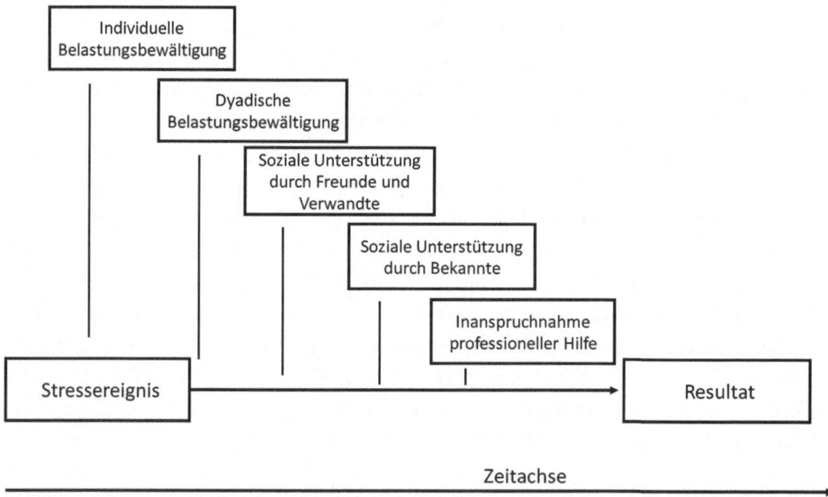

Abb. 2.2 Kaskadenmodell der Stressbewältigung. (Anmerkung: nach Bodenmann 2000, S. 77)

Für die Angehörigenkommunikation sind somit nicht nur die die Bewältigungsstrategien der Patienten, sondern auch die der Angehörigen relevant. Denn Krankheitsbewältigung und schwere Erkrankungen sind nicht nur eine Belastung für den Patienten, sondern stellen auch für das soziale Netz und insbesondere den Partner, eine hohe psychosoziale und soziale Belastung dar (Ernst und Weißflog 2013). Wenn ein Partner ein belastendes Erlebnis über einen längeren Zeitraum durchmacht, das nicht adäquat bewältigt werden kann, dann kann sich das auch auf den Angehörigen negativ auswirken (Kienle et al. 2006). Woods et al. (2009) geben bspw. Gespräche mit Freunden und Familie als mögliche Strategie zur Bewältigung schwieriger Situationen für Angehörige an, die auch den Bewältigungsstrategien des transaktionalen Stressmodells entsprechen.

2.2 Rollentheorien

Während die Theorien der sozialen Unterstützung helfen die Austauschprozesse zwischen Patienten und Angehörigen (und ggf. weiteren Unterstützern) zu verstehen, lassen sich anhand der Rollentheorien die Funktionen der damit verbundenen Personen beschreiben. Rollenkonzepte und Theorien zu deren Erklärung finden sich in zahlreichen Disziplinen und Konzepten und stellen keinen einheitlichen Ansatz dar. Sie dienen vor allem dazu, die Aufgaben und Erwartungen an Menschen in verschiedenen sozialen Kontexten und daraus entstehende Probleme sowie Lösungsansätze zu beschreiben.

Rollentheorien gehen davon aus, dass wir alle – wie in einem Theaterstück – eine Reihe von Rollen übernehmen (role taking), die unsere Einstellungen, Interaktionsverhalten und damit unsere Beziehungen zu anderen beeinflussen (Goffman 1959). Sie „werden zwar von einzelnen Individuen ‚gespielt', sind aber durch die jeweils relevanten Normen überindividuell in sozialen Positionen festgelegt" (Schäfers 2016, S. 78). Daraus wird auch erkennbar, dass Rollen mit zugeschriebenen Erwartungen (Sollvorstellungen über Rechte und Pflichten) verbunden sind. *Rollenerwartungen* können dabei sowohl vom Akteur selbst an sich gerichtet sein als auch von anderen stammen, die Erwartungen an ein wahrscheinliches Verhalten haben (Etzrodt 2003). Es dient somit sowohl als Schablone bzw. Schema, um das Verhalten anderer einzuordnen als auch um sich selbst situationsangemessen zu verhalten (Schwab Cammarano 2013). Dadurch wird das Zusammenwirken in sozialen Beziehungen in vielen Fällen erleichtert, weil soziale Rollen die Handlungsmuster in gewisser Weise standardisieren und damit (in gewisser Weise) vorhersagbar machen (Stürmer 2009).

Im Kontext der Angehörigenkommunikation sind dabei unterschiedliche *Rollenkonzepte* relevant. Neben den Arzt- und Patientenrollen liefern auch die

Kommunikationsrollen in Dyaden und Triaden wichtige Ansatzpunkte für die Beschreibung der Angehörigenrollen. Für das Gesamtverständnis von Rollenkonflikten können zudem die Beschreibungen gesellschaftlich-sozialer Rollen (wie Berufsrollen) wichtig sein. Ausgehend von unterschiedlichen Ansätzen zu Rollenproblemen werden schließlich verschiedene Interventionsstrategien zur Rollenklärung aus unterschiedlichen Kontexten aufgezeigt, um als Grundlage für Probleme und Lösungen im Kontext der Angehörigenrollen zu dienen (Abschn. 4.2.2).

Die Personen, die die Rolle innehaben, sind austauschbar, d. h. die Rollenerwartungen charakterisieren zwar die Rolle, aber nicht die Person (Neuberger 2002). Diese Flexibilität der *Rollen-Person-Zuordnung* zeigt sich vor allem daran, dass innerhalb einer Gruppe erst die entsprechenden Rollen verteilt werden (Halla-Heißen und Saremba 2017). So können sich auch unter den Angehörigen eines Patienten verschiedene Rollen mit bestimmten Aufgaben (z. B. Nahrungszubereitung, Krankentransport, Antragsbewältigung) ausdifferenzieren. Im Idealfall sind die zu bewältigenden Aufgaben entsprechend der Kompetenzen der Beteiligten sinnvoll aufgeteilt (Nerdinger et al. 2014), können aber (z. B. wenn ein Angehöriger nicht mehr zur Verfügung steht) ggf. neu verteilt werden, bspw. auch an einen professionellen Pflegedienst.

2.2.1 Rollenkonzepte

2.2.1.1 Arzt- und Patientenrollen

Um Kommunikationsprozesse zwischen Angehörigen und Patienten und dem weiteren sozialen Netzwerk zu beschreiben, sind die medizinsoziologischen Ansätze zu Patienten- und Arztrollen relevant. Die *klassische Patientenrolle* beinhaltet reversible, zeitlich befristete Gesundheitseinschränkungen, die dazu führen, dass der Kranke von anderen Aufgaben im Beruf und der Familie freigestellt wird (sog. Rollenentpflichtung) und sich professionell (d. h. durch einen Arzt) behandeln lässt (Parsons 1951). Mit einer Rückkehr in die Rolle eines Gesunden geht auch die Erwartung der Normalisierung des Lebens und (Wieder-)angleichung an die Berufslaufbahn eines Gesunden einher (Borgetto 2016). Zudem sind Personen in der Rolle des Gesunden dazu verpflichtet, individuelle Verantwortung für die Erhaltung ihres Gesundheitszustands (z. B. durch gesundheitsförderliches Verhalten wie Bewegung und Ernährung oder Vorsorgemaßnahmen) zu übernehmen, um nicht zum Patienten zu werden (Borgetto 2016).

Diese klassische Rollendifferenzierung zwischen einem Kranken und einem Gesunden eignet sich allerdings nicht, um die Situation von Betroffenen mit chronischen, also zeitlich länger andauernder oder nicht heilbarer Erkrankungen zu erklären, da diese einem *stetigen Wandel* unterliegt und sowohl mit der Inanspruchnahme von Hilfe als auch Erwartungen an das Selbstmanagement verbunden ist (Borgetto 2016). Anders als Akutkranke sind chronisch Kranke zwar phasenweise in ihrer Autonomie, Handlungsfähigkeit und ihren sozialen Teilhabemöglichkeiten eingeschränkt, aber phasenweise eben auch nicht, was zu einer Ambiguität ihrer Krankenrolle führt (Abschn. 2.2.2). Dementsprechend sind sie häufig auch nicht von den Alltagspflichten entbunden, sondern müssen parallel Berufs- und Familienrolle sowie Krankheit bewältigen, womit sie oft überfordert sind (Schaeffer und Moers 2008). Sie sind damit zugleich krank und gesund und befinden sich im Zustand „bedingter", aber eben nicht vollständiger Gesundheit. Je weiter die Krankheit allerdings voranschreitet, umso größer sind meist die Einschränkungen und desto schwieriger ist es die eigene Handlungsfähigkeit zu steuern (Schaeffer und Moers 2008). Das *Illness Constellation Model* (Morse und Johnson 1991) berücksichtigt daher neben den Adaptionsleistungen der Patienten auch die sozialen Dimensionen, d. h. auch das Krankheitserleben des Angehörigen sowie das Zusammenspiel zwischen Angehörigen und Patienten und die von beiden zu erbringenden Kompensations- und Anpassungsleistungen.

Im Trajektkonzept (Corbin und Strauss 2010), dem Phasenmodell für progrediente Erkrankungen (Schaeffer und Moers 2008) oder Konzepten der Patientenkarrieren (Borgetto 2016) werden daher auch die *dynamischen und schwer vorhersehbaren Veränderungen* von Patientenrollen während einer längeren Zeitspanne berücksichtigt. Typischerweise entwickelt sich der Verlauf (engl. trajectory) einer chronischen Krankheit in verschiedenen Phasen, wobei diese nicht gradlinig oder deterministisch verlaufen und sehr unterschiedlich andauern können. Diese Phasen (akute, stabile, instabile und abfallende) orientieren sich weniger an medizinischen Kriterien, sondern vielmehr an der subjektiven Bewertung der Situation durch den Patienten, d. h. dessen Belastung und Bewältigung. Daraus lassen sich einerseits die unterschiedlichen Unterstützungsbedarfe der Patienten in den einzelnen Phasen erkennen, andererseits auch formelle und informelle Unterstützungsprozesse organisieren (Gerwin und Lorenz-Krause 2005) und dementsprechend auch Rollenfunktionen von Angehörigen und deren Unterstützungsbedarfe im Zeitverlauf. Da sich stabile und instabile Phasen des Krankheitsverlaufs abwechseln, sodass auch die Rollen des Erkrankten wechseln, ist es auch immer wieder erforderlich die Rollen der Angehörigen (sowie anderer Unterstützer) zu adjustieren (Schaeffer und Moers 2008), was vielfältige Kommunikationsprozesse zur Abstimmung der Unterstützungsleistungen erforderlich macht (Abschn. 4.2.2).

Um die Angehörigenkommunikation im Trialog zwischen Patienten, Angehörigen und medizinischem Personal zu verstehen, ist auch die Betrachtung der *Arztrollen* notwendig, die aus der Beziehung zwischen Arzt und Patient resultiert und tiefgreifenden Transformationsprozessen unterliegt (Siegrist 2012). Für die Beschreibung der *Rollenverteilung zwischen Ärzten und Patienten* werden drei idealtypische Modelle der Arzt-Patienten-Beziehung unterschieden, die sich vor allem im Hinblick auf die *Beteiligung* an der medizinischen Entscheidung der Akteure unterscheiden (Emanuel und Emanuel 1992). Im *paternalistischen Modell* wird dem Patienten eine passive Rolle zugeschrieben, der abhängig vom Expertenwissen der Ärzteschaft und deren Wissensmonopol ist (Coulter 1999). Der Patient nimmt somit die Rolle des Hilfesuchenden, Leidenden oder Kranken ein und die Ärzte treffen Entscheidungen ohne diese mit dem Patienten zu diskutieren oder individuelle Präferenzen zu berücksichtigen (Coulter 1999; Dirmaier und Härter 2012). Obwohl dieses Modell inzwischen als überholt gilt und Patienten als informierte, eigenverantwortliche und anspruchsvolle Konsumenten betrachtet werden (Dierks und Schwartz 2001; Dieterich 2006), bevorzugen bestimmte Patientengruppen bzw. Patienten in spezifischen Behandlungssituationen durchaus diese Art der Beziehung zum Arzt und geben sich mit einer passiven Rolle zufrieden (Braun und Marsted 2014).

Als Gegenmodell zum paternalistischen Modell gilt das *Informationsmodell,* in welchem die Patienten in der Rolle des Konsumenten und die Ärzte als Dienstleister auftreten. Ärzte haben hier die Aufgabe, den Patienten auf alle notwendigen Informationen über die Diagnose, Behandlung und Therapie zu vermitteln, damit diese informiert entscheiden können. Die Patienten treffen ihre Entscheidung dann ohne Beteiligung des Arztes. Es wird also davon ausgegangen, dass der Patient rational und autonom agiert und in der Lage ist, auf Grundlage der ihm vorliegenden Informationen (aus unterschiedlichen Quellen) seine persönlichen Präferenzen herauszubilden, um schließlich über den weiteren Behandlungsverlauf zu entscheiden. Die Verantwortung liegt also im Gegensatz zum paternalistischen Modell beim Patienten (Charles et al. 1999).

Die gemeinsame Suche nach einem Konsens zwischen dem Arzt und dem Patienten wird mit *Shared Decision Making* oder partizipativer Entscheidungsfindung bezeichnet (Stiggelbout et al. 2015). Diese Form der Arzt-Patienten-Interaktion gilt inzwischen als der Idealtypus der Abstimmung zwischen Arzt und Patient (Kiessling 2014), verlangt aber sowohl den Ärzten als auch den Patienten eine Beteiligung an der Entscheidung ab, da sie sich gegenseitig Informationen zur Verfügung stellen müssen (Charles et al. 1997). Diese bidirektionale Abstimmung ist vor allem bei differenzierteren und komplexeren Möglichkeiten der Behandlung (z. B. Krebstherapie) von Bedeutung, um Vor- und Nachteile unter Berücksichtigung der Präferenzen der Patientin vergleichen und gegeneinander abwägen zu können. Die Rollen der beiden Akteure sind somit im Vergleich zum Paternalismus- und dem Informationsmodell deutlich breiter auslegbar und bedürfen intensiverer kommunikativer Abstimmungen (Stiggelbout et al. 2015). Partizipative Entscheidungen führen aber dazu, dass Patienten auch zufriedener mit der Entscheidung sind, eine positivere Arzt-Patienten-Beziehung erleben, mehr über ihre Krankheit und deren Behandlung wissen und dadurch die Krankheit auch besser bewältigen (Rothenfluh und Schulz 2017).

Wird zusätzlich die Einbindung der Familie und Freunde in gesundheitsbezogene Entscheidungsprozesse (Epstein 2013; Laidsaar-Powell et al. 2013; Lipp und Brauer 2016) und die Arztrollen berücksichtigt, handelt es sich um triadische Entscheidungsmodelle (Abschn. 2.3), die wiederum mit verschiedenen Rollen der Angehörigen (und deren Entscheidungsunterstützung, Abschn. 3.4) einhergehen. Da sich die Angehörigenrollen aus diesen triadischen Austauschprozessen und entsprechenden zweistufigen Kommunikationsprozessen ableiten, werden sie erst nach den entsprechenden theoretischen Erläuterungen im dritten Kapitel vorstellt.

2.2.1.2 Familien- und Geschlechterrollen

Weitere zentrale Rollenbeschreibungen für die Angehörigenkommunikation sind die *Familien- und Geschlechterrollen,* die Menschen abhängig von weiteren Beteiligten und Umständen in der Gesellschaft bzw. der Familie einnehmen. Diese Rollenkonzepte können insbesondere für die Kommunikation zwischen Patienten und Angehörigen eine wichtige Rolle spielen, aber auch die Arzt-Patientenkommunikation beeinflussen (Link und Reifegerste 2016).

Häufig sind diese Rollen, wie auch die Berufsrollen eines Arztes mit stereotypen Erwartungen verbunden und individuelle Abweichungen werden kaum berücksichtigt. So wird möglicherweise erwartet, dass Männer die finanziellen Versorger der Familie sind (Edwards und Chapman 2004b). Sie stehen einerseits in Wechselwirkung mit den Patientenrollen, bspw. wenn es um den Zusammenhang zwischen chronischen Erkrankung und deren Auswirkungen auf die Berufslaufbahn geht (Gerhardt 1976) oder die Ausübung einer bestimmten Rolle sich im Zusammenhang mit der Erkrankung als Unterstützung oder Belastung erweist (Meyer 2000). Zudem sind diese gesellschaftlich-sozialen Rollenkonfigurationen auch relevant für die Kommunikationsrollen der Angehörigen in der Gesundheitskommunikation. So gibt es bspw. innerhalb einer Familie viele verschiedene Rollen mit bestimmten Aufgaben (wie finanzieller Versorgung), die erfüllt werden müssen, damit das System Familie funktioniert und die es innerhalb einer Familie abzustimmen gilt. Le Poire (2006) unterscheidet hierbei bspw. zwischen pflegenden und kontrollierenden Rollen. Während die pflegenden Rollen vor allem für die emotionale und instrumentelle Unterstützung zuständig sind, wird den kontrollierenden Rollen eher die Entscheidungsfunktion zugeschrieben. Einzelne

Familienmitglieder haben somit bestimmte Verantwortlichkeiten. So werden etwa Gesundheitsaufgaben innerhalb der Familie vorrangig von Frauen übernommen, auch wenn diese berufstätig sind. Sie sind dabei sowohl für die eigenen Kinder, den Partner, aber auch weiter entfernte Familienmitglieder (z. B. die Schwiegereltern) zuständig (Luce 2017). Im Falle einer schweren Krankheit kann diese Aufteilung der Rollen allerdings bedeuten, dass die für die Gesundheitsentscheidungen oder -versorgung zuständige Person nicht zur Verfügung steht, weil sie selbst zu stark von der Krankheit betroffen ist (Le Poire 2006) und folglich andere die Rolle übernehmen müssen.

Betrachtet man die *Geschlechterdifferenzen* genereller, zeigt sich sowohl für die pflegerische Unterstützung als auch die Gesundheitsentscheidungen, eine höhere Mitwirkung der Frauen. Die Mehrzahl pflegender Angehöriger sind Frauen, Ehefrauen, Töchter, Schwiegertöchter, Enkelinnen und Mütter (Hielscher et al. 2017). Etwa 80 % der Gesundheitsentscheidungen in Familien werden von Frauen getroffen (Luce 2017). Überwiegend Frauen wählen die Leistungserbringer aus, begleiten zu Arztterminen, treffen Gesundheitsentscheidungen und stellen sicher, dass die entsprechende Behandlung auch ausgeführt wird (Ranji und Salganicoff 2011). Luce (2017) bezeichnet sie daher auch als Chief Medical Officers (Gesundheitsmanager). Der Geschlechterunterschied zugunsten der Frauen zeigt sich auch für die Prävention und Gesundheitsförderung, wo Vorsorgeuntersuchungen und präventive Maßnahmen vor allem durch Frauen initiiert werden (Homish und Leonard 2008; Luce 2017). In anderen Hilfesituationen, die untersucht wurden, zeigt sich ein höherer Anteil der Männer, in langfristigen engen Beziehungen neigen aber allgemein die Frauen stärker zu Unterstützungsleistungen (Levine und Manning 2014). Das bedeutet, dass Geschlechterdifferenzen stark von der jeweils benötigten Hilfeleistung abhängig sind. Zugleich unterliegen die geschlechterbezogenen Verhaltensweisen auch einem starken Wandel. Dies zeigt sich bspw. darin, dass im Zeitverlauf zunehmend auch Männer als pflegende Angehörige auftreten (Hielscher et al. 2017). Dadurch verändern sich auch geschlechterbezogene Rollenerwartungen.

Inwieweit sich dieser Geschlechterunterschied auf die einzelnen Unterstützungsleistungen auswirkt, ist bisher wenig systematisch untersucht worden. Einige Studien zeigen, dass grundsätzlich auch die jungen Männer unterstützungsbereit sind und insbesondere die organisatorische und finanzielle Unterstützung häufig von Männern übernommen wird (Rosland et al. 2011; Rosland et al. 2013). Für das Engagement der Angehörigen ist vor allem die *Art der Beziehung und die Qualität der Beziehung,* d. h. Nähe und Vertrautheit relevant (Feng und Magen 2016).

Für die Angehörigenkommunikation sollten somit die gesellschaftlich-sozialen Rollenerwartungen der Beteiligten mitberücksichtigt werden, da sie auf vielfältigste

Weise mit der Erfüllung von Angehörigenrollen im Zusammenhang stehen. Insbesondere bei Rollenproblemen kann die Betrachtung der unterschiedlichen Erwartungen an Rollen (z. B. Rolle als Partner vs. Rolle als pflegender Angehörige vs. Rolle als Arbeitnehmer) wichtige Ansatzpunkte zur Klärung der Rollen geben.

2.2.1.3 Kommunikationsrollen

Während die Arzt- und Patientenrollen wichtige Erkenntnisse über die Erwartungen an die kontextspezifischen Handlungen (d. h. von Personen im Gesundheitssystem) geben, liefern die Kommunikationsrollen Hinweise zu typischen Handlungsmustern in einem konkreten Gespräch (unabhängig vom medizinischen Kontext). So wird im Modell des Two-Step-Flow (Abschn. 2.4) ein zweistufiger *Kommunikationsprozess* beschrieben, bei dem im ersten Schritt die Rolle des Meinungsführers die Informationen von den Massenmedien aufnimmt und diese dann im zweiten Schritt an verschiedene Meinungsfolger weitergibt (Burt 1999). Bei der Betrachtung einer *Dyade* von zwei Akteuren (Ego und Alter) wird dem Meinungsführer meist der Folger als passiver Gegenpart bzw. als Restkategorie gegenübergestellt (Jung und Kim 2016). Gemäß dem paternalistischen Modell (Abschn. 2.2.1.1) würde somit der Arzt als Meinungsführer auftreten, der sich seine medizinische Meinung aus den ärztlichen Fachmedien bildet und diese gegenüber dem Patienten vertritt, der der Meinung des Arztes folgt.

Bei Kommunikationsrollen handelt es sich somit um generalisierbare Rollen in Dialogen, Trialogen oder sozialen Netzwerken, die sich aufgrund ihrer unmittelbaren Verbindungen (d. h. den Ego-Rollen) oder aber durch eine Betrachtung der Netzwerkstruktur beschreiben lassen (Friemel 2008). Der Patient könnte wiederum in einer Selbsthilfegruppe oder einem Onlineforum auch als Meinungsführer auftreten. In einer dyadischen Beziehung kann es neben dem Meinungsführer- und folger auch die Rollen der Austauscher (wechselseitiger Informationsfluss) und die Rollen der Isolierten (kein Informationsfluss) geben (siehe Abb. 2.3). Der Fokus der Rollenbetrachtung liegt dabei auf den Prozessen der interpersonalen und massenmedialen

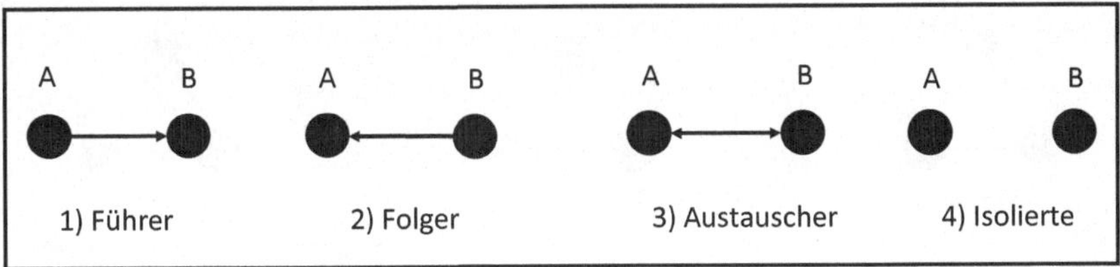

Abb. 2.3 Kommunikationsrollen in einer Dyade. (Anmerkung: nach Friemel 2008, S. 478)

Kommunikation und nicht auf dem jeweiligen Kontext der Rollen oder Eigenschaften der Rollenträger. Kommunikationsrollen können somit anhand des *Vorhandenseins* und der *Richtung des Kommunikationsprozesses* beschrieben werden. Im Kontext der Angehörigenkommunikation lassen sich darüber hinaus anhand des *Inhalts* des Kommunikationsprozesses zahlreiche weitere Kommunikationsrollen formulieren (Kap. 3). So lassen sich aufgrund der verschiedenen Formen sozialer Unterstützung (Abschn. 2.1.1) bspw. außer Meinungsführer und Folger (mit Informations- und Meinungsprozessen) auch Tröster oder Motivatoren (mit dem Inhalt emotionaler Unterstützung) beschreiben (Abschn. 3.3).

Bei der Betrachtung der möglichen *Kommunikationsrollen in einer Triade* nimmt die Komplexität und somit Anzahl der Kommunikationsrollen naturgemäß zu. Wird der Patient bspw. beim Arztgespräch von einem Angehörigen begleitet, ergeben sich somit verschiedene Möglichkeiten, welche Kommunikationsrolle der Angehörige in diesem Gespräch übernimmt. Eine weitere Person kann bspw. als Übermittler oder Relais agieren, um einen nicht direkt verbundenen Akteur zu erreichen. Sie kann aber auch eine alternative (Informations-)Quelle sein oder die Wirkung auf einen Informationsempfänger verstärken (siehe Abb. 2.4). Dementsprechend könnten Angehörige (=A) die Empfehlungen des Arztes (=C) bestätigen, ihnen widersprechen oder ergänzende Informationen für die Patienten (=B) liefern.

In dieser Arbeit liegt der *Fokus der Betrachtung* auf den Ego-Rollen (und nicht auf der Betrachtung eines gesamten Netzwerks), wobei ausgehend von der dyadischen Betrachtung (d. h. der Beziehung zwischen Patienten und Angehörigem), die verschiedenen Rollen der Familienangehörigen anhand des Kommunikationsprozesses zwischen ihnen (d. h. der Verbindung oder dem sog. tie) beschrieben werden. Dabei wird die Kommunikation zwischen Patient und Angehörigem als primäre Beziehung und die Kommunikation zwischen dem Angehörigen und weiteren Akteuren (z. B. Personen oder Informationsquellen) in einer Triade als sekundäre Beziehung beschrieben. Obwohl in der Realität viele weitere Konstellationen

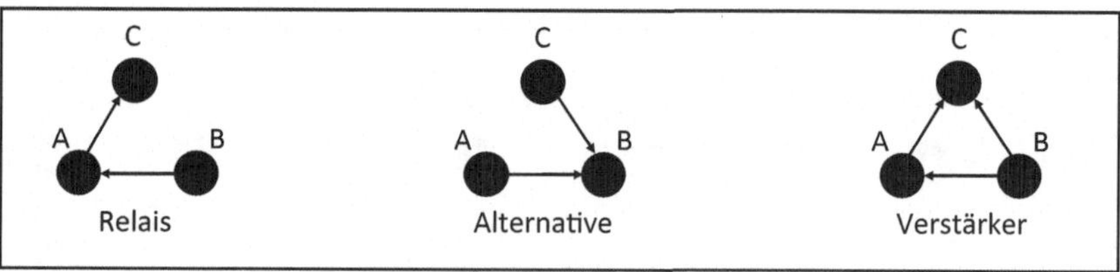

Abb. 2.4 Auswahl von Kommunikationsrollen in einer Triade. (Anmerkung: nach Friemel 2008, S. 480)

von Kommunikationsrollen und -prozessen (siehe Abb. 1.1) vorhanden und relevant für die Gesundheitskommunikation sind, erscheint dieser Fokus der Angehörigenkommunikation notwendig (und ausreichend), um Interventionsstrategien für die Angehörigenkommunikation zu formulieren. Diese kleinsten Einheiten (Dyade und Triade) stellen zum einen die Grundlage für alle komplexeren Beziehungsgefüge dar (Gould und Fernandez 1989) und dienten zudem als Ausgangspunkt für viele weitere Beschreibungen von Netzwerken (Stegbauer 2016).

2.2.2 Rollenprobleme

Im Idealfall gibt es eine klar beschriebene und abgestimmte Rolle, von der alle Beteiligten das gleiche erwarten, die konstant ist, mit den vorhandenen Ressourcen erfüllt werden kann und von allen Beteiligten als unterstützend bzw. erfüllbar empfunden wird. In diesem Fall sind folglich auch Interventionen unnötig (Edwards und Chapman 2004a). Gerade im Gesundheitsbereich sind allerdings die Erwartungen und das Verhalten in einer Rolle häufig *nicht zufriedenstellend* bzw. nicht funktional für alle Beteiligten. Diese Problematiken entstehen bspw. aufgrund der beschriebenen veränderten Arzt- und Patientenrollen, mangelnder finanzieller Ressourcen oder den dynamischen Veränderungen im Verlauf einer chronischen Erkrankung. In Abhängigkeit vom zugrunde liegenden Rollenkonzept lassen sich verschiedene Formen von Rollenherausforderungen oder -problemen unterscheiden.

Sind die Erwartungen an eine Rolle unklar oder mehrdeutig, ist den Beteiligten auch unklar wie man sich in dieser Situation verhalten soll. Eine Ursache für diese *Rollenambiguität* kann sein, dass den Beteiligten zu wenig Informationen darüber vorliegen, was die Erwartungen und Rollenvorgaben sind und so ein Rollenvakuum entsteht (Nerdinger et al. 2014). Die Rollen der Angehörigen sind zum einen wenig definiert, weil der Fokus vor allem auf den Patienten oder den Ärzten liegt, was sich zum Beispiel auch an den wenigen oder wenig ausdifferenzierten rechtlichen Vorgaben für den Umgang mit Angehörigen zeigt (Lipp und Brauer 2016). So hat sich in Pflegeeinrichtungen und auf Kinderstationen gezeigt, dass es vor allem dann zu problematischen Beziehungen und Stress bei allen Beteiligten kommt, wenn die Verantwortungsbereiche zwischen medizinischem Personal und Angehörigen nicht eindeutig verteilt sind und die einzelnen Aufgaben nicht klar definiert sind. Die Angehörigen sind dann unsicher, welche Aufgaben sie im Zusammenhang mit dem Patienten und dessen Gesundheitsversorgung übernehmen dürfen und folglich viel weniger bereit das Pflegepersonal zu unterstützen, auch wenn sie grundsätzlich eine sehr hohe Bereitschaft zur Unterstützung aufweisen (Woods et al. 2009). Wenn den Angehörigen dagegen bekannt ist, was sie dürfen (und was nicht) und inwieweit sie am Pflegeprozess teilhaben dürfen, können sie als funktionale Partner und Unterstützer in der Pflege agieren und ihre Bereitschaft den Empfehlungen der formellen Unterstützer zu folgen (sog. Angehörigencompliance) steigt erheblich (Coyne 2015; Woods et al. 2009).

Gleichzeitig kann auch der *Verlust oder der Wechsel einer Rolle* zu unklaren Rollenerwartungen führen, z. B. wenn die entsprechenden Aufgaben innerhalb einer Familie durch Krankheit eines Familienmitglieds neu zugeordnet werden müssen, weil der Patient die bisherigen Rollen nicht mehr ausfüllen kann (Wilz und Meichsner 2015). Sowohl für die Patienten als auch für die Angehörigen ist es schwierig mit der *Instabilität* der Rollen innerhalb einer chronischen Erkrankung und bei langsamen Verbesserungen im Genesungsprozess umzugehen (Wilz und Meichsner 2015). Da die Verarbeitungsprozesse bei schweren chronischen Krankheiten durch stetigen und mitunter unvorhersehbaren Wandel gekennzeichnet sind (Abschn. 2.2.1.1), ist hier immer wieder mit unklaren Rollenerwartungen zu rechnen (Ernst und Weißflog 2013). Zudem sind die anstehenden Aufgaben oft nicht so eindeutig wie bei einer akuten Erkrankung und verändern sich permanent, sodass sich Patienten und ihre Angehörige auch darüber immer wieder neu abstimmen müssen (Corbin und Strauss 2010).

Zusätzlich zu diesen krankheitsspezifischen Rollenproblemen führen die *gesellschaftlichen Veränderungsprozesse* (z. B. bei Geschlechter- und Patientenrollen) dazu, dass Rollenerwartungen für die Einzelpersonen zunehmend unzutreffender sind, weil es keine einheitlichen Rollendefinitionen (mehr) gibt (Dierks und Schwartz 2001). So können bspw. dysfunktionale Kommunikationsmuster aufgrund der stereotypischen Rollenerwartungen an alte Menschen und der stereotypischen Rollenerwartungen an die Beziehungen zwischen Pfleger und Gepflegtem entstehen (Edwards und Chapman 2004b). Aufgrund der unklaren Rollenerwartungen haben die Beteiligten unterschiedliche Erwartungen darüber, welche Aufgaben wie und von wem umgesetzt werden. Noch unklarer ist häufig, inwieweit dies die Angehörigenrolle beeinflusst und ob bspw. aufgrund der Stärkung der Patientenautonomie Angehörige weniger oder mehr einbezogen werden sollten (Abschn. 2.3.2).

Neben dem Problem der Rollenunklarheit, kann es auch problematisch sein, dass sich die Erwartungen der Beteiligten stark unterscheiden bzw. widersprechen, was zu sogenannten *Intrarollenkonflikten* führt (Nerdinger et al. 2014). In der triadischen Beziehung zwischen Patient, Angehörigem und Arzt beanspruchen häufig mehrere Parteien das Vorrecht am besten zu wissen, was gut für den Patienten ist. Die Familienangehörigen werden dann vom medizinischen Personal häufig als Störfaktoren empfunden, während diese die Ärzte wiederum als wenig empathisch wahrnehmen. Zwar können auch Probleme aufgrund „dysfunktionaler" Familien oder Ärzten mit mangelnder Kommunikationskompetenz auftreten, häufig entstehen die Konflikte aber aus den unterschiedlichen Aufgaben, die sie für den Patienten haben (Levine und Zuckerman 2000). Ein Mangel an Anerkennung ihrer verschiedener Verantwortungsbereiche kann zu Missverständnissen und Spannungen und letztlich zur Missachtung der Bedürfnisse des Patienten führen (Woods et al. 2009). Zudem können sich die Rollenerwartungen an die Angehörigen auch kulturell oder zwischen verschiedenen Generationen stark unterscheiden. So wird etwa in islamischen Kulturen der Besuch von allen Familienangehörigen erwartet, während in westlichen Kulturen das Ruhebedürfnis des Patienten eine höhere Wertigkeit hat (Voigt und Praez-Johnsen 2001). Abweichungen von entsprechenden Rollenerwartungen (z. B. die Eltern nicht selbst zu pflegen oder jemand im Krankenhaus nicht zu besuchen) können außerdem zu Scham- und Schuldgefühlen sowie erheblichen sozialen Sanktionen (z. B. Ausgrenzung) führen (Schäfers 2016).

Selbst wenn die vorhandenen Erwartungen der Beteiligten an eine Rolle einheitlich sind und von allen Beteiligten gleichermaßen verstanden werden, kann es sein, dass die Erwartungen nicht zu den vorhandenen Fähigkeiten, Einstellungen und dem Selbstbild einer Person passen (sog. *Person-Rollen-Konflikte*).

Schließlich können sich auch die Anforderungen zwischen zwei oder mehr Rollen einer Person (z. B. Berufs- und Familienrolle) widersprechen und zu *Interrollenkonflikten* (Nerdinger et al. 2014), zur Nichtidentifikation mit der Rolle bzw. Rollendistanz (Goffman 1959) und *Überlastung* führen. Im Krankheitsfall liegt die Verantwortung für viele Familienaufgaben meist plötzlich bei einer Person, zu denen möglicherweise noch weitere neue Aufgaben hinzukommen. Dies kann zu einer Überlastung der Angehörigen (Adelman et al. 2014) führen, etwa wenn sich die Rolle des Pflegenden mit der Rolle im Berufsleben nicht vereinbaren lässt (Meyer 2000) und die Bedürfnisse und die Selbstfürsorge der Angehörigen durch die Erfüllung dieser Rollen vernachlässigt werden.

Problematisch kann auch die *Übererfüllung* von Rollen sein. Überfürsorgliches Verhalten, wie bspw. die Bevormundung des Patienten und unnötige Hilfestellungen der Angehörigen können dazu führen, dass der Erkrankte in der Rolle (des Kranken) verbleibt und sich die Rehabilitation und Selbstständigkeit nicht wiedereinstellt. Die Angehörigen tun dies häufig aus Unwissenheit oder Angst, dass sich die Situation wieder verschlechtert und nehmen den Erkrankten (z. B. Schlaganfall- oder Depressionspatienten) zu viele Pflichten und Verantwortungen ab. Meist unwissend verhindern sie damit die Gesundung bzw. den Rollenwechsel (Wilz und Meichsner 2015). Aufgrund der Abhängigkeit der Patienten oder Gepflegtem vom Angehörigen in Bezug auf andere Unterstützungsleistungen wird diese Dysfunktion allerdings häufig nicht thematisiert.

2.2.3 Implikationen für die Angehörigenkommunikation

Verschiedene *Rollentheorien* bieten unterschiedliche analytische und theoretische Ansatzpunkte für Interventionen zur Lösung von Rollenproblemen, die sich auf die Angehörigenkommunikation übertragen lassen. Während die strukturfunktionalistische Rollentheorie davon ausgeht, dass Rollen und die daran geknüpften Erwartungen in den vorhandenen Strukturen relativ starr und vorgegeben sind, betrachten symbolisch-interaktionistische Ansätze die Rollen als gestaltbar und durch die Handlungen der Akteure veränderbar. Beide Perspektiven der Rollentheorien, sowohl das Verstehen der Struktur als auch die Veränderung von Rollenerwartungen sind für den Umgang mit Angehörigen relevant.

Die *strukturelle Perspektive* hilft dabei zu verstehen, inwieweit die verschiedenen Rollen (vor allem die Arzt- und Patienten- sowie die Familien- und Geschlechterrollen) durch institutionelle bzw. organisationale Strukturen (z. B. in der Familie oder im Gesundheitssystem) oder stereotype Erwartungen beeinflusst werden. Es hängt sowohl von den individuellen Persönlichkeitseigenschaften und Fähigkeiten (z. B. Kommunikations- und Gesundheitskompetenz) als auch den gesellschaftlichen Bedingungen ab, inwieweit diese internen oder externen Rollenerwartungen erfüllt bzw. übernommen (*role taking*) werden können und ihre Funktion erfüllen (Goffman 1959). Bei der Entwicklung von kommunikativen Interventionen und der Identifikation von geeigneten Personen und relevanten Kompetenzen gilt es diese Einflussfaktoren zu berücksichtigen. Entweder um sie als Auswahlkriterien für die Selektion geeigneter Strukturen und Personen (z. B. Auswahl eines Angehörigen mit hoher Gesundheitskompetenz) zu nutzen oder Ansatzpunkte zu liefern, wie die vorhandenen Strukturen gegebenenfalls zu optimieren (z. B. Schaffung von Rahmenbedingungen für Gespräche mit Angehörigen oder deren Unterstützung) sind (Einleitung Kap. 2).

Interaktionstheoretische Ansätze gehen dagegen eher von einem Rollenhandeln (*role making*) aus, bei dem der Mensch als kreativer Akteur die Rollenerwartungen nicht nur befolgt, sondern aktiv aushandelt (*role negotiation*) und interpretiert (Turner 1962). Methodisch hat diese symbolisch-interaktionistische Interpretation von Rollen zur Folge, dass die Rollen stets aus Sicht der einzelnen Akteure und durch Betrachtung ihrer sozialen Interaktionen analysiert werden müssen, weil sie eben nicht vorgegeben und festgelegt sind (Schwab Cammarano 2013). Für die Angehörigenkommunikation bedeutet dies, dass es im interpretativen Paradigma darum geht zu verstehen, wie die Rollen (z. B. die sich stetig verändernde Rollen eines chronisch Erkrankten) zwischen den Akteuren ausgehandelt werden und ob dies im Rahmen einer Intervention (z. B. durch die Erhöhung von Kommunikationskompetenz) optimiert werden kann (Schwab Cammarano 2013).

Da es sich bei Rollenkonflikten (unabhängig von einer strukturellen oder interaktionalen Betrachtung) vor allem um systemische Problematiken handelt, müssen auch die Interventionsstrategien sehr viel transaktionaler ausgerichtet sein. Zentrale Interventionsansätze zur Klärung und Aushandlung von Rollen entstammen vor allem dem beruflichen Kontext im Rahmen der *Organisationsentwicklung* und sozialpsychologischen bzw. systemischen Beratungsansätzen. Im Rahmen der Personal- und Organisationsentwicklung und dem Projektmanagement werden insbesondere bei Veränderungsprozessen (z. B. Führungskräftewechsel, Umstrukturierung), problematischen Entwicklungen (wie Burn-out von Mitarbeitern oder Konflikten) oder Gruppenbildungsmaßnahmen Strategien der *Rollenklärung* eingesetzt. So finden sich entsprechende Ansätze auch in (multiprofessionellen) Teams im Gesundheitswesen oder zur Klärung der Rollen zwischen formalen und informalen Unterstützern, zum Beispiel bei ambulanter Pflege (Becker 2014) oder beim Entlassungsmanagement (Fritzsche und Campagnolo 2018).

Die Ansätze aus der Organisationspsychologie lassen sich auch auf die Angehörigenkommunikation übertragen, um die gegenseitigen Erwartungen und Verpflichtungen (u. a. auch für Unterstützungsleistungen) zu klären. Dafür erfolgen explizite Absprachen (sog. psychologische Kontrakte) zwischen den Beteiligten. Diese Absprachen können sowohl präventiv (z. B. bei vorhersehbaren Veränderungen) oder kurativ (z. B. bei Konflikten) durchgeführt werden (Solga 2016). Diese Gespräche ermöglichen zum einen den Beteiligten *realistische Einblicke* in die anstehenden Entwicklungen (um unrealistische Erwartungen und damit verbundenen Enttäuschungen vorzubeugen) und zum anderen einen *Abgleich der wechselseitigen Erwartungen* (d. h. Prüfung der Übereinstimmung der impliziten Vorannahmen). Das Advance Care Planning zur Vorbereitung der Palliativversorgung und der Abstimmung zur Rollenverteilung zwischen Patienten, Angehörigen und medizinischem Personal ist ein wichtiges Beispiel hierfür (Menke et al. 2018). Bei bereits erlebten Enttäuschungen und Rollenkonflikten können auch diese explizit zum Gegenstand des Gesprächs gemacht werden, um eine neue Übereinkunft zu erreichen (Solga 2016). Grundsätzlich können die Rollenklärungen eigenständig zwischen den Beteiligten erfolgen, die Chancen für eine erfolgreiche Rollenklärung sind aber höher, wenn eine außenstehende Person diese moderiert (Chies 2016). Neben diesen Strategien der kollektiven Rollenklärung (mit Beteiligung aller Betroffenen) gibt es auch die Möglichkeit die Rollenklärung individuell (d. h. eine Person für sich allein) ggf. mit der Unterstützung eines Coaches bzw. Supervisors durchzuführen, auch wenn dies als weniger zielführend eingeschätzt wird (Widmann und Kessens 2017).

Rollentheoretisch wird durch die Rollenklärung eine *intersubjektiv geteilte Wirklichkeitskonstruktion* erzielt, die im Falle erfolgreicher Rollenaushandlung zu einer einheitlichen Wahrnehmung und Adaption an Umweltveränderungen führt (Elbe 2016). Rollenklärung ist damit letztlich die Voraussetzung für den erfolgreichen Ablauf von Prozessen (Widmann und Kessens 2017) und für partnerschaftliche Kooperationen in den die Interessen der Beteiligten jeweils gleichrangig wichtig sind (Solga 2016). Phasenmodelle der Gruppenentwicklung gehen dementsprechend davon aus, dass eine konstruktive Zusammenarbeit erst dann möglich ist, wenn die Positionen und Rollen zwischen den Gruppenmitgliedern geklärt sind (König und Schattenhofer 2015). Viele der dargestellten Rollenprobleme können so verhindert oder verringert werden. Zudem trägt die Rollenklärung bei den Beteiligten dazu bei, dass sie Klarheit über die für die Rolle notwendigen Kompetenzen haben und diese ggf. entwickeln können (Bandura 1997). Dies wirkt sich wiederum auch positiv auf ihre Selbstwirksamkeit und die Leistungsfähigkeit in ihrer Rolle aus (Bray und Brawley 2016). Mit der Transparenz über die notwendigen Anforderungen für eine bestimmte Rolle werden ggf. auch Bereiche sichtbar, die einer weiteren Intervention mit anderen Strategien, wie die Suche nach alternativen Personen zur Rollenübernahme, Kompetenzentwicklung oder Entlastung des Rollenträgers bedürfen (Abschn. 4.2). Es gilt dann entweder alternative Personen bzw. Unterstützungsquellen zu wählen (sog. funktionale Alternative; Abschn. 3.1) oder vorhandene Personen durch Kompetenzentwicklung an die Rollenerwartungen heranzuführen (Abschn. 4.2.3).

2.3 Modelle der triadischen Entscheidungsfindung

Nachdem die Theorien zur sozialen Unterstützung (Abschn. 2.1) und die Modelle zu Arzt- und Patientenrollen (Abschn. 2.2.1.1) vor allem dialogische Interaktionen zwischen Patienten und Angehörigen bzw. Arzt und Patienten betrachten, nehmen die Modelle der triadischen Entscheidungsfindung alle drei Parteien in den Blick. Die Beteiligung der Angehörigen an der Entscheidungsfindung zwischen Arzt und Patient kann dabei als eine Form der sozialen Unterstützung interpretiert werden. Von den möglichen Unterstützungsarten wird allerdings nur eine Art von sozialer Unterstützung, nämlich die Entscheidungsunterstützung in den Modellen betrachtet (Abschn. 2.1.1). Daher wird die triadische Betrachtung im Two-Step-Flow of Support (Abschn. 2.4) auf die anderen Unterstützungsarten ausgeweitet.

Zunächst sollen aber die Erkenntnisse der Modelle der triadischen Entscheidungsfindung und ihre Implikationen für die Angehörigenkommunikation vorgestellt werden. Diese liegen vor allem in der Systematisierung der unterschiedlichen

Beteiligungsformen der Angehörigen an medizinischen Entscheidungsprozessen und damit auch an Kommunikationsprozessen im Gesundheitskontext. Auf der Basis dieser Systematisierung lassen sich auch die als hilfreich empfundenen von den weniger hilfreich empfundenen Formen der Entscheidungsbeteiligung unterscheiden, die wiederum als Grundlage für die Beschreibung der Angehörigenrollen zur Entscheidungsunterstützung dienen (Abschn. 3.4).

2.3.1 Beteiligung an der medizinischen Entscheidungsfindung

Da sich die Arzt- und Patientenrollen zugunsten einer höheren *Patientenautonomie* wandeln (Abschn. 2.2.1.1), möchten und sollen immer mehr Patienten bei medizinischen Entscheidungsprozessen einbezogen werden (Dierks und Schwartz 2001; Dieterich 2006). Dies hängt nicht zuletzt auch mit der zunehmenden und umfassenden Verfügbarkeit von Gesundheitsinformationen in digitalen Medienumgebungen zusammen, die traditionell nur für Personen mit medizinischen Berufen zugänglich waren (Baumann und Czerwinski 2015). Allerdings muss berücksichtigt werden, dass sich Patienten darin unterscheiden, wie stark sie an der Entscheidungsfindung gegenüber dem Arzt beteiligt werden wollen (Chewning et al. 2012). Häufig fühlen sich Patienten davon überfordert, wenn sie autonom handeln müssen. Tatsächlich treffen Menschen gesundheitliche Entscheidungen nur selten komplett allein, auch wenn sie rein rechtlich vollumfänglich geschäfts- und einwilligungsfähig sind und keinen Vertreter in Form eines Bevollmächtigten oder Betreuers bedürfen (Lipp und Brauer 2016; Sahm und Will 2005).

Da Menschen als soziale Wesen in soziale Organisationen eingebettet sind und bspw. Paare medizinische Probleme häufig als Dyade bewältigen (Abschn. 2.1.3), bevorzugen viele Patienten die Einbindung der Familie und Freunde in gesundheitsbezogene Entscheidungsprozesse (Epstein 2013; Laidsaar-Powell et al. 2013; Lipp und Brauer 2016). So beteiligen etwa die meisten Krebspatienten (49–84 %) Angehörige am Entscheidungsprozess (Davison et al. 2002; Gilbar und Gilbar 2009; Shin et al. 2013). Die Beteiligung der Angehörigen trifft aber nicht nur auf Patienten in einem sehr kritischen körperlichen oder psychischen Gesundheitszustand (z. B. auf der Intensivstation) oder mit lebensbedrohlichen Krankheiten zu (Hauke et al. 2011; Hickman et al. 2012; Shin et al. 2013), sondern kann auch für Patienten mit komplexen Entscheidungen bei nicht lebensbedrohlichen Krankheiten oder für das Management chronischer Krankheiten eine wichtige Rolle spielen (Link und Reifegerste 2016; Reifegerste und Hartleib 2016).

Zusätzlich zur Entscheidungsfindung zwischen Arzt und Patient muss daher auch die *Beteiligung der Angehörigen* in diesem Prozess berücksichtigt werden. Das Ausmaß der Angehörigenbeteiligung an der Entscheidungsfindung der Patienten variiert stark und kann sich auf einem Kontinuum (siehe Abb. 2.5) zwischen autonomer Entscheidungsfindung des Patienten und kompletter Übertragung der Verantwortlichkeit an die Angehörigen bewegen (Laidsaar-Powell et al. 2017). Während etwa ein Drittel der Patienten ihre Entscheidungen unabhängig von den Angehörigen und 20 % mit wenig Familienbeteiligung treffen, bevorzugt etwa die Hälfte die gemeinsame Entscheidungsfindung mit ihren Angehörigen. Einige Patienten delegieren Entscheidungen auch an die Angehörigen (Clayman und Morris 2013; Krieger 2014; Laidsaar-Powell et al. 2017).

Laidsaar-Powell et al. (2017) erweitern diese dyadische Betrachtung von Patienten und Familienmitgliedern auf die triadische Kommunikation, indem sie in ihr *TRIO-Framework* auch das medizinische Personal einbeziehen. Sie machen deutlich, dass die Einstellung des Arztes auch den Beteiligungsgrad der Angehörigen beeinflusst. Der jeweilige Einfluss lässt sich daher in einem Dreieck darstellen, bei dem der Mittelpunkt den gleichen Entscheidungsanteil aller drei Parteien repräsentiert (siehe Abb. 2.6), auch wenn dies in der Realität unwahrscheinlich ist. Die Entscheidungsfindung gleicht dort meist eher einem komplexen und dynamischen Mischform der dargestellten Extrempunkte (Charles et al. 1999) und entspricht daher eher einem Punkt im Spektrum der Dreiecksfläche als den Eckpunkten oder dem Mittelpunkt des Dreiecks (Laidsaar-Powell et al. 2017). Ergänzend zur Betrachtung der Dyade werden somit im TRIO-Modell auch die moderierenden Einflüsse der dritten Partei auf die Beziehungen zwischen den jeweiligen zwei anderen Parteien abgebildet, wenn bspw. das geringe Involvement des Arztes zu einer höheren Angehörigenbeteiligung führt (Link und Reifegerste 2016).

Darüber hinaus machen Laidsaar-Powell et al. (2017) auch deutlich, dass es neben diesen drei Parteien *viele weitere Personen* gibt, die es zu berücksichtigten gilt. Zwar geht das Modell lediglich von einem Hauptangehörigen (engl. key caregiver) und

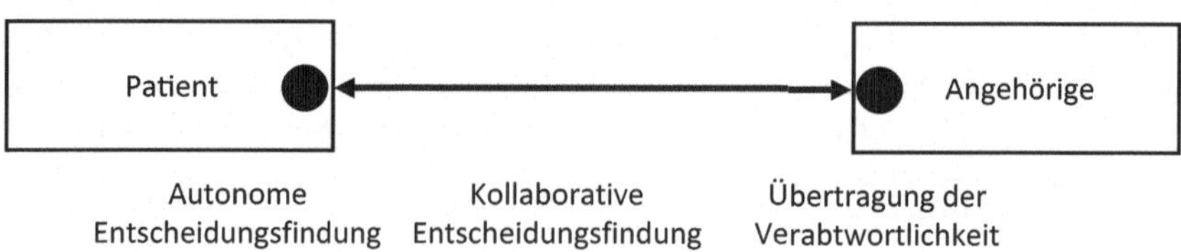

Abb. 2.5 Kontinuum der Angehörigenbeteiligung bei medizinischen Entscheidungen

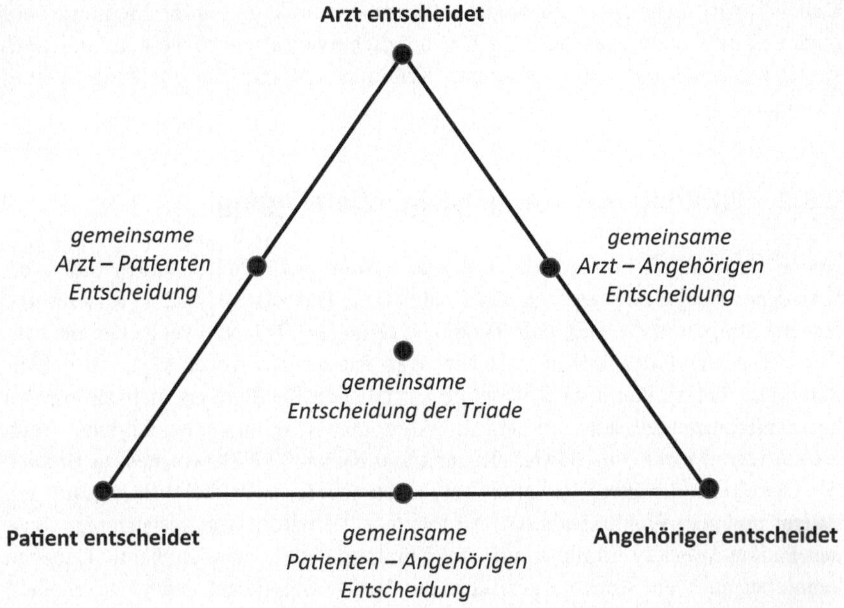

Abb. 2.6 TRIO-Framework. (Anmerkung: nach Laidsaar-Powell et al. 2017, S. 2038)

einem Hauptarzt (engl. key clinician) aus, die sich am meisten in die Entscheidung einbringen. Darüber hinaus beteiligen sich aber häufig weitere Personen aus dem sozialen Netzwerk des Patienten an der Entscheidung. So bitten bspw. Arthrose-Patienten vor einer OP-Entscheidung nicht nur ihren Partner um Ratschläge, sondern häufig auch weitere Familienmitglieder und andere Arthrose-Patienten aus dem Freundeskreis (Link und Reifegerste 2016). Zugleich sind auch die Ärzte häufig in interprofessionale Teams (z. B. Cancer Boards) eingebunden, die gemeinsam über einen Fall beraten (Devitt et al. 2010).

Diese Vorstellung entspricht auch dem Konzept des *‚shared mind‘* (Epstein 2013). Es geht davon aus, dass Entscheidungsprozesse als kollektive Deliberation (Elwyn et al. 2014) innerhalb eines sozialen Netzwerkes stattfinden, da Patienten sie meist mit verschiedenen Personen diskutieren. Häufig sind diese Prozesse in der Entscheidungsfindung, sowie auch die Prozesse der anderen Unterstützungsformen allerdings weniger offensichtlich. Um die Triade herum sind somit viele weitere Personen an der Entscheidung beteiligt und wiederum miteinander vernetzt, deren Einfluss es zu berücksichtigen gilt (Laidsaar-Powell et al. 2017).

Dabei tragen nicht alle einbezogenen Personen direkt mit ihrer Meinung oder einem Ratschlag zu Entscheidung bei, möglicherweise liefern sie auch nur relevante Informationen oder relevante Kriterien für die Entscheidungsfindung (Abschn. 3.4).

2.3.2 Wirkungen der Angehörigenbeteiligung

Neben dem TRIO-Framework (Laidsaar-Powell et al. 2017) finden sich verschiedene weitere Ansätze wie das Health Care Partnership Model (Kahana und Kahana 2007) und die DECIDE-Typologie (Krieger 2014), die versuchen die triadische Entscheidungsfindung zwischen Arzt, Patient und Angehörigen zu modellieren. Sie liefern damit auch wichtige Grundlagen für die Systematisierung von Unterstützungsprozessen und den Effekten der Angehörigenbeteiligung. Beim *Health Care Partnership Model* (Kahana und Kahana 2007), welches im Bereich der Onkologie für ältere Patienten entwickelt wurde, steht die Wirkung auf den Patient und sein Wohlbefinden im Mittelpunkt. Es wird davon ausgegangen, dass der Patient proaktiv Einfluss auf die Kommunikation nehmen kann. Daneben kann aber auch ein Angehöriger (hier als „Health Significant Other" bezeichnet) als Fürsprecher des Patienten auftreten, der dem Patienten zur Seite steht, ihm die Inhalte verständlicher macht oder bei Unklarheiten nachfragt. Es wird vermutet, dass diese Funktion der Angehörigen mit steigendem Alter der Patienten zunehmend notwendig wird, sodass sie ein immer wichtigerer Ansprechpartner für den Arzt werden. Allerdings wird im Modell lediglich diese (vom Patienten beauftragte und befürwortete) Entscheidungsunterstützung der Angehörigen betrachtet, sodass eine mögliche dysfunktionale Kommunikation zwischen Patient und Angehörigen (z. B. Bevormundung) oder zwischen Angehörigen und Arzt (z. B. widersprüchliche Rollenerwartungen) oder andere Formen der Unterstützung (wie die emotionale) in diesem Modell nicht thematisiert werden. Diese Formen der Angehörigenbeteiligung können sich aber mitunter sehr negativ auf Gesundheitszustand- und verhalten der Patienten auswirken (Wilz und Meichsner 2015).

Krieger (2014) beschreibt dagegen in ihrer *DECIDE* (Family *De*terminants of *Cli*nical *De*cision Making) Typologie auch dysfunktionale, d. h. nicht unterstützende Formen der Angehörigenbeteiligung, die sie anhand des Beteiligungsgrades und den Zielen der Beteiligten differenziert. Stimmen die Ziele von Angehörigen und Patient überein, handelt es sich um unterstützende Entscheidungsstile (Abschn. 2.1.1). Im Sinne einer dyadischen Bewältigung (Abschn. 2.1.3) agieren etwa Paare als eine Einheit, die entweder gemeinsam (d. h. kollaborativ) entscheiden oder bei der der Patient die Entscheidungen an den anderen Partner delegiert (siehe Tab. 2.1). Diese Form der Entscheidungsunterstützung hilft den Patienten oft die komplexen Informationen besser zu verarbeiten oder ihre Präferenzen besser durchzusetzen (Laidsaar-Powell et al. 2016) und kann bei den Beteiligten Wohlbefinden, die Beziehungsqualität, die psychosoziale Anpassung und die Bewältigung der Krise verbessern (Bodenmann 2008; Traa et al. 2015). Auch die vom Patienten gewünschte und von den Familienmitgliedern akzeptierte, durch den Patienten allein getroffene Entscheidung bewertet Krieger (2014) als unterstützend.

Als nicht unterstützend und damit *dysfunktional* betrachtet Krieger (2014) allerdings isolierte und fordernde Entscheidungsstile, bei denen die Ziele von Patienten und den Angehörigen nicht übereinstimmen. Beim isolierten Typ wünscht sich der Patient zwar Unterstützung von seinen Angehörigen, diese wird ihm aber verwehrt, während sich beim fordernden Typ die Angehörigen gegen den Wunsch des Patienten an der Entscheidung beteiligen wollen (Krieger 2014). Somit kann die Entscheidungsunterstützung die Autonomie der Patienten (Entwistle et al. 2010) nur dann stärken, wenn der Patient auch damit einverstanden ist, ansonsten führen beide Formen beim Patienten zu Stress und Unzufriedenheit. Hierbei zeigt sich wiederum, dass nicht die Angehörigenbeteiligung an sich bestimmte Effekte hat, sondern die patientenbezogene Wirkung (wie Zufriedenheit, Wissen oder Therapietreue) abhängig von der Unterstützungsbewertung des Patienten ist (Abschn. 2.1.1). Dabei gibt es verschiedene Einflussfaktoren, die mitbestimmen, ob die Angehörigenbeteiligung als unterstützend empfunden wird. Dazu zählen u. a. die Persönlichkeit, die Gesundheitskompetenz (Abschn. 2.5), kulturelle Prägungen (Voigt und Praez-Johnsen 2001) und die Einstellungen der beteiligten Personen (Wolff und Roter 2011), die mitunter auch auf die Rollenkonzepte zurückzuführen sind (Abschn. 2.2.1).

Eine einheitliche *ethisch-normative Bewertung* der Angehörigenbeteiligung bzw. der triadischen Entscheidungsfindung ist aufgrund der verschiedenen Entscheidungsstile und der Betroffenheit der verschiedenen Parteien kaum möglich.

Tab. 2.1 Entscheidungsstile in der Familienkommunikation

	Patient will Familienbeteiligung	**Patient will Autonomie**
Hohe Familienbeteiligung	Delegierend Kollaborativ	Fordernd
Niedrige Familienbeteiligung	Isoliert	Unabhängig

Anmerkung: nach Krieger 2014, S. 294. (Die grau hinterlegten Entscheidungsstile werden als unterstützend betrachtet)

Einerseits wird aus ethisch-normativer Perspektive begründet, dass die autonome Patientenentscheidung ohne Angehörigenbeteiligung im Vordergrund stehen sollte, wobei die Angehörigen lediglich als Unterstützer dienen sollten (Mitnick et al. 2010). Lipp und Brauer (2016) machen allerdings deutlich, dass die Einbindung der Familie nicht im Widerspruch zur Autonomie des Patienten stehen muss, sondern sie in der Rolle des Interessenvertreters (Abschn. 3.4.2) in solchen Fällen stärkt, in denen der Patient sein Selbstbestimmungsrecht nicht mehr eigenständig ausüben kann. Indem Familienmitglieder unterstützend und beratend tätig sind (z. B. durch zusätzliche Informationen), können sie den Betroffenen in seinem Willen unterstützen und seine Patientenautonomie stärken. Indem Patienten die soziale Unterstützung der Angehörigen nutzen, um die Menge und das Verständnis der Informationen zu verbessern, können sie eine aktivere Rolle in der Entscheidungsfindung spielen als ohne diese Unterstützung (Kahana und Kahana 2007). Andere ethische Betrachtungen gehen sogar über diese patientenzentrierte Sichtweise hinaus und fordern, dass Familienmitglieder (unabhängig von ihrer Unterstützungsleistung) auch deswegen in den Entscheidungsprozess involviert sein sollten, weil sie häufig auch von den Konsequenzen einer Entscheidung betroffen sind (Ho 2008; Levine und Zuckerman 2000).

2.3.3 Implikationen für die Angehörigenkommunikation

Zusammenfassend lässt sich somit aus den triadischen Entscheidungsmodellen schlussfolgern, dass sowohl der Grad der Angehörigenbeteiligung als auch dessen Bewertung durch den Patienten zentrale Elemente der Angehörigenkommunikation darstellen. Im Kontext der sozialen Unterstützung wäre dies analog zur Höhe der Unterstützung und ihrer Bewertung (Abschn. 2.1.2).

Deutlich wird anhand der DECIDE-Typologie (Krieger 2014) auch der relationale Charakter von Effekten der Angehörigenbeteiligung, da sich die Funktionalität des Austausches nur unter Berücksichtigung der Patientenwünsche (und letztlich auch der weiteren Beteiligten) beurteilen lässt. Folglich gelingt es allerdings kaum eine ideale Form und ein starres Modell der Angehörigenbeteiligung in der Entscheidungsfindung zu beschreiben. Vielmehr gilt es die verschiedenen Interessen der einzelnen Parteien flexibel abzuwägen und in Abhängigkeit von ihren Bedürfnissen und situativen Faktoren zu entscheiden, welche Form der Angehörigenbeteiligung jeweils angemessen ist (Laidsaar-Powell et al. 2017). Zudem muss berücksichtigt werden, dass auch die Modellierung einer Triade oder eines Two-Step-Flow nur einen Ausschnitt repräsentiert und in der Realität viele weitere Akteure in den informellen und formellen Netzwerken zu berücksichtigen sind.

Dies macht wiederum die besondere Bedeutung der *Integration der Beteiligten in die Kommunikationsprozesse* deutlich. Nur dann können die verschiedenen Bedürfnisse unter den jeweiligen Rahmenbedingungen und in den gegebenen Situationen abgestimmt und die jeweiligen Rollenerwartungen geklärt werden.

2.4 Two-Step-Flow of Support

In diesem Kapitel werden die theoretischen Perspektiven zur sozialen Unterstützung, zu den Kommunikationsrollen und den triadischen Entscheidungsprozessen zusammengeführt. Dabei werden die bisher dargestellten Erkenntnisse zur Angehörigenkommunikation vor dem Hintergrund des Two-Step-Flow eingeordnet. Aus dieser Zusammenführung wird der Two-Step-Flow of Support entwickelt, der als *Rahmenmodell* für die weiteren Teile der Arbeit dient. Dem ersten Schritt entsprechen die dyadischen Beziehungen zwischen Patienten und Angehörigen, für die zunächst die Rollen der primären Unterstützungsgeber und die Austauschprozesse beschrieben werden (Kap. 3). Darauf aufbauend werden die Kommunikationsstrategien der sekundären Unterstützungsgeber vorgestellt, die diese primären Unterstützungsprozesse positiv (für die Gesundheit der Beteiligten) beeinflussen können.

2.4.1 Adaption des Two-Step-Flow

Das Modell des Zwei-Stufen-Flusses der Kommunikation (*Two-Step-Flow*) wurde ursprünglich entwickelt, um das Wahlverhalten in den Vereinigten Staaten in der Präsidentschaftswahl von 1940 zu erklären. Lazarsfeld, Berelson und Gaudet (1944) versuchten herauszufinden, welche Informationsquellen Menschen nutzen, um ihre Wahlentscheidung zu treffen. Dabei entdeckten sie, dass Medieninhalte häufig indirekt über Familie und Freunde zu den Empfängern übermittelt werden und nicht direkt zu ihnen gelangen. Damit konnte gezeigt werden, dass der Einfluss der Massenmedien auf das Wahlverhalten nicht nur direkt, sondern auch indirekt durch die interpersonale Informations- und Meinungsweitergabe stattfindet (Lazarsfeld et al. 1944). Das Modell gehört zu den einflussreichsten in der Kommunikationswissenschaft und markiert den Punkt, an dem die Forschung sich vom Paradigma der starken direkten Medieneffekte und einer Beschränkung auf das Individuum verabschiedete und sich stärker den indirekten Effekten der sozialen Netzwerke zuwandte (Jensen 2016).

Das Modell wurde seit seiner Entwicklung vielfach kritisiert und stetig weiterentwickelt (z. B. als Multi-step flow) und inzwischen auf verschiedenste Medienkontexte und Kommunikationsthemen angewendet (Davis 2009; Geise 2017). Ungeachtet dieser Kritik und der Vielfalt leistete die Forschung zum Two-Step-Flow einen wichtigen Beitrag zum Verständnis von mehrstufigen Kommunikationsprozessen. Indem das Modell verschiedene Stufen der Kommunikation anhand der Kommunikatoren, des Inhalts, der Richtung und den genutzten Kommunikationskanälen unterscheidet, lassen sich einzelne Wirkungsstufen differenziert betrachten. Auf der Basis des Two-Step-Flow kann somit ein Modell der mehrstufigen Unterstützungsweitergabe, der *Two-Step-Flow of Support*, zur Beschreibung indirekter Kommunikationsprozesse in der Gesundheitskommunikation entwickelt werden.

Während im Forschungsbereich zur Politischen Kommunikation (vor dem Hintergrund von Demokratietheorien) der Wähler und die Einflussfaktoren für dessen Verhalten im Mittelpunkt steht, konzentriert sich die Gesundheitskommunikation (vor dem Hintergrund einer Public-Health-Perspektive) auf den Patienten und die Determinanten für dessen Gesundheitszustand. Dementsprechend steht in der traditionellen kommunikationswissenschaftswissenschaftlichen Forschung die Rolle des Meinungsführers (Abschn. 3.4.1) im Fokus der Forschungen (Friemel 2008), während der Meinungsfolger meist als passiver Gegenpart bzw. als Restkategorie (jene die nicht Meinungsführer sind) verstanden wird (Jung und Kim 2016). Die Gesundheitskommunikation interessiert sich dagegen vorrangig für den Patienten und hat den Einfluss der Familienangehörigen als Vermittler zumeist vernachlässigt (Krieger 2014). Im Two-Step-Flow of Support (siehe Abb. 2.7) werden daher sowohl der Patient als Endpunkt (Unterstützungsempfänger) betrachtet und der Angehörige als Mittler (primärer Unterstützungsgeber) zwischen diesem Endpunkt und Dritten (sekundären Unterstützungsgebern).

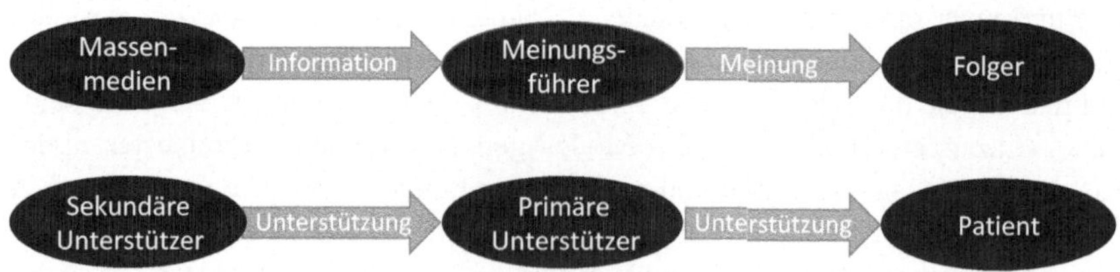

Abb. 2.7 Two-Step-Flow der Kommunikation (oben) und Two-Step-Flow of Support (unten). (Anmerkung: Two-Step-Flow der Kommunikation nach Burt 1999)

Während der Two-Step-Flow der Kommunikation Prozesse im Kontext von Wahlentscheidungen betrachtet, nimmt die Adaption des Two-Step-Flow of Support Kommunikationsflüsse im Gesundheitskontext in den Blick. Aus dieser unterschiedlichen Fokussierung von Two-Step-Flow und Two-Step-Flow of Support ergeben sich Unterschiede der beiden Modelle in Bezug auf 1) Inhalte, 2) Initiierung, 3) Kommunikationskanäle und 4) Intensität der Flows. Auf diese Unterschiede wird im Folgenden eingegangen. Zugleich werden dabei auch die Weiterentwicklungen des Two-Step-Flow skizziert.

Die Studien zum Two-Step-Flow wurden oft dafür kritisiert, dass sie den konkreten *1) Inhalt des Austausches* nur vage beschreiben und nicht klar zwischen Informations- und Meinungsflows differenzieren (Friemel 2008). Burt (1999, S. 38) definierte den Two-Step-Flow als „a process of the moving of information from the media to opinion leaders, and influence moving from opinion leaders to their followers" und ging somit davon aus, dass im ersten Schritt ein Informationsfluss und im zweiten ein Meinungsfluss vorliegt. Die Weitergabe bzw. der Austausch von sozialer Unterstützung als weiterer Inhalt von Flows wurde allerdings bisher im Rahmen des Two-Step-Flow kaum berücksichtigt. Obwohl Interaktionen zwischen Personen auch zum Austausch vielfältiger Unterstützungsformen dienen und sich auch Informations- und Meinungsflows als Informations- und Entscheidungsunterstützung im Sinne der Theorien der sozialen Unterstützung (Abschn. 2.1) deuten lassen. Darüber hinaus existieren aber in der Gesundheitskommunikation zahlreiche Interaktionen zur emotionalen, selbstwertstärkenden oder instrumentellen Unterstützung, die bisher im Two-Step-Flow kaum Berücksichtigung fanden. Der Two-Step-Flow of Support enthält daher die verschiedenen Unterstützungsformen als mögliche Kommunikationsinhalte zwischen den Unterstützungsgebern und den Unterstützungsempfängern.

Neben dem Inhalt der Flows war auch die *2) Initiierung des Austausches* im Two-Step-Flow Gegenstand zahlreicher Diskussionen. Die ursprünglichen Studien beschränkten sich zwar auf unidirektionale von den Medien und Meinungsführern ausgelöste Kommunikationsflüsse, inzwischen erkennen die ‚Nachfahren' des Two-Step-Flow aber auch aktivere Rollen der Folger als Informations- und Meinungssuchende an (Jung und Kim 2016). Vergleichbar mit der Stärkung der Patientenrolle im Verhältnis zum Arzt im Gesundheitskontext hat sich damit auch die Betrachtung der Folger geändert. Während sie zu Beginn der kommunikationswissenschaftlichen Forschung noch als passive Folger betrachtet wurden, werden sie nun auch als aktive Nutzer von Informationen und Verhaltensempfehlungen betrachtet, die andere Personen um Ratschläge bitten. Somit kann sowohl der Patient als auch der Angehörige als Auslöser für die Unterstützungsprozesse auftreten (Kahana und Kahana 2007; Krieger 2014). Zudem kann der Angehörige als

Unterstützungshandlung auch Informationen an den Arzt oder andere Familienangehörige weitergeben, wenn der Patient dazu z. B. aufgrund seines Gesundheitszustands, seiner kognitiven oder emotionalen Verfassung oder seiner sprachlichen Kompetenz nicht in der Lage ist (Laidsaar-Powell et al. 2017; Rosenberg et al. 2008). Der Unterstützungsfluss kann dementsprechend sowohl vom primären oder sekundären Unterstützungsgeber als auch vom Unterstützungsempfänger aus initiiert werden und der Informationsfluss kann als Form der Unterstützung in beide Richtungen verlaufen.

Während die Ursprungsform des Two-Step-Flow noch von einem massenmedialen ersten Schritt (d. h. Information an den Meinungsführer durch Print oder Radio) und einem interpersonalen zweiten Schritt (ohne Medienvermittlung) ausging, bieten die aktuellen Medienumgebungen vielfältige *3) Kommunikationskanäle* zum Unterstützungsaustauch (Jensen 2016). Interpersonale Kommunikation, um Unterstützung zu leisten, findet zunehmend auch in medialen Kontexten, wie Twitter, Facebook und Onlinesupportgruppen statt (Kim et al. 2017; Link 2017), womit sich auch die Möglichkeiten erweitern Unterstützungsgeber zu finden und zu aktivieren (Wright et al. 2010). Damit haben sich die Medienkanäle des Two-Step-Flow deutlich erweitert (Jung und Kim 2016). Für die Angehörigen kommen damit neben Informationsangeboten in den Massenmedien (neben Fernsehen und Printmedien vor allem auch Internet) auch das medizinische Personal oder Onlineforen (für den Austausch mit anderen Angehörigen) als Quellen der sekundären Unterstützung infrage (Abschn. 4.4). Ebenso kann auch die Kommunikation zwischen Angehörigen und Patienten (als primäre Unterstützung) interpersonal entweder persönlich (d. h. face-to-face) oder medienvermittelt (z. B. telefonisch, per Chat oder schriftlich) erfolgen.

Während sich die Meinungsführerforschung im Kontext des Two-Step-Flow vor allem auf die Anzahl der sozialen Kontakte konzentriert (Geise 2017), wird anhand der Modelle der triadischen Entscheidungsfindung (Abschn. 2.3) deutlich, dass auch die *4) Intensität des Flows* ein wichtiger Einflussfaktor in der Angehörigenkommunikation ist, um die Kommunikationsrollen der Angehörigen bestimmen zu können. Wie aus der DECIDE-Typologie (Krieger 2014) deutlich wurde, ist neben der Höhe der Angehörigenbeteiligung auch die Angemessenheit dieser Höhe entscheidend für den positiven oder negativen Effekt. Diese unterschiedlichen Grade der Angehörigenbeteiligung gelten dabei nicht nur für die Entscheidungsunterstützung, sondern auch für die anderen Formen der Unterstützung. So können auch die stellvertretende Informationssuche als informationelle Unterstützung (Eysenbach et al. 2004) oder die instrumentellen Hilfeleistungen (Rosland et al. 2013) unterschiedlich hoch ausfallen. Aus der Perspektive des Patienten werden sie dann entweder als genau passend oder zu hoch oder zu niedrig (dysfunktional) eingeschätzt, wobei sich diese Einschätzung des Unterstützungsnehmers (oder auch eines Dritten, wie dem Arzt) deutlich von der des Unterstützungsgebers unterscheiden kann (Abschn. 2.1.2). Als nicht hilfreich empfundene Unterstützungsflows können somit aus einer inadäquaten Intensität der Unterstützung resultieren. Während sich Patienten mit niedriger wahrgenommener oder erhaltener Unterstützung isoliert fühlen, kann exzessive Unterstützung als fordernd, bevormundend oder überfürsorglich empfunden werden (Krieger 2014; Mazzoni und Cicognani 2016). Entsprechend ist es notwendig in einem Zwei-Stufen-Fluss der Unterstützung die Bewertung der Unterstützung aus den verschiedenen Perspektiven der Kommunikationsbeteiligten zu berücksichtigen (Abschn. 3.1).

2.4.2 Implikationen für die Angehörigenkommunikation

Zahlreiche Studien haben gezeigt, dass interpersonale Kontakte auch für das Gesundheitsverhalten sehr relevant sind, z. B. als Informationsquellen (Cutrona et al. 2016; Kim et al. 2017) oder als Meinungsführer indirekt via sozialer Normen (e.g., Yun und Silk 2011) oder direkt durch ihre Beteiligung an medizinischen Entscheidungen (Laidsaar-Powell et al. 2013). Dementsprechend wurde das Modell des Two-Step-Flow auch in zahlreichen Gesundheitskampagnen angewendet, um Meinungsführer bzw. *Multiplikatoren* zu rekrutieren und zu aktivieren, die gesundheitsförderlichen Verhalten in ihren sozialen Netzwerken verbreiten können (Bundeszentrale für gesundheitliche Aufklärung 2011; Valente und Pumpuang 2007). Zudem eignet sich der Multiplikatoren-Ansatz auch für schwer erreichbare Zielgruppen um die Vermittlung und Akzeptanz von Gesundheitsinformationen zu bessern, weil Mittler als Übersetzer oder Ratgeber auftreten (Reifegerste 2014).

Lewin (1947) war einer der erster Wissenschaftler, der forderte, dass sich Ernährungskampagnen an die relevante Person im Haushalt richten sollte und nicht an die gesamte Öffentlichkeit und legte damit den Grundstein für das Konzept des Gatekeepers (Abschn. 3.2.2). Es wird davon ausgegangen, dass die interpersonale Kommunikation in Form von Gesprächen eine höhere Persuasionskraft für Gesundheitsbotschaften hat, „weil sie eine stärkere Partizipation erfordert, individuelles Feedback möglich ist, die Glaubwürdigkeit relativ hoch ist und sozialer Druck ausgeübt werden kann" (Bonfadelli et al. 2011, S. 127). Multiplikatoren können somit ganz unterschiedliche Barrieren der Gesundheitsvermittlung überwinden und werden daher in ganz unterschiedlichen Gesundheitsprogrammen mit unterschiedlichen Funktionen eingesetzt

(Reifegerste 2014). Oft dienen sie dazu *Kontakt* zu einzelnen Zielgruppen (bspw. Pädagogen mit Kindern und Jugendlichen; Reifegerste und Oppat 2010) aufzunehmen oder die passende *Selektion* relevanter Teilnehmer für ein Programm vorzunehmen.

Meinungsführer können darüber hinaus die *Aufmerksamkeit* der Zielgruppe auf bestimmte Gesundheitsinformationen lenken. Das Interesse an einer Botschaft hängt dabei in starkem Maße von der Akzeptanz des Vermittlers ab (Gierl 2007), sodass insbesondere Prominente, Gleichaltrige oder eben nahestehende Personen wie die Angehörigen dafür infrage kommen. Sie können dem Patienten bestimmte Medieninformationen weitergeben oder empfehlen (Link und Reifegerste 2016) oder in sozialen Netzwerkmedien teilen (Li et al. 2018). Ähnliche Mechanismen finden sich auch in der Mund-zu-Mundpropaganda und dem viralen Marketing, welche auch für die Verbreitung von Gesundheitsbotschaften genutzt werden (Freeman und Chapman 2008).

Auch die *stellvertretende Informationssuche* (Abschn. 3.2.1) im Auftrag des Patienten lässt sich somit als Flow zwischen Angehörigen-Patienten-Dyade und Dritten (z. B. medizinisches Personal, Gesundheitsinformationsangeboten) mit dem Two-Step-Flow-Modell beschreiben, da auch hier Personen informiert werden, die ihrerseits die Informationen an interpersonale Kontakte weitergeben. Ebenso können Teile der triadischen Kommunikationsprozesse zur Entscheidungsfindung (Abschn. 2.3) aus der Perspektive des Two-Step-Flow betrachtet werden, da Informationen des Arztes durch den Angehörigen an den Patienten (und umgekehrt) weitergegeben werden.

2.5 Modelle der Gesundheitskompetenz

Während sich die bisherigen Ansätze überwiegend mit sozialen Merkmalen bzw. sozialen Erwartungen zwischen Angehörigen und Patienten sowie dyadischen und triadischen Beziehungen in der Angehörigenkommunikation beschäftigt haben, folgt nun die Darstellung einer personenbezogenen Eigenschaft. Die Gesundheitskompetenz stellt dabei ein zentrales Merkmal der Beteiligten dar, welches sowohl die Verhaltensweisen in den Rollen als auch die Beziehungen und Unterstützungsprozesse zwischen den Beteiligten beeinflusst. In zahlreichen Studien wurde deutlich, dass die Gesundheitskompetenz einen wesentlichen Einfluss auf das Gesundheitsverhalten hat. Dies zeigt sich bspw. daran, dass gesundheitskompetente Patienten ein besseres Selbstmanagement, höhere Therapietreue sowie eine angemessenere Inanspruchnahme von Gesundheitsleistungen und eine höhere Lebensqualität haben (Lederle et al. 2017). Menschen dagegen, die weniger über ihre Erkrankungen wissen, weisen eher Medikationsfehler, mehr Notfallbehandlungen, Krankenhausaufenthalte und Wiedereinweisungen sowie einen schlechteren Umgang mit chronischer Erkrankung, ein höheres gesundheitliches Risikoverhalten und eine höhere Mortalität auf (Dierks 2017). Zudem hat sich über verschiedenste Populationen hinweg gezeigt, dass die Förderung der Gesundheitskompetenz auch mit entsprechenden Erfolgen für das Gesundheitswissen und Verhaltensänderungen einherging (Berkman et al. 2011).

Anders als andere personenbezogene Variablen wie Geschlecht, Alter oder Schulbildung (die sich kaum beeinflussen lassen) bietet die Gesundheitskompetenz damit nicht nur einen Erklärungsansatz für das Rollenverhalten, sondern auch die Grundlage für Interventionen, dass sich Gesundheitskompetenz verändern lässt. Dementsprechend existieren zahlreiche Interventionen (Abschn. 4.2.3), die sich an Angehörige richten um diese zu schulen, z. B. Ehepartner von Diabetesangehörigen (Trief 2011) oder pflegende Angehörige von Krebspatienten (Griffin et al. 2014). Die dafür notwendige Edukation beruht auf den im Folgenden dargestellten Kompetenzmodellen als weitere theoretische Grundlage der Angehörigenkommunikation.

Dafür wird das Konstrukt Gesundheitskompetenz zunächst in seiner klassischen Form (d. h. mit Anwendung für den Patienten) vorgestellt. Anschließend wird das Konzept auf die Angehörigen übertragen und aufgezeigt, welche Gemeinsamkeiten und Unterschiede sich für die beiden Anspruchsgruppen (Patienten und Angehörige) in der Gesundheitskommunikation ergeben. Daraus abgeleitet werden die Implikationen, die sich für den Umgang mit Angehörigen in der Gesundheitskommunikation ergeben.

2.5.1 Gesundheitskompetenz der Patienten

Der Begriff *Gesundheitskompetenz* (engl. health literacy) bezeichnet die Fähigkeit sich innerhalb des (immer komplexer werdenden) Gesundheitssystems zurechtzufinden und gesundheitsförderliche Entscheidungen treffen zu können. Dieser Ansatz (Parker und Ratzan 2010) geht damit deutlich über reine Wissenskonzepte hinaus und neben den persönlichen Kompetenzen des Einzelnen sind auch die situativen Anforderungen relevant (siehe Abb. 2.8). So hängt das Verständnis der Nebenwirkungen eines Medikaments nicht nur von den kognitiven Fähigkeiten des Patienten ab, sondern auch von der Gestaltung und Darstellungsweise der Informationen in einer Packungsbeilage oder durch den Arzt ab (Pelikan 2017; Yuen et al. 2018).

Abb. 2.8 Modell der Gesundheitskompetenz. (Nach Parker und Ratzan 2010)

Unterschiedliche Modelle und Definitionen von Gesundheitskompetenz differenzieren die Fähigkeiten der Patienten bzw. Rezipienten von Gesundheitsinformationen in bis zu fünf verschiedene Kernelemente (Nutbeam 2000; Soellner et al. 2009; Sørensen et al. 2012):

Gesundheitskompetenz ist die Fähigkeit Gesundheitsinformationen

1. zu finden und Zugang (engl. access) zu haben,
2. zu verstehen (funktionale Gesundheitskompetenz),
3. sich darüber auszutauschen (interaktive Gesundheitskompetenz),
4. sie kritisch zu beurteilen (kritische Gesundheitskompetenz)
5. und entsprechend anzuwenden.

Während der Zugang zu Informationen und die *funktionale Gesundheitskompetenz* vor allem Grundfertigkeiten wie Lesen und Schreiben und Medienkompetenz beinhaltet, ist die interaktive oder *kommunikative Kompetenz* durch eine (re-)aktive Rolle gekennzeichnet und beschreibt die Fähigkeit in Gesundheitsfragen selbstständig und erfolgreich mit anderen Akteuren kommunizieren und interagieren zu können (Steckelberg und Albrecht 2014). Kommunikationskompetenz beinhaltet wiederum spezifisches Wissen zu Kommunikationsvorgängen und bestimmte Fertigkeiten. Dazu zählt die Fähigkeit den Gesprächspartner und die Situation passend einzuschätzen und sich darauf einzulassen, die in engem Zusammenhang mit Empathie (d. h. Einfühlungsvermögen) und einer gewissen Offenheit für das Gesprächsergebnis steht. Um gut zu kommunizieren, ist aber auch die Kompetenz zur angemessenen Auswahl und Formulierung von Informationen, die Fähigkeit gegebene Informationen akustisch, inhaltlich und interpretativ richtig zu verstehen sowie die Fähigkeit des durchgehenden Monitorings des Gesprächs notwendig. Es sind somit sowohl verbale als auch kognitive Fähigkeiten erforderlich (Becker-Mrotzek und Brünner 2004). Im Gegensatz zur Alltagskommunikation ist Kommunikation über Gesundheitsaspekte allerdings durch eine hohe Relevanz und damit durch hohe Emotionalität bei den Betroffenen (sowohl Patienten als auch Angehörigen) gekennzeichnet. Zusätzlich können weitere Störfaktoren (wie kognitive Einschränkungen des Patienten) auftreten, welche die Kommunikation zusätzlich erschweren oder gänzlich unmöglich machen (Wilz und Meichsner 2012).

Die *kritische Komponente* beinhaltet die Fähigkeiten Informationen kritisch zu bewerten und somit fundierte (pro-)aktive Entscheidungen treffen zu können (Steckelberg und Albrecht 2014). Gerade die Relevanz dieser Komponente dürfte sich aufgrund der zunehmenden Komplexität medizinischer Entscheidungsoptionen und der Vielfalt zur Verfügung stehender Informationen mit sehr unterschiedlicher Qualität vergrößern. Dementsprechend wird der Gesundheitskompetenz *politisch eine immer größere Bedeutung* in der Gesundheitsversorgung zugeschrieben (Hölling 2017) und die Förderung von Gesundheitskompetenz hat Eingang in verschiedenen internationalen und nationalen Programme (z. B. in USA, Österreich und Deutschland) mit konkreten Maßnahmen zur schulischen Erziehung, zur Prävention und zur Gesundheitsvermittlung gefunden (Abel und Sommerhalder 2015).

Dabei ist nicht nur die tatsächliche gesundheitskompetente Handlung relevant, sondern auch die Wahrnehmung der eigenen Kompetenz, die als sog. Selbstwirksamkeit eine wichtige Voraussetzung für Verhalten darstellt (Bandura 1997). Die spiegelt sich auch darin wider, dass bereits die subjektive wahrgenommene Gesundheitskompetenz (und nicht nur die objektiv gemessene) wichtige Zusammenhänge mit Gesundheitszustand und -verhalten aufweist (Dierks 2017).

Zusätzlich zu dieser Differenzierung von Komponenten einer allgemeinen Gesundheitskompetenz, gibt es auch *spezifische Formen der Gesundheitskompetenz* (bzw. Messinstrumente dafür), die jeweils mit unterschiedlichen Gesundheitsthemen (z. B. diabetes literacy, cancer literacy) oder verschiedenen Altersgruppen (z. B. ältere Menschen, Kinder) verbunden sind (Abel und Sommerhalder 2015) und sich stärker auf das Wissen zu einzelnen Krankheitsbildern und deren Behandlung bzw. Management beziehen. Zudem gibt es auch eine medienbezogene Gesundheitskompetenz. Die eHealth Literacy ist die Kompetenz Gesundheitsinformationen in digitalen Medienumgebungen zu finden und sie kritisch einordnen zu können (Soellner et al. 2009). Sie beinhaltet damit auch die Kompetenz technische Geräten wie Computer, Smartphones und Tablets zur Suche nach Gesundheitsinformationen nutzen zu können (Magsamen-Conrad et al. 2018).

2.5.2 Gesundheitskompetenz der Angehörigen

Die vorgestellten Strukturierungsmöglichkeiten lassen sich ebenso für die Gesundheitskompetenz der Angehörigen anwenden, fokussieren aber vorrangig auf die

Kompetenz des Patienten. Das Konzept der Gesundheitskompetenz beschreibt vor allem „die Fähigkeit des *Einzelnen*“ (Soellner et al. 2009, S. 106) für seine eigene Gesundheit zu sorgen und wird vorrangig im Zusammenhang mit der Stärkung der Patientensouveränität und der Patientengesundheit betrachtet. Andere um Rat zu fragen, wird zum Teil sogar als mangelnde Gesundheitskompetenz interpretiert. In einem weiteren Sinne bezieht sich Gesundheitskompetenz aber auf alle Rollen und Lebensbereiche (Pelikan 2017) und lässt sich damit auch auf die Kompetenzen der Angehörigen und deren Gesundheitsinformationssuche für andere und Entscheidungen für die Gesundheit anderer übertragen (Sørensen et al. 2012; Syurina et al. 2011). Ähnliche Ansichten finden sich auch in Konzepten der relationalen, organisationalen oder gemeindebezogenen Gesundheitskompetenz, die davon ausgehen, dass *Lernen eher in Familien* (Young et al. 2017) oder anderen kollaborativen Netzwerken stattfindet anstatt als Einzelleistung (Kickbusch 2001).

Die Gesundheitskompetenz von Angehörigen bzw. auch deren *Pflegekompetenz* (sog. health literacy of caregivers oder caregiver literacy) beinhaltet ebenso wie die Gesundheitskompetenz der Patienten die Kompetenz zum Zugang zu, zum Verstehen, zur kritischen Bewertung, zur Interaktion und zur Umsetzung von Gesundheitsinformationen (siehe Abb. 2.9). Die meisten vorhandenen Studien zur Gesundheitskompetenz von Angehörigen beschränken sich allerdings auf die Untersuchung der *funktionalen Kompetenz* (d. h. die Prüfung von Lese- und Zahlenverständnis). Die Kommunikationskompetenz, Problemlösefähigkeiten und Fähigkeiten zur kritischen Bewertung fanden bislang kaum Berücksichtigung in den Untersuchungen der Gesundheitskompetenz (pflegender) Angehöriger, obwohl sie gerade diese Kompetenzen für die Ausübung ihrer Rolle benötigen (Yuen et al. 2018). Eine wichtige Komponente ihrer Gesundheitskompetenz scheint zudem der Umgang mit technischen Geräten zu sein, da sie dadurch dem Patienten den Zugang zu wichtigen Gesundheitsinformationen (z. B. nur online verfügbare Patientenakten) ermöglichen können (Magsamen-Conrad et al. 2018).

Da nahestehende Personen nicht die primäre Zielgruppe der Gesundheitsversorgung sind, fällt es ihnen aufgrund rechtlicher und organisatorischer Einschränkungen häufig schwerer Informationen vom medizinischen Personal zu erhalten (Washington et al. 2011; Yuen et al. 2018). Außerdem müssen sie sich mit den verschiedenen Parteien abstimmen (Yuen et al. 2016) und dabei sowohl die Gesundheit des Patienten als auch die eigene Gesundheit berücksichtigen (Young et al. 2017). So zeigen Query und Kreps (2014) in ihrem Beziehungsmodell zur gesundheitsbezogenen Kommunikationskompetenz auf, dass pflegende Angehörige auch die Fähigkeit zum Aktivieren, Annehmen und Gewähren sozialer Unterstützung (z. B. in Selbsthilfegruppen) benötigen. Angehörige werden zudem vor allem dann einbezogen, wenn die Situation besonders schwierig, die

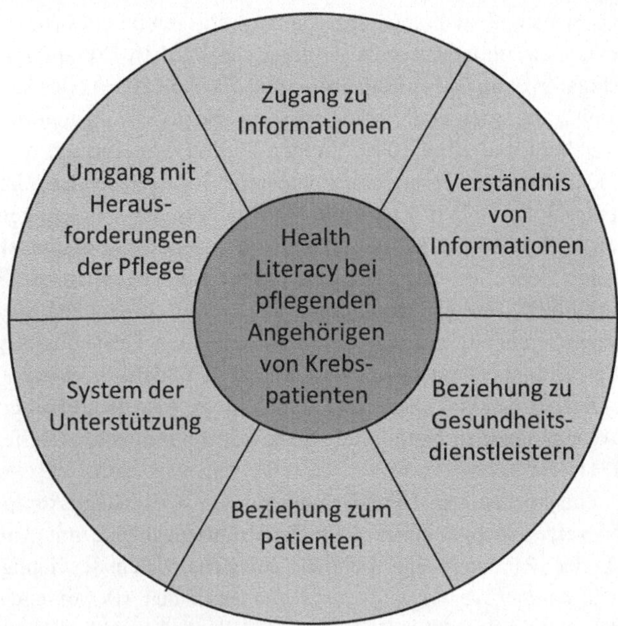

Abb. 2.9 Modell der Gesundheitskompetenz von pflegenden Angehörigen. (Anmerkung: nach Yuen et al. 2016, S. 303)

Entscheidungen komplex und für den Patienten allein nicht mehr zu bewältigen ist. Neben dem Zugang zu, dem Verstehen von Gesundheitsinformationen und der Organisation der vielfältigen Beziehungen zum Patienten und zum medizinischen Personal, müssen sie somit auch die Herausforderungen der Pflege meistern und über finanzielle, praktische und psychosoziale Unterstützungssysteme Bescheid wissen und diese aktivieren können (Yuen et al. 2016). Ihre Form der Gesundheitskompetenz ist somit sehr viel mehr auf Interaktionen und Situationen bezogen als auf die individuellen funktionalen Fähigkeiten (Young et al. 2017). Dies wird auch aus der Paarforschung deutlich, wo soziodemografische Variablen wie Alter, Bildung und Einkommen für die Stressbewältigung und Konfliktlösung weniger relevant erscheinen als die Kommunikationskompetenz der Partner (Heinrichs et al. 2008). Zusätzlich zur Kommunikationskompetenz spielen natürlich für die pflegenden Angehörigen auch Wissen und Fähigkeiten über Pflegehandlungen und entsprechende Hilfsmittel eine wichtige Rolle.

Studien zur Gesundheitskompetenz von Angehörigen beschränken sich zudem vielfach auf das Gesundheitswissen zu einer spezifischen Erkrankung, z. B. bei Diabetes (Pulgarón et al. 2014; Reifegerste und Hartleib 2016) oder Krebs (Bevan und Pecchioni 2008; Yuen et al. 2018) oder auf spezifische Angehörigengruppen wie Eltern (DeWalt und Hink 2009; Yin et al. 2009) oder Partner. Auf der Basis einer Übersicht über die Gesundheitskompetenz von (pflegenden) Angehörigen von Krebserkrankten stellen Yuen et al. (2018) fest, dass in einigen Angehörigengruppen mehr als die Hälfte über unzureichende Gesundheitskompetenz verfügen. Auch Schaeffer und Haslbeck (2016) schlussfolgern aus ihren Studien in Deutschland, dass es Angehörigen von chronisch Kranken oft an Wissen und Kompetenz mangelt, um sich im intransparenten Gesundheitssystem und im Alltag des Krankheitsmanagements zurecht zu finden. So wissen bspw. ein Drittel der Angehörigen von Diabetespatienten nicht, was sie im Fall einer Unterzuckerung (einem häufigen Notfall bei Diabetikern) tun müssten (Reifegerste und Hartleib 2014).

In den entsprechenden Untersuchungen zur Gesundheitskompetenz der Angehörigen zeigen sich mitunter deutliche Zusammenhänge mit dem Gesundheitszustand der Patienten, die deutlich machen, welchen wichtigen Anteil sie an der *Gesundheitsversorgung der Patienten* haben (Bevan und Pecchioni 2008; DeWalt und Hink 2009). So führt eine höhere Gesundheitskompetenz der Angehörigen zu besserem Krankheitsmanagement (Levin et al. 2014; Pulgarón et al. 2014), weniger Medikationsfehlern (Lindquist et al. 2011) und angemessener Inanspruchnahme von Gesundheitsdienstleistungen (Chiu und Eysenbach 2011; Lederle et al. 2017). Zudem ist ein gewisses Kompetenzgefühl eine wichtige Voraussetzung für prosoziales Verhalten, z. B. in Notfallsituationen (Bierhoff 2010) und wirkt sich positiv auf die (psychische) Gesundheit der pflegenden Angehörigen aus (Query und Kreps 2014; Yuen et al. 2018). Daraus lässt sich schlussfolgern, dass die Förderung der Gesundheitskompetenz von Angehörigen auch einen wichtigen Beitrag zu ihrer Gesundheitsförderung leisten kann (Yuen et al. 2018).

Neben der absoluten Höhe der Gesundheitskompetenz der Angehörigen, scheint vor allem die *Differenz* zu der des Patienten relevant zu sein (Garcia et al. 2013), wobei die Unterstützungsgeber mitunter eine höhere Gesundheitskompetenz als die Unterstützungsempfänger haben (Levin et al. 2014). Inkompetentes Verhalten der Familie wirkt sich vor allem für Patienten mit niedriger Gesundheitskompetenz negativ aus (Mayberry et al. 2014) und Angehörigenbeteiligung ist vor allem bei Patienten mit niedriger Gesundheitskompetenz zu beobachten (Rosland et al. 2011). Es ist somit notwendig die Gesundheitskompetenz der Angehörigen auch relativ zu betrachten.

2.5.3 Implikationen für die Angehörigenkommunikation

Wie das Modell der Gesundheitskompetenz (siehe Abb. 2.9) deutlich macht, lässt sich Gesundheitskompetenz sowohl durch Maßnahmen auf der Angebots- als auch auf der Rezipientenseite fördern (Parker und Ratzan 2010). Auf der Angebotsseite beinhaltet die Kompetenzentwicklung die flächendeckende Bereitstellung qualitätsgesicherter und unabhängiger Gesundheitsinformationen, die allen Bevölkerungsgruppen zugänglich sein sollte (Hölling 2017). Die Gesundheits- und Medienkompetenz der Rezipienten gelten hierbei als Eigenschaft einer Zielgruppe an die die Inhalte von Gesundheitsinformationen angepasst werden müssen, um zu verhindern, dass die Informationen nur für bestimmte Bevölkerungsgruppen verfügbar und verständlich sind. Dementsprechend können Gesundheitsinformationen zum Beispiel durch Bilder (Garcia-Retamero und Cokely 2017), leichte Sprache (Maaß und Rink 2017), numerische Risikohinweise (Gigerenzer 2003) einfacher verständlich dargestellt werden. Dies gelingt insbesondere dann, wenn Materialien und Angebote partizipativ (d. h. unter Einbeziehung der Betroffenen) im Rahmen einer formativen Evaluation entwickelt werden (Pelikan 2017). Zudem sollten sie in unterschiedlichen Kommunikationskanälen zur Verfügung stehen, um alle Bevölkerungsgruppen zugänglich zu sein (Abschn. 4.4).

Als weitere Möglichkeit struktureller Veränderungen dient auch die Förderung der *Kommunikationskompetenz von Leistungserbringern* (Hölling 2017). Für professionelle Gesundheitsexperten bedeutet Kommunikationskompetenz, dass sie Informationen entsprechend der Bedürfnisse und Bewältigungsstrategien des Gesprächspartners (Patient oder Angehörige) verständlich, transparent und in der angemessenen Menge vermitteln können. Insbesondere aufgrund der natürlichen Wissensasymmetrie zwischen Arzt und Patient sowie Angehörigen ist es notwendig den Kommunikationsstil (z. B. durch Vermeidung oder Erklärung von Fachbegriffen oder Verwenden von Beispielen) an das Niveau medizinischer Laien anzupassen (Gallois und Giles 2015). Dafür ist es notwendig zunächst herauszufinden, in welchem Umfang die Patienten und Angehörigen informiert werden möchten und welche Informationen sie benötigen.

Dies stellt gerade in *Mehrpersonengesprächen* eine besondere Herausforderung für den Arzt, das Pflegepersonal oder den Berater dar, da sie gleichzeitig mehrere Gesprächspartner haben, auf deren Bedürfnisse, Emotionen und Verstehensprozesse sie achten müssen und mit denen sie eine Beziehung aufbauen müssen (Kiessling 2014). Ihre Kommunikationskompetenz ist daher fortlaufend und auf mehreren Ebenen erforderlich. Sie müssen bspw. für die Entscheidungsfindungen zunächst abwägen, welche Entscheidungsoptionen es gibt und wie diese verständlich darzulegen sind. Außerdem müssen sie die unterschiedlichen Präferenzen der Entscheidungsfindung ermitteln (inwieweit soll bzw. möchte der Angehörige involviert sein) und schließlich eine gemeinsame Entscheidungsfindung ermöglichen und ggf. bei Konflikten vermitteln (Curtis und White 2008).

Insbesondere in Gesprächen mit sehr unterschiedlichen Bedürfnissen oder kognitiver Leistungsfähigkeiten, wie bei Gesprächen mit minderjährigen oder dementen Patienten erhöht sich die Herausforderung weiter. Denn diese Patienten wollen häufig trotz ihres rechtlichen Status auch aktiv involviert werden (Karnieli-Miller et al. 2012). Auch wenn bisher nur wenige Studien die Folgen der Arzt-Angehörigen-Kommunikation untersuchen, so kommen diese doch zum dem Schluss, dass die bessere Kommunikationskompetenz der Mediziner zu weniger Stress, Depressionen und Ängstlichkeit bei den Beteiligten führt (Curtis und White 2008). Bislang bereitet die generelle Ausbildung von medizinischen Experten diese nur bedingt auf komplexe Gesprächssituationen vor. Einzelne Programme aus den Pflegewissenschaften, wie Partners in Caregiving (Robison et al. 2007), COMFORT (Wittenberg-Lyles et al. 2010) oder MultiTANDEMplus (Meyer-Kühling et al. 2015) zeigen aber Möglichkeiten auf, wie die Kommunikationskompetenz der professionellen Gesundheitsexperten verbessert werden kann.

Zur Förderung der Gesundheitskompetenz der *Patienten* finden sich zahlreiche Beratungs-, Schulungs- und Informationsangeboten, wie Patientenschulungen, Gesundheitsberatungen, Gesundheitsbildungen, Psycho-Edukation oder Beratungsdienste. Die verschiedenen Angebote zur Patientenedukation unterscheiden sich vor allem darin, welche Kompetenzen sie fördern wollen, wie individualisiert bzw. strukturiert sie vorgehen und welche Vermittlungswege sie dafür nutzen.

Inhaltlich wird Patientenedukation zu ganz unterschiedlichen Themen angeboten. So decken die Angebote nicht nur krankheitsbezogene Fragen (zu den unterschiedlichsten Krankheiten) zum Umgang mit Krankheitssymptomen, zu deren Diagnostik, Überwachung (z. B. Blutzuckermonitoring), Therapie (z. B. Medikamenteneinnahme oder Pflegeanleitungen) oder Bewältigung, sondern auch allgemeinere Aspekte wie Ernährung, Bewegung, Informationen über Versorgungsstrukturen, (sozial)rechtliche Modalitäten des Gesundheitssystems oder der Qualität zu Versorgungseinrichtungen ab (Ewers und Schaeffer 2012). In Schulungen werden zudem auch Fertigkeiten für das Selbstmanagement der Krankheit, Motivationsstrategien zur Lebensstiländerung, Methoden der Stressbewältigung und soziale Kompetenzen trainiert (Faller und Meng 2017). So werden bspw. auch die Kommunikation mit medizinischen Fachkräften im Gesundheitssystem und der kritische Umgang mit Informationen, Rechten und Strukturen des Gesundheitssystems trainiert (Seidel 2017). Unter Psychoedukation werden systematische Interventionen zu psychischen Erkrankungen zusammengefasst, um Patienten (und ihre Angehörigen) über das Krankheitsbild, die

Therapie zu informieren und den selbstverantwortlichen Umgang mit der Krankheit zu fördern (Bäuml und Pitschel-Walz 2011).

Da sich die Edukationsangebote sowohl an akut oder chronisch Erkrankte als auch Gesunde richten, können sie Informationen zur Prävention, zur Behandlung, wie auch zum Selbstmanagement beinhalten. So versuchen bspw. Angebote an Settings, wie Arbeitsplatz, Kindergärten etc. gesundheitsförderliche Einstellungen und Verhaltensmuster der allgemeinen Bevölkerung zu fördern bzw. gesundheitsschädliche abzubauen (Hörmann 2002; Hurrelmann und Richter 2013). Patientenschulungen sind hingegen typische *strukturierte Interventionen* meist in Form eines Gruppenprogramms bzw. Kurses mit mehreren Terminen für chronisch Erkrankte. Bei einer akuten Erkrankung genügt häufig auch die einmalige Anleitung einer bestimmen Medikations- oder Pflegehandlung in Form einer Mikroschulung. Eine *Beratung* ist meist auch einmalig, geht aber viel spezifischer auf die individuellen Fragen und Erwartungen des Ratsuchenden ein und berücksichtigt dabei seine persönlichen Ressourcen und Bewältigungsstrategien stärker (Schaeffer und Dewe 2012). Edukationen werden meist von medizinisch geschultem Personal durchgeführt, können aber auch durch erfahrene Erkrankte in Form einer Peer-Edukation erfolgen (Seidel 2017), insbesondere dann, wenn es stärker um Fragen der Lebensbewältigung als um medizinische Aspekte geht. Darüber hinaus finden sich auch Angebote im Rahmen der Erwachsenenbildung von Volkshochschulen, Familienbildungsstätten, kirchlichen und gewerkschaftlichen Bildungswerken und zunehmend auch anderen öffentlichen oder privat getragenen Organisationen. Außerdem bieten Kliniken Wissensvorträge zu ausgewählten Krankheitsbildern als Veranstaltungen oder vertiefende Weiterbildungsangebote (z. B. in Form einer Patientenakademie) für die allgemeine Öffentlichkeit und Angebote der Patientenberatung und Gesundheitsbildung in einem Patienten-Information-Zentrum an (Ose et al. 2012).

Zur Vermittlung der Kompetenzen greifen die verschiedenen Interventionsansätze auf unterschiedliche Kommunikationskanäle zurück. Die klassische Form ist die persönliche Kommunikation von Angesicht zu Angesicht *(Face-to-Face-Beratung),* welche allerdings die gleichzeitige Anwesenheit der Teilnehmenden voraussetzt. Im Unterschied zu medienvermittelten Angeboten werden hierbei keine Anforderungen an die Medienkompetenz der interagierenden Personen gestellt. Durch die zeitlichen und räumlichen Beschränkungen (z. B. nur bestimmte Öffnungszeiten) sowie die fehlende Anonymität (Schmidt-Kaehler und Knatz 2012) können allerdings dennoch *Zugangsbarrieren* entstehen. Im Gegensatz zur Face-to-Face-Beratung sind medienvermittelte Angebote, wie die schriftliche Beratung, Telefon oder Internet durch räumliche Distanz gekennzeichnet, was möglicherweise die Interaktion und die Feedbackmöglichkeiten einschränkt

(z. B. aufgrund der zeitlichen Verzögerungen bei schriftlichen Angeboten), aber auch Anonymität und eine Erreichbarkeit ohne räumliche und zeitliche Einschränkungen sicherstellen kann (z. B. in Onlineforen oder am Telefon). Der Zugang zu Informationen und Beratung ist daher insgesamt niedrigschwelliger, wodurch insbesondere schwer erreichbare Zielgruppen besser erreichbar sind (Reifegerste 2014). Die Inhalte im Internet oder in Printunterlagen können visualisiert und vom Leser nachgelesen oder bearbeitet werden (Schmidt-Kaehler und Knatz 2012). Zunehmend kommen daher auch digitale Anwendungen zum Einsatz, die interaktiv Wissen vermitteln können. Letztlich bieten auch Selbsthilfegruppen und Onlineforen durch den Austausch mit anderen Betroffenen Möglichkeiten der Kompetenzförderung, auch wenn die vermittelnden Informationen zum Teil aus medizinischer Sicht und unter dem Anspruch evidenzbasierter Informationen kritisch eingeschätzt werden (Link 2017).

Literatur

Abel, T., & Sommerhalder, K. (2015). Health literacy: An introduction to the concept and its measurement. *Bundesgesundheitsblatt, Gesundheitsforschung, Gesundheitsschutz, 58*(9), 923–929. https://doi.org/10.1007/s00103-015-2198-2.

Adelman, R. D., Tmanova, L. L., Delgado, D., Dion, S., & Lachs, M. S. (2014). Caregiver burden: A clinical review. *The Journal of the American Medical Association, 311*(10), 1052–1060. https://doi.org/10.1001/jama.2014.304.

Bandura, A. (1997). *Self-efficacy. The exercise of control.* New York: Freeman.

Baumann, E., & Czerwinski, F. (2015). Erst mal Doktor Google fragen? Nutzung Neuer Medien zur Information und zum Austausch über Gesundheitsthemen. In J. Böcken, B. Braun, & R. Meierjürgen (Hrsg.), *Gesundheitsmonitor 2015. Bürgerorientierung im Gesundheitswesen* (S. 57–79). Gütersloh: Bertelsmann Stiftung.

Bäuml, J., & Pitschel-Walz, G. (2011). Psychoedukation. *Psychiatrie und Psychotherapie up2date, 5*(3), 161–176. https://doi.org/10.1055/s-0030-1266112.

Becker, D. U. (2014). Kompetenzen, Haltung und Rolle der Palliativpflege in der spezialisierten ambulanten Palliativversorgung – Haben die „Hände "alles im Griff? *Palliativmedizin, 15*(3), PA38. https://doi.org/10.1055/s-0034-1374263.

Becker-Mrotzek, M., & Brünner, G. (2004). Der Erwerb kommunikativer Fähigkeiten: Kategorien und systematischer Überblick. In M. Becker-Mrotzek & G. Brünner (Hrsg.), *Analyse und Vermittlung von Gesprächskompetenz* (S. 29–46). Frankfurt a. M.: Peter Lang.

Berkman, N. D., Sheridan, S. L., Donahue, K. E., Halpern, D. J., & Crotty, K. (2011). Low health literacy and health outcomes. An updated systematic review. *Annals of Internal Medicine, 155*(2), 97–107. https://doi.org/10.7326/0003-4819-155-2-201107190-00005.

Bevan, J. L., & Pecchioni, L. L. (2008). Understanding the impact of family caregiver cancer literacy on patient health outcomes. *Patient Education and Counseling, 71*(3), 356–364. https://doi.org/10.1016/j.pec.2008.02.022.

Bierhoff, H. W. (2010). *Psychologie prosozialen Verhaltens. Warum wir anderen helfen.* Stuttgart: Kohlhammer.

Bodenmann, G. (2000). *Stress und Coping bei Paaren*. Göttingen: Hogrefe.

Bodenmann, G. (2008). Dyadic coping and the significance of this concept for prevention and therapy. *Zeitschrift für Gesundheitspsychologie, 16*(3), 108–111. https://doi.org/10.1026/0943-8149.16.3.108.

Bodenmann, G. (2002). Krankheitsbewältigung: Dyadisches Coping. In R. Schwarzer, M. Jerusalem, & H. Weber (Hrsg.), *Gesundheitspsychologie von A bis Z. Ein Handwörterbuch* (S. 314–317). Göttingen: Hogrefe.

Bonfadelli, H., Pauly, A., Lang, P., Pott, E., Heberlein, A., Hillemacher, T., et al. (2011). Suchtmittelkonsum. In Kaufmännische Krankenkasse (Hrsg.), *Gesund jung?! Herausforderung für die Prävention und Gesundheitsförderung bei Jugendlichen und jungen Erwachsenen* (2010/2011, S. 125–151). Berlin: Springer.

Borgetto, B. (2016). Soziologie des kranken Menschen. Krankenrollen und Krankenkarrieren. In M. Richter & K. Hurrelmann (Hrsg.), *Soziologie von Gesundheit und Krankheit* (Lehrbuch, 1. Aufl., S. 369–381). Wiesbaden: Springer. https://doi.org/10.1007/978-3-658-11010-9_25.

Braun, B. & Marstedt, G. (2014). Partizipative Entscheidungsfindung beim Arzt: Anspruch und Wirklichkeit. *Gesundheitsmonitor, 2,* 107–131.

Bray, S. R., & Brawley, L. R. (2016). Role efficacy, role clarity, and role performance effectiveness. *Small Group Research, 33*(2), 233–253. https://doi.org/10.1177/104649640203300204.

Bundeszentrale für gesundheitliche Aufklärung (Hrsg.). (2011). *Kriterien guter Praxis in der Gesundheitsförderung bei sozial Benachteiligten.* Köln: BZgA.

Burt, R. S. (1999). The social capital of opinion leaders. *The Annals of the American Academy of Political and Social Science, 566*(1), 37–54. https://doi.org/10.1177/0002716299566001004.

Cavallo, D. N., Brown, J. D., Tate, D. F., DeVellis, R. F., Zimmer, C., & Ammerman, A. S. (2014). The role of companionship, esteem, and informational support in explaining physical activity among young women in an online social network intervention. *Journal of Behavioral Medicine, 37*(5), 955–966. https://doi.org/10.1007/s10865-013-9534-5.

Charles, C., Gafni, A., & Whelan, T. (1997). Shared decision-making in the medical encounter: What does it mean? (or it takes at least two to tango). *Social Science and Medicine, 44,* 681–692. https://doi.org/10.1016/S0277-9536(96)00221-3.

Charles, C., Whelan, T., & Gafni, A. (1999). What do we mean by partnership in making decisions about treatment? *British Medical Journal, 319*(7212), 780. https://doi.org/10.1136/bmj.319.7212.780.

Chewning, B., Bylund, C. L., Shah, B., Arora, N. K., Gueguen, J. A., & Makoul, G. (2012). Patient preferences for shared decisions: A systematic review. *Patient Education and Counseling, 86*(1), 9–18. https://doi.org/10.1016/j.pec.2011.02.004.

Chies, S. (Hrsg.). (2016). *Change Management bei der Einführung neuer IT-Technologien: Mitarbeiter ins Boot holen – mit angewandter Psychologie*. Wiesbaden: Springer.

Chiu, T. M. L., & Eysenbach, G. (2011). Theorizing the health service usage behavior of family caregivers: A qualitative study of an internet-based intervention. *International Journal of Medical Informatics, 80*(11), 754–764. https://doi.org/10.1016/j.ijmedinf.2011.08.010.

Clayman, M. L., & Morris, M. A. (2013). Patients in context: Recognizing the companion as part of a patient-centered team. *Patient Education and Counseling, 91*(1), 1–2. https://doi.org/10.1016/j.pec.2013.02.004.

Corbin, J. M., & Strauss, A. L. (2010). *Weiterleben lernen: Verlauf und Bewältigung chronischer Krankheit*. Bern: Huber.

Coulter, A. (1999). Paternalism or partnership?: Patients have grown up–and there's no going back. *British Medical Journal (BMJ), 319,* 719–720.

Coyne, I. (2015). Families and health-care professionals' perspectives and expectations of family-centred care: Hidden expectations and unclear roles. *Health Expectations, 18*(5), 796–808. https://doi.org/10.1111/hex.12104.

Curtis, J. R., & White, D. B. (2008). Practical guidance for evidence-based ICU family conferences. *Chest, 134*(4), 835–843. https://doi.org/10.1378/chest.08-0235.

Cutrona, C. E., & Russell, D. W. (1987). The provisions of social relationships and adaptation to stress. *Advances in Personal Relationships, 1*(1), 37–67.

Cutrona, C. E., & Russell, D. W. (1990). Type of social support and specific stress: Toward a theory of optimal matching. In B. R. Sarason, I. G. Sarason, & G. R. Pierce (Hrsg.), *Social support: An interactional view* (S. 319–366). Oxford: Wiley.

Cutrona, S. L., Mazor, K. M., Vieux, S. N., Luger, T. M., Volkman, J. E., & Finney Rutten, L. J. (2015). Health information-seeking on behalf of others: Characteristics of "surrogate seekers". *Journal of Cancer Education, 30*(1), 12–19. https://doi.org/10.1007/s13187-014-0701-3.

Cutrona, S. L., Mazor, K. M., Agunwamba, A. A., Valluri, S., Wilson, P. M., Sadasivam, R. S., et al. (2016). Health information brokers in the general population: An analysis of the health information national trends survey 2013–2014. *Journal of Medical Internet Research, 18*(6), e123. https://doi.org/10.2196/jmir.5447.

Davis, D. K. (2009). Two-step and multi-step flow. In S. W. Littlejohn & K. A. Foss (Hrsg.), *Encyclopedia of communication theory*. Los Angeles: Sage. https://doi.org/10.4135/9781412959384.n384.

Davison, B. J., Gleave, M. E., Goldenberg, S. L., Degner, L. F., Hoffart, D., & Berkowitz, J. (2002). Assessing information and decision preferences of men with prostate cancer and their partners. *Cancer Nursing, 25*(1), 42–49. https://www.ncbi.nlm.nih.gov/pubmed/11838719.

Devitt, B., Philip, J., McLachlan, S.-A., & Devitt, B. (2010). Team dynamics, decision making, and attitudes toward multidisciplinary cancer meetings: Health professionals' perspectives. *Journal of Oncology Practice, 6*(6), e17–e20. https://doi.org/10.1200/JOP.2010.000023.

DeWalt, D. A., & Hink, A. (2009). Health literacy and child health outcomes. A systematic review of the literature. *Pediatrics, 124*(3), 265–274. https://doi.org/10.1542/peds.2009-1162B.

Dierks, M.-L., & Schwartz, F. W. (2001). Rollenveränderungen durch New Public Health. *Bundesgesundheitsblatt – Gesundheitsforschung – Gesundheitsschutz, 44*(8), 796–803. https://doi.org/10.1007/s001030100230.

Dierks, M.-L. (2017). Gesundheitskompetenz – Was ist das? *Public Health Forum, 25*(1), 101. https://doi.org/10.1515/pubhef-2016-2111.

Dieterich, A. (2006). Eigenverantwortlich, informiert und anspruchsvoll … Der Diskurs um den mündigen Patienten aus ärztlicher Sicht (WZB Discussion Paper No. SP I 2006-310). http://hdl.handle.net/10419/47375.

Dirmaier, J., & Härter, M. (2012). *Partizipative Entscheidungsfindung in der medizinischen Versorgung. Partizipation und Gesundheit.* Bern: Huber.

Dunkel-Schetter, C., Blasband, D. E., Feinstein, L. G., & Herbert, T. B. (1992). Elements of supportive interactions. When are attempts to help effective? In S. Spacapan & S. Oskamp (Hrsg.), *Helping and being helped. Naturalistic studies* (1. Aufl., S. 83–114). Newbury Park: Sage.

Edwards, H., & Chapman, H. (2004a). Caregiver – carereceiver communication part 2. Overcoming the influence of stereotypical role expectations. *Quality in Ageing and Older Adults, 5*(3), 3–12. https://doi.org/10.1108/14717794200400014.

Edwards, H., & Chapman, H. (2004b). Communicating in family aged care dyads part 1. The influence of stereotypical role expectations. *Quality in Ageing and Older Adults, 5*(2), 3–11. https://doi.org/10.1108/14717794200400008.

Eichhorn, K. C. (2008). Soliciting and providing social support over the Internet: An investigation of online eating disorder support groups. *Journal of Computer-Mediated Communication, 14*(1), 67–78. https://doi.org/10.1111/j.1083-6101.2008.01431.x.

Elbe, M. (2016). *Sozialpsychologie der Organisation. Verhalten und Intervention in sozialen Systemen*. Berlin: Gabler.

Elwyn, G., Lloyd, A., May, C., van der Weijden, T., Stiggelbout, A., Edwards, A., et al. (2014). Collaborative deliberation. A model for patient care. *Injury and Domestic Violence Prevention, 97*(2), 158–164. https://doi.org/10.1016/j.pec.2014.07.027.

Emanuel, E. J., & Emanuel, L. L. (1992). Four models of the physician-patient relationship. *The Journal of the American Medical Association, 267*(16), 2221–2226. https://doi.org/10.1001/jama.1992.03480160079038.

Entwistle, V. A., Carter, S. M., Cribb, A., McCaffery, K., Entwistle, V. A., Carter, S. M., et al. (2010). Supporting patient autonomy: the importance of clinician-patient relationships. *Journal of General Internal Medicine, 25*(7), 741–745. https://doi.org/10.1007/s11606-010-1292-2.

Epstein, R. M. (2013). Whole mind and shared mind in clinical decision-making. *Patient Education and Counseling, 90*(2), 200–206. https://doi.org/10.1016/j.pec.2012.06.035.

Ernst, J., & Weißflog, G. (2013). Gemeinsam stark – Angehörige als Unterstützung. *Heilberufe, 65*(7–8), 56–59. https://doi.org/10.1007/s00058-013-0761-5.

Etzrodt, C. (2003). *Sozialwissenschaftliche Handlungstheorien. Eine Einführung*. Stuttgart: UTB.

Ewers, M., & Schaeffer, D. (2012). Aufgaben der Patientenberatung. In D. Schaeffer & S. Schmidt-Kaehler (Hrsg.), Lehrbuch Patientenberatung (S. 87–107). Bern: Verlag Hans Huber.

Eysenbach, G., Powell, J., Englesakis, M., Rizo, C., & Stern, A. (2004). Health related virtual communities and electronic support groups: Systematic review of the effects of online peer to peer interactions. *British Medical Journal, 328*(7449), 1166. https://doi.org/10.1136/bmj.328.7449.1166.

Faller, H., & Meng, K. (2017). Gesundheitskompetenz durch Patientenschulungen – ein Überblick. *Public Health Forum, 25*(1), 34. https://doi.org/10.1515/pubhef-2016-2142.

Feng, B., & Magen, E. (2016). Relationship closeness predicts unsolicited advice giving in supportive interactions. *Journal of Social and Personal Relationships, 33*(6), 751–767. https://doi.org/10.1177/0265407515592262.

Freeman, B., & Chapman, S. (2008). Gone viral? Heard the buzz? A guide for public health practitioners and researchers on how Web 2.0 can subvert advertising restrictions and spread health information. *Journal of Epidemiology and Community Health, 62*(9), 778–782. https://doi.org/10.1136/jech.2008.073759.

Friemel, T. N. (2008). Anatomie von Kommunikationsrollen. *KZfSS Kölner Zeitschrift für Soziologie und Sozialpsychologie, 60*(3), 473–499. https://doi.org/10.1007/s11577-008-0024-7.

Fritzsche, K., & Campagnolo, I. (2018). Der unheilbare und sterbende Patient und seine Angehörigen. In W. Söllner (Hrsg.), *Kranker Körper – kranke Seele. Psychotherapie mit körperlich Kranken* (S. 115–127). Berlin: Springer.

Gallois, C., & Giles, H. (2015). Communication accommodation theory. In K. Tracy, C. Ilie, & T. Sandel (Hrsg.), *The international encyclopedia of language and social interaction*. https://doi.org/10.1002/9781118611463.wbielsi066.

Garcia, C. H., Espinoza, S. E., Lichtenstein, M., & Hazuda, H. P. (2013). Health literacy associations between Hispanic elderly patients and their caregivers. *Journal of Health Communication, 18*(1), 256–272. https://doi.org/10.1080/10810730.2013.829135.

Garcia-Retamero, R., & Cokely, E. T. (2017). Designing visual aids that promote risk literacy. A systematic review of health research and evidence-based design heuristics. *Human Factors, 59*(4), 582–627. https://doi.org/10.1177/0018720817690634.

Geise, S. (2017). *Meinungsführer und der „Flow of Communication" (Konzepte. Ansätze der Medien- und Kommunikationswissenschaft*. Baden-Baden: Nomos.

George, W., & George, U. (Hrsg.). (2003). *Angehörigenintegration in der Pflege*. München: Ernst Reinhardt.

Gerhardt, U. (1976). Krankenkarriere und Existenzbelastung. *Zeitschrift für Soziologie, 5*(3), 215–236. https://doi.org/10.1515/zfsoz-1976-0302.

Gerwin, B., & Lorenz-Krause, R. (2005). *Pflege-und Krankheitsverläufe aktiv steuern und bewältigen: Unter Berücksichtigung des Corbin-Strauss-Pflegemodells*. Münster: LIT.

Gierl, H. (2007). Prominente als Modelle in der Werbung. *transfer – Werbeforschung & Praxis, 52*(2), 6–23. http://www.transfer-zeitschrift.net/cms/upload/PDFs_Artikel/2007/02_2007/transfer_02-2007RZ_Gierl.pdf.

Gigerenzer, G. (2003). Wie kommuniziert man Risiken. *Gen-ethischer Informationsdienst (GID), 161,* 6–8. http://library.mpib-berlin.mpg.de/ft/gg/gg_wie_2003.pdf.

Gilbar, R., & Gilbar, O. (2009). The medical decision-making process and the family. The case of breast cancer patients and their husbands. *Bioethics, 23*(3), 183–192. https://doi.org/10.1111/j.1467-8519.2008.00650.x.

Goffman, E. (1959). *The presentation of self in everyday life*. Garden City: Double Day.

Gould, R. V., & Fernandez, R. M. (1989). Structures of mediation. A formal approach to brokerage in transaction networks. *Sociological Methodology, 19,* 89. https://doi.org/10.2307/270949.

Griffin, J. M., Meis, L. A., MacDonald, R., Greer, N., Jensen, A., Rutks, I., et al. (2014). Effectiveness of family and caregiver interventions on patient outcomes in adults with cancer: A systematic review. *Journal of General Internal Medicine, 29*(9), 1274–1282. https://doi.org/10.1007/s11606-014-2873-2.

Halla-Heißen, I., & Saremba, S. (Hrsg.). (2017). *Sozialwissenschaftliche Grundlagen des beruflichen Handelns. Handeln in Organisationen und öffentlichen Verwaltungen*. Wiesbaden: Springer. https://doi.org/10.1007/978-3-658-13629-1.

Hauke, D., Reiter-Theil, S., Hoster, E., Hiddemann, W., & Winkler, E. C. (2011). The role of relatives in decisions concerning life-prolonging treatment in patients with end-stage malignant disorders. Informants, advocates or surrogate decision-makers? *Annals of Oncology, 22*(12), 2667–2674. https://doi.org/10.1093/annonc/mdr019.

Heaney, C. A., & Israel, B. A. (2008). Social networks and social support. In K. Glanz, B. K. Rimer, & K. Viswanath (Hrsg.), *Health behavior and health education. Theory, research, and practice* (4. Aufl., S. 189–210). San Francisco: Jossey-Bass.

Heinrichs, N., Bodenmann, G., & Hahlweg, K. (2008). *Prävention bei Paaren und Familien.* Göttingen: Hogrefe.

Hickman, R. L., Daly, B. J., & Lee, E. (2012). Decisional conflict and regret: Consequences of surrogate decision making for the chronically critically ill. *Applied Nursing Research, 25*(4), 271–275. https://doi.org/10.1016/j.apnr.2011.03.003.

Hielscher, V., Kirchen-Peters, S., & Nock, L. (2017). *Pflege in den eigenen vier Wänden: Zeitaufwand und Kosten. Pflegebedürftige und ihre Angehörigen geben Auskunft.* Düsseldorf: Hans-Böckler-Stifung.

Ho, A. (2008). Relational autonomy or undue pressure? Family's role in medical decision-making. *Scandinavian Journal of Caring Sciences, 22*(1), 128–135. https://doi.org/10.1111/j.1471-6712.2007.00561.x.

Hölling, G. (2017). Gesundheitliche Kompetenz erhöhen, Patientensouveränität stärken. *Public Health Forum, 25*(1), 22–24. https://doi.org/10.1515/pubhef-2016-2123.

Hörmann, G. (2002). Gesundheitserziehung. In H. G. Homfeldt, U. Laaser, U. Prümel-Philippsen, & B. Robertz-Grossmann (Hrsg.), *Studienbuch Gesundheit* (S. 87–106). Neuwied: Luchterhand.

Holt-Lunstead, J., & Uchino, B. N. (2015). Social support and health. In K. Glanz, B. K. Rimer, & K. Viswanath (Hrsg.), *Health behavior and health education. Theory, research, and practice* (5. Aufl., S. 183–204). San Francisco: Jossey-Bass.

Homish, G. G., & Leonard, K. E. (2008). Spousal influence on general health behaviors in a community sample. *American Journal of Health Behavior, 32*(6), 754–763. https://doi.org/10.5555/ajhb.2008.32.6.754.

Jensen, K. B. (2016). Two-step and multistep flows of communication. In K. B. Jensen, R. T. Craig, J. Pooley, & E. W. Rothenbuhler (Hrsg.), *The international encyclopedia of communication theory and philosophy* (S. 1–11). Chichester: Wiley.

Jung, J.-Y., & Kim, Y.-C. (2016). Are you an opinion giver, seeker, or both? Re-examining political opinion leadership in the new communication environment. *International Journal of Communication, 10,* 4439–4459. http://ijoc.org/index.php/ijoc/article/view/5303.

Kahana, E., & Kahana, B. (2007). Health care partnership model of doctor-patient communication in cancer prevention and care among the aged. In H. D. O'Hair, G. L. Kreps, & L. D. Sparks (Hrsg.), *Handbook of communication and cancer care* (S. 37–54). New York: Hampton Press.

Karnieli-Miller, O., Werner, P., Neufeld-Kroszynski, G., & Eidelman, S. (2012). Are you talking to me?! An exploration of the triadic physician-patient-companion communication within memory clinics encounters. *Patient Education and Counseling, 88*(3), 381–390. https://doi.org/10.1016/j.pec.2012.06.014.

Kickbusch, I. S. (2001). Health literacy. Addressing the health and education divide. *Health promotion international, 16*(3), 289–297. https://doi.org/10.1093/heapro/16.3.289.

Kienle, R., Knoll, N., & Renneberg, B. (2006). Soziale Ressourcen und Gesundheit: soziale Unterstützung und dyadisches Bewältigen. In B. Renneberg & P. Hammelstein (Hrsg.), *Gesundheitspsychologie* (Springer-Lehrbuch, S. 107–122). Berlin: Springer.

Kiessling, C. (2014). Das Verhältnis von Medizin und Gesundheitskommunikation. In K. Hurrelmann & E. Baumann (Hrsg.), *Handbuch Gesundheitskommunikation* (S. 95–108). Bern: Huber.

Kim, E., Scheufele, D. A., Han, J. Y., & Shah, D. (2017). Opinion leaders in online cancer support groups: An investigation of their antecedents and consequences. *Health Communication, 32*(2), 142–151. https://doi.org/10.1080/10410236.2015.1110005.

Klauer, T. (2002). Soziale Unterstützung. In R. Schwarzer, M. Jerusalem, & H. Weber (Hrsg.), *Gesundheitspsychologie von A bis Z. Ein Handwörterbuch* (S. 543–546). Göttingen: Hogrefe.

Knoll, N., Burkert, S., & Schwarzer, R. (2006). Reciprocal support provision: Personality as a moderator? *European Journal of Personality, 20*(3), 217–236. https://doi.org/10.1002/per.581.

Knoll, N., Scholz, U., & Rieckmann, N. (2017). *Einführung Gesundheitspsychologie*. Stuttgart: UTB.

König, O., & Schattenhofer, K. (2015). *Einführung in die Gruppendynamik*. Heidelberg: Carl-Auer.

Krieger, J. L. (2014). Family communication about cancer treatment decision making. A description of the DECIDE typology. *Annals of the International Communication Association, 38*(1), 279–305. https://doi.org/10.1080/23808985.2014.11679165.

Krieger, J. L., Krok-Schoen, J. L., Dailey, P. M., Palmer-Wackerly, A. L., Schoenberg, N., Paskett, E. D., et al. (2017). Distributed cognition in cancer treatment decision making: An application of the DECIDE decision-making styles typology. *Qualitative Health Research, 27*(8), 1146–1159. https://doi.org/10.1177/1049732316645321.

Laidsaar-Powell, R., Butow, P., Bu, S., Charles, C., Gafni, A., Fisher, A., et al. (2016). Family involvement in cancer treatment decision-making. A qualitative study of patient, family, and clinician attitudes and experiences. *Patient Education and Counseling, 99*(7), 1146–1155. https://doi.org/10.1016/j.pec.2016.01.014.

Laidsaar-Powell, R., Butow, P., Bu, S., Fisher, A., & Juraskova, I. (2017a). Oncologists' and oncology nurses' attitudes and practices towards family involvement in cancer consultations. *European Journal of Cancer, 26*(1), e12470. https://doi.org/10.1111/ecc.12470.

Laidsaar-Powell, R., Butow, P., Charles, C., Gafni, A., Entwistle, V., Epstein, R., et al. (2017b). The TRIO Framework. Conceptual insights into family caregiver involvement and influence throughout cancer treatment decision-making. *Patient Education and Counseling, 100*(11), 2035–2046. https://doi.org/10.1016/j.pec.2017.05.014.

Laidsaar-Powell, R. C., Butow, P. N., Bu, S., Charles, C., Gafni, A., Lam, W. W. T., et al. (2013). Physician-patient-companion communication and decision-making: A systematic review of triadic medical consultations. *Patient Education and Counseling, 91*(1), 3–13. https://doi.org/10.1016/j.pec.2012.11.007.

Laireiter, A.-R. (2002). Soziales Netzwerk. In R. Schwarzer, M. Jerusalem, & H. Weber (Hrsg.), *Gesundheitspsychologie von A bis Z. Ein Handwörterbuch* (S. 546–550). Göttingen: Hogrefe.

Lakey, B., & Cohen, S. (2000). Social support theory and measurement. In S. Cohen, L. G. Underwood & B. H. Gottlieb (Hrsg.), *Social support measurement and intervention. A guide for health and social scientists* (S. 29–52). Oxford: Oxford University Press.

Lazarsfeld, P. F., Berelson, B., & Gaudet, H. (1944). *The people's choice: How the voter makes up his mind in a presidential campaign.* New York: Duell, Sloan and Pearce.

Lazarus, R. S., & Folkman, S. (1984). *Stress, appraisal and coping.* New York: Springer.

Le Poire, B. A. (2006). *Family communication. Nurturing and control in a changing world.* Thousand Oaks: Sage.

Lederle, M., Weltzien, D., & Bitzer, E. M. (2017). Führt die Steigerung von Gesundheitskompetenz und Selbstmanagement zu einer angemesseneren Inanspruchnahme gesundheitlicher Leistungen? *Das Gesundheitswesen, 79*(08/09), V-168. https://doi.org/10.1055/s-0037-1605758.

Levin, J. B., Peterson, P. N., Dolansky, M. A., & Boxer, R. S. (2014). Health literacy and heart failure management in patient-caregiver dyads. *Journal of Cardiac Failure, 20*(10), 755–761. https://doi.org/10.1016/j.cardfail.2014.07.009.

Levine, M., & Manning, R. (2014). Prosoziales Verhalten. In K. Jonas, W. Stroebe, M. Hewstone, & M. Reiss (Hrsg.), *Sozialpsychologie.* (6., vollst. überarb. Aufl., S. 357–400). Berlin: Springer.

Levine, C., & Zuckerman, C. (2000). Hands on/hands off. Why health care professionals depend on families but keep them at arm's length. *The Journal of Law, Medicine & Ethics, 28*(1), 5–18. https://doi.org/10.1111/j.1748-720X.2000.tb00311.x.

Lewin, K. (1947). Frontiers in group dynamics: Concept, method and reality in social science; social equilibria and social change. *Human Relations, 1*(1), 5–41. https://doi.org/10.1177/001872674700100103.

Li, Y., Wang, X., Lin, X., & Hajli, M. (2018). Seeking and sharing health information on social media. A net valence model and cross-cultural comparison. *Technological Forecasting and Social Change, 126,* 28–40. https://doi.org/10.1016/j.techfore.2016.07.021.

Lienemann, B. A., & Siegel, J. T. (2016). State psychological reactance to depression public service announcements among people with varying levels of depressive symptomatology. *Health Communication, 31*(1), 102–116. https://doi.org/10.1080/10410236.2014.940668.

Lin, T.-C., Hsu, J. S.-C., Cheng, H.-L., & Chiu, C.-M. (2015). Exploring the relationship between receiving and offering online social support: A dual social support model. *Information & Management, 52*(3), 371–383. https://doi.org/10.1016/j.im.2015.01.003.

Lindquist, L. A., Jain, N., Tam, K., Martin, G. J., & Baker, D. W. (2011). Inadequate health literacy among paid caregivers of seniors. *Journal of General Internal Medicine, 26*(5), 474–479. https://doi.org/10.1007/s11606-010-1596-2.

Link, E. (2017). Gesundheitskommunikation mittels Gesundheitsportalen und Online-Communitys. In C. Rossmann & M. R. Hastall (Hrsg.), *Handbuch Gesundheitskommunikation.* Wiesbaden: Springer. https://doi.org/10.1007/978-3-658-10948-6_13-1.

Link, E., & Reifegerste, D. (2016, November). *„Mit meiner Frau habe ich immer wieder gesprochen" Die Rolle der Angehörigen in medizinischen Entscheidungsprozessen.* 1. Jahrestagung der DGPuK Fachgruppe Gesundheitskommunikation, Hamburg.

Lipp, V., & Brauer, D. (2016). Autonomie und Familie in medizinischen Entscheidungssituationen. In H. Steinfath & C. Wiesemann (Hrsg.), *Autonomie und Vertrauen.*

Schlüsselbegriffe der modernen Medizin (1. Aufl., S. 201–237). Wiesbaden: Springer. https://doi.org/10.1007/978-3-658-11074-1_6.

Luce, C. B. (2017). *Reimagining healthcare. Through a gender lens*. Los Angeles: Rare Bird Books.

Maaß, C., & Rink, I. (2017). Leichte Sprache. *Verständlichkeit ermöglicht Gesundheitskompetenz. Public Health Forum, 25*(1), 50–53. https://doi.org/10.1515/pubhef-2016-2148.

Magsamen-Conrad, K., Checton, M. G., Venetis, M. K., & Greene, K. (2015). Communication efficacy and couples' cancer management. Applying a dyadic appraisal model. *Communications Monographs, 82*(2), 179–200.

Magsamen-Conrad, K., Dillon, J. M., Billotte Verhoff, C., & Faulkner, S. L. (2018). Online health-information seeking among older populations. Family influences and the role of the medical professional. *Health communication,* 1–13. https://doi.org/10.1080/10410236.2018.1439265.

Mayberry, L. S., Rothman, R. L., & Osborn, C. Y. (2014). Family members' obstructive behaviors appear to be more harmful among adults with type 2 diabetes and limited health literacy. *Journal of Health Communication, 19,* 132–143. https://doi.org/10.1080/10810730.2014.938840.

Mazzoni, D., & Cicognani, E. (2016). The Problematic Support Scale. A validation among patients with systemic lupus erythematosus. *Journal of Health Psychology, 21*(8), 1711–1717. https://doi.org/10.1177/1359105314564435.

Menke, M., Drakova, M., Wagner, A., & Kinnebrock, S. (2018). „Everybody should do it" How advance care planning is communicated among members of online communities. In *ICA Conference Proceedings, Prague*.

Meyer, P. C. (2000). *Rollenkonfigurationen, Rollenfunktionen und Gesundheit. Zusammenhänge zwischen sozialen Rollen, sozialem Stress, Unterstützung und Gesundheit*. Wiesbaden: Springer.

Meyer-Kühling, I., Wendelstein, B., Pantel, J., Specht-Leible, N., Zenthöfer, A. & Schröder, J. (2015). Kommunikationstraining MultiTANDEMplus - Ein Beitrag zur Verbesserung der Kommunikation zwischen Pflegenden und Ärzten. *Pflege, 28,* 277–285. https://doi.org/10.1024/1012-5302/a000447.

Mitnick, S., Leffler, C., & Hood, V. L. (2010). Family caregivers, patients and physicians. Ethical guidance to optimize relationships. *Journal of General Internal Medicine, 25*(3), 255–260. https://doi.org/10.1007/s11606-009-1206-3.

Morse, J. M., & Johnson, J. L. (1991). Toward a theory of illness: The illness-constellation model. In J. M. Morse & J. L. Johnson (Hrsg.), *The illness experience: Dimensions of suffering* (S. 315–342). London: Sage.

Nerdinger, F. W., Blickle, G., & Schaper, N. (2014). *Arbeits- und Organisationspsychologie. Mit 51 Tabellen* (Springer-Lehrbuch, 3., vollst. überarb. Aufl. 2014). Berlin: Springer.

Neuberger, O. (2002). *Führen und führen lassen. Ansätze, Ergebnisse und Kritik der Führungsforschung*. Stuttgart: UTB.

Nutbeam, D. (2000). Health literacy as a public health goal. A challenge for contemporary health education and communication strategies into the 21st century. *Health promotion international, 15,* 259–267. https://doi.org/10.1093/heapro/15.3.259.

Ose, D., Freund, T. & Ludt, S. (2012). Patienteninformation im Krankenhaus. Neue Anforderungen und alte Strukturen? *Prävention und Gesundheitsförderung, 7,* 95–99. https://doi.org/10.1007/s11553-012-0330-9.

Parker, R., & Ratzan, S. C. (2010). Health literacy: A second decade of distinction for Americans. *Journal of Health Communication, 15*(S2), 20–33. https://doi.org/10.1080/10810730.2010.501094.

Parsons, T. (1951). *The social system*. Glencoe: Free Press of Glencoe.

Pelikan, J. M. (2017). Gesundheitskompetente Krankenbehandlungseinrichtungen. *Public Health Forum, 25*(1), 80. https://doi.org/10.1515/pubhef-2016-2117.

Pulgarón, E. R., Sanders, L. M., Patiño-Fernandez, A. M., Wile, D., Sanchez, J., Rothman, R. L., et al. (2014). Glycemic control in young children with diabetes: The role of parental health literacy. *Patient Education and Counseling, 94*(1), 67–70. https://doi.org/10.1016/j.pec.2013.09.002.

Query, J. L., & Kreps, G. L. (2014). Ein Beziehungsmodell zur gesundheitsbezogenen Kommunikationskompetenz bei pflegenden Angehörigen. In A. Schorr (Hrsg.), *Gesundheitskommunikation. Psychologische und interdisziplinäre Perspektiven* (S. 265–287). Baden-Baden: Nomos.

Ranji, U., & Salganicoff, A. (2011). Women's health care chartbook: Key findings from the Kaiser Women's Health Survey (Kaiser Family Foundation, Hrsg.). https://www.kff.org/womens-health-policy/report/womens-health-care-chartbook-key-findings-from/.

Reifegerste, D. (2014). Gesundheitskommunikation für schwer erreichbare Zielgruppen. In K. Hurrelmann & E. Baumann (Hrsg.), *Handbuch Gesundheitskommunikation* (S. 170–181). Bern: Huber.

Reifegerste, D., & Hartleib, S. (2014). Health literacy of family and caregivers: Gesundheitskompetenz bei Angehörigen von Diabetes-Patienten über Hypoglykämien und adäquate Hilfemaßnahmen. In *Internationales Symposium: Health Literacy: Stärkung der Nutzerkompetenz und des Selbstmanagements bei chronischer Krankheit,* Bielefeld.

Reifegerste, D., & Hartleib, S. (2016). Hypoglycemia-related information seeking among informal caregivers of Type 2 diabetes patients: Implications for health education. *Journal of Clinical & Translational Endocrinology, 4,* 7–12. https://doi.org/10.1016/j.jcte.2016.02.001.

Reifegerste, D., & Oppat, B. (2010). „TigerKids – Kindergarten aktiv": Ein Settingprojekt der AOK PLUS in Kindertageseinrichtungen. In S. Hoffmann & S. Müller (Hrsg.), *Gesundheitsmarketing: Gesundheitspsychologie und Prävention* (S. 293–302). Göttingen: Huber.

Robison, J., Curry, L., Gruman, C., Porter, M., Henderson, C. R., Pillemer, K., et al. (2007). Partners in caregiving in a special care environment. Cooperative communication between staff and families on dementia units. *The Gerontologist, 47*(4), 504–515. https://doi.org/10.1093/geront/47.4.504.

Rosenberg, E., Seller, R., & Leanza, Y. (2008). Through interpreters' eyes: Comparing roles of professional and family interpreters. *Patient Education and Counseling, 70*(1), 87–93. https://doi.org/10.1016/j.pec.2007.09.015.

Rosland, A.-M., Piette, J. D., Choi, H., & Heisler, M. (2011). Family and friend participation in primary care visits of patients with diabetes or heart failure: Patient and physician determinants and experiences. *Medical Care, 49*(1), 37–45. https://doi.org/10.1097/MLR.0b013e3181f37d28.

Rosland, A.-M., Heisler, M., Janevic, M. R., Connell, C. M., Langa, K. M., Kerr, E. A., et al. (2013). Current and potential support for chronic disease management in the United States: The perspective of family and friends of chronically ill adults. *Families, Systems, & Health, 31*(2), 119–131. https://doi.org/10.1037/a0031535.

Rothenfluh, F., & Schulz, P. J. (2017). Arzt-Patient-Kommunikation. In C. Rossmann & M. R. Hastall (Hrsg.), *Handbuch Gesundheitskommunikation* (S. 1–12). Wiesbaden: Springer. https://doi.org/10.1007/978-3-658-10948-6_5-1.

Sahm, S., & Will, R. (2005). Angehörige als „natürliche" Stellvertreter. *Ethik in der Medizin, 17*(1), 7–20. https://doi.org/10.1007/s00481-004-0351-9.

Schaeffer, D., & Dewe, B. (2012). Zur Interventionslogik von Beratung in Differenz zu Information, Aufklärung und Beratung. In D. Schaeffer & S. Schmidt-Kaehler (Hrsg.), *Lehrbuch Patientenberatung* (S. 59–86). Bern: Verlag Hans Huber.

Schaeffer, D., & Haslbeck, J. (2016). Bewältigung chronischer Krankheit. In M. Richter & K. Hurrelmann (Hrsg.), *Soziologie von Gesundheit und Krankheit* (Lehrbuch, 1. Aufl., S. 243–256). Wiesbaden: Springer. https://doi.org/10.1007/978-3-658-11010-9_16.

Schaeffer, D., & Moers, M. (2008). Überlebensstrategien – ein Phasenmodell zum Charakter des Bewältigungshandelns chronisch Erkrankter. *Pflege & Gesellschaft, 13*(1), 6–31. https://pub.uni-bielefeld.de/publication/2481685.

Schäfers, B. (2016). *Einführung in die Soziologie* (Lehrbuch, 2. Aufl.). Wiesbaden: Springer. https://doi.org/10.1007/978-3-658-13699-4.

Schmidt-Kaehler, S., & Knatz, B. (2012). Formen der Patientenberatung. In *Lehrbuch Patientenberatung* (S. 109–132). Bern: Verlag Hans Huber.

Schwab Cammarano, S. (2013). *Rollen in der Politikvermittlung*. Baden-Baden: Nomos. https://doi.org/10.5771/9783845247366.

Seidel, G. (2017). Forderung der Gesundheitskompetenz – Erfahrungen im Rahmen der Patientenuniversitat. *Public Health Forum, 25*(1), 117. https://doi.org/10.1515/pubhef-2016-2124.

Shin, D. W., Cho, J., Roter, D. L., Kim, S. Y., Sohn, S. K., Yoon, M.-S., et al. (2013). Preferences for and experiences of family involvement in cancer treatment decision-making: Patient-caregiver dyads study. *Psycho-Oncology, 22*(11), 2624–2631. https://doi.org/10.1002/pon.3339.

Siegrist, J. (2012). Die ärztliche Rolle im Wandel. *Bundesgesundheitsblatt, Gesundheitsforschung, Gesundheitsschutz, 55*(9), 1100–1105. https://doi.org/10.1007/s00103-012-1527-y.

Soellner, R., Huber, S., Lenartz, N., & Rudinger, G. (2009). Gesundheitskompetenz – ein vielschichtiger Begriff. *Zeitschrift für Gesundheitspsychologie, 17*(3), 105–113. https://doi.org/10.1026/0943-8149.17.3.105.

Solga, M. (2016). Führen als Gestalten psychologischer Kontrakte. In J. Felfe & R. van Dick (Hrsg.), *Handbuch Mitarbeiterführung. Wirtschaftspsychologisches Praxiswissen für Fach- und Führungskräfte* (S. 353–364). Berlin: Springer.

Sørensen, K., Van den Broucke, Stephan, Fullam, J., Doyle, G., Pelikan, J., Slonska, Z., et al. (2012). Health literacy and public health: A systematic review and integration of definitions and models. *BMC Public Health, 12*(80), 1–13. https://doi.org/10.1186/1471-2458-12-80.

Steckelberg, A., & Albrecht, M. (2014). Kritische Gesundheitsbildung und Patientenkompetenz. In K. Hurrelmann & E. Baumann (Hrsg.), *Handbuch Gesundheitskommunikation* (S. 159–169). Bern: Huber.

Stegbauer, C. (2016). *Grundlagen der Netzwerkforschung. Situation, Mikronetzwerke und Kultur* (Netzwerkforschung, 1. Aufl.). Wiesbaden: Springer.

Stiggelbout, A. M., Pieterse, A. H., & Haes, J. C. J. M. (2015). Shared decision making: Concepts, evidence, and practice. *Patient Education and Counseling, 98*(10), 1172–1179. https://doi.org/10.1016/j.pec.2015.06.022.

Stürmer, S. (2009). *Sozialpsychologie*. Stuttgart: UTB.

Syurina, E. V., Brankovic, I., Probst-Hensch, N., & Brand, A. (2011). Genome-based health literacy: A new challenge for public health genomics. *Public Health Genomics, 14*(4–5), 201–210. https://doi.org/10.1159/000324238.

Traa, M. J., de Vries, J., Bodenmann, G., & Den Oudsten, B. L. (2015). Dyadic coping and relationship functioning in couples coping with cancer: A systematic review. *British Journal of Health Psychology, 20*(1), 85–114. https://doi.org/10.1111/bjhp.12094.

Trief, P. M. (2011). Challenges and lessons learned in the development and implementation of a couples-focused telephone intervention for adults with type 2 diabetes: The diabetes support project. *Translational Behavioral Medicine, 1*(3), 461–467. https://doi.org/10.1007/s13142-011-0057-8.

Turner, R. H. (1962). Role taking. Process versus conformity. In C. Edgley (Hrsg.), *Life as theater. A dramaturgical sourcebook* (S. 85–98). London: Routledge.

Valente, T. W., & Pumpuang, P. (2007). Identifying opinion leaders to promote behavior change. *Health Education & Behavior: The Official Publication of the Society for Public Health Education, 34*(6), 881–896. https://doi.org/10.1177/1090198106297855.

Voigt, G., & Praez-Johnsen, H. (2001). Interkulturelle Kommunikation im Krankenhaus – Zur Verständigung zwischen Pflegenden und MigrantenpatientInnen am Beispiel von Angehörigen. *Pflege, 6*(2), 45–50.

Washington, K. T., Meadows, S. E., Elliott, S. G., & Koopman, R. J. (2011). Information needs of informal caregivers of older adults with chronic health conditions. *Patient Education and Counseling, 83*(1), 37–44. https://doi.org/10.1016/j.pec.2010.04.017.

Widmann, A., & Kessens, S. (2017). Rollenklarheit als Kern guter Führung – Praxiserfahrungen aus der Hochschulberatung. In L. Truniger (Hrsg.), *Führen in Hochschulen: Anregungen und Reflexionen aus Wissenschaft und Praxis* (S. 279–290). Wiesbaden: Springer. https://doi.org/10.1007/978-3-658-16165-1_18.

Wilz, G., & Meichsner, F. (2012). Einbezug von Familienangehörigen chronisch Kranker in die Arzt-Patient-Kommunikation. *Bundesgesundheitsblatt – Gesundheitsforschung – Gesundheitsschutz, 55*(9), 1125–1133. https://doi.org/10.1007/s00103-012-1532-1.

Wilz, G., & Meichsner, F. (2015). Unterstützende Interventionen für Angehörige. In W. Rief & P. Henningsen (Hrsg.), *Psychosomatik und Verhaltensmedizin* (Bd. 25, S. 444–456). Stuttgart: Schattauer.

Wittenberg-Lyles, E., Goldsmith, J., & Ragan, S. L. (2010). The COMFORT initiative: Palliative nursing and the centrality of communication. *Journal of Hospice & Palliative Nursing, 12*(5), 282–292. https://doi.org/10.1097/NJH.0b013e3181ebb45e.

Wolff, J. L., & Roter, D. L. (2011). *Family presence in routine medical visits: a meta-analytical review. Social Science and Medicine, 72,* 823–831. https://doi.org/10.1016/j.socscimed.2011.01.015.

Woods, B., Keady, J., & Seddon, D. (2009). *Angehörigenintegration: Beziehungszentrierte Pflege und Betreuung von Menschen mit Demenz*. Bern: Huber.

Wright, K. B., Rains, S., & Banas, J. (2010). Weak-tie support network preference and perceived life stress among participants in health-related, computer-mediated support groups. *Journal of Computer-Mediated Communication, 15*(4), 606–624. https://doi.org/10.1111/j.1083-6101.2009.01505.x.

Yin, H. S., Johnson, M., Mendelsohn, A. L., Abrams, M. A., Sanders, L. M., & Dreyer, B. P. (2009). The health literacy of parents in the United States. *A nationally representative study. Pediatrics, 124*(3), 289–298. https://doi.org/10.1542/peds.2009-1162E.

Young, A. J., Stephens, E., & Goldsmith, J. V. (2017). Family caregiver communication in the ICU. Toward a relational view of health literacy. *Journal of Family Communication, 17*(2), 1–16. https://doi.org/10.1080/15267431.2016.1247845.

Yuen, E. Y. N., Knight, T., Ricciardelli, L. A., & Burney, S. (2018). Health literacy of caregivers of adult care recipients. A systematic scoping review. *Health & Social Care in the Community, 26*(2), e191–e206. https://doi.org/10.1111/hsc.12368.

Yuen, E. Y. N., Dodson, S., Batterham, R. W., Knight, T., Chirgwin, J., & Livingston, P. M. (2016). Development of a conceptual model of cancer caregiver health literacy. *European Journal of Cancer Care, 25*(2), 294–306. https://doi.org/10.1111/ecc.12284.

Yun, D., & Silk, K. J. (2011). Social norms, self-identity, and attention to social comparison information in the context of exercise and healthy diet behavior. *Health Communication, 26*(3), 275–285. https://doi.org/10.1080/10410236.2010.549814.

Kommunikationsrollen der Angehörigen 3

3.1 Differenzierung der Angehörigenrollen

Auf der Basis der im zweiten Kapitel vorgestellten theoretischen Ansätze werden nun verschiedene Kommunikationsrollen der Angehörigen abgeleitet. In der Logik des Two-Step-Flow of Support (Abschn. 2.4) werden dabei zunächst die Rollen der Angehörigen mit ihren hilfreichen und weniger hilfreichen Aspekten in den Blick genommen und danach werden im vierten Kapitel die Strategien zum Umgang mit den Angehörigen und ihrem Rollenverhalten erläutert. Basierend auf der Differenzierung der sozialen Unterstützung (Abschn. 2.1) werden die Angehörigenrollen anhand der Unterstützungsarten differenziert. So leisten Angehörige neben 1) informationeller und 2) emotionaler Unterstützung, vor allem auch 3) Entscheidungsunterstützung sowie 4) instrumentelle Hilfe für den Patienten, die entweder die Leistungen der formellen Unterstützer ergänzt oder diese sogar vollständig ersetzt (siehe Abb. 3.1).

Rollenbezeichnungen wie der stellvertretende Informationssucher (engl. surrogate seeker) mit einer Relaisfunktion (Cutrona et al. 2015) lassen sich bspw. der informationellen Unterstützung (Abschn. 3.2) zuordnen, während der Meinungsführer der Entscheidungsunterstützung zugeordnet werden kann (Abschn. 3.4). Tröster, Motivator, oder Helfer beziehen sich hingegen meist auf emotionale oder selbstwertunterstützende Formen der Kommunikation (Abschn. 3.3). Zusätzlich zur Unterstützungsart kann aber für die Rollenfunktionen auch die *Richtung* des Flows (Abschn. 2.4.1) relevant sein und von welchem Akteur sie initiiert wurde (Abschn. 3.2).

Dabei ist diese *Differenzierung* der Rollen zu den einzelnen Unterstützungsarten *nicht trennscharf* oder eindeutig im Sinne nur einer möglichen Einteilung, da auch die Ausdifferenzierung der Funktionen sozialer Unterstützung differiert

D. Reifegerste, *Die Rollen der Angehörigen in der Gesundheitskommunikation*,
https://doi.org/10.1007/978-3-658-25031-7_3

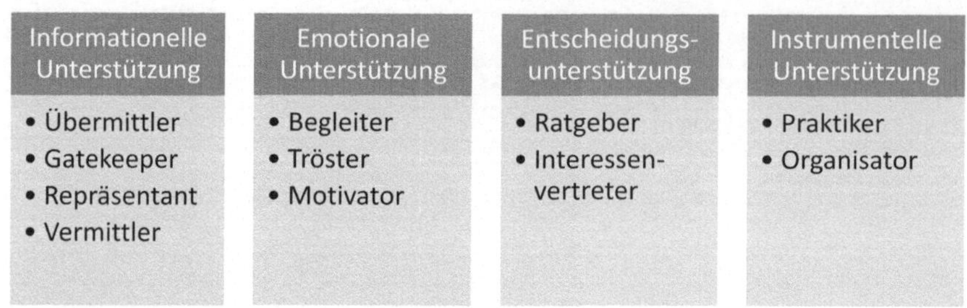

Abb. 3.1 Rollen der Angehörigen nach Unterstützungsart

(Abschn. 2.1.1). Gerade die Unterteilung der Subfunktionen (z. B. die Zuordnung einzelner Funktionen wie Selbstwert- und Begleitungsunterstützung zur übergeordneten Kategorie der emotionalen Unterstützung) kann zwischen verschiedenen Autoren und Studien stark variieren (Lin et al. 2015). Zudem zeigt sich, dass sich bestimmte Rollen auch gegenseitig beeinflussen können. So führt etwa die instrumentelle Unterstützung oder die Unterstützung durch Begleitung dazu, dass die Angehörigen auch häufiger informationelle Unterstützung leisten (Cioni et al. 2018). Für die vorliegenden Differenzierungen der Angehörigen wurde zum einen die für die Gesundheitskommunikation etablierte Differenzierung zwischen informationeller, emotionaler und instrumenteller Unterstützung zugrunde gelegt. Diese wurde um die Entscheidungsunterstützung ergänzt, da dieser vor dem Hintergrund der triadischen Entscheidungsmodelle (Abschn. 2.3) in der Angehörigenkommunikation eine besondere Bedeutung zukommt (Krieger 2014). Zum anderen wurden die informationellen und dezisionalen Unterstützungsfunktionen der Angehörigen aus etablierten Rollenbeschreibungen der Journalismus- und PR-Forschung (Aldrich und Herker 1977; Donsbach 2012) sowie der Forschung zur Informationsweitergabe in interpersonalen Kontakten (Lazarsfeld et al. 1944) und Netzwerken (Friemel 2008) abgeleitet. Die Rollen zur emotionalen und instrumentellen Unterstützung ergeben sich hingegen überwiegend aus der sozialpsychologischen Stress- und Gesundheitsforschung (Knoll et al. 2017) sowie den Pflegewissenschaften (George und George 2003). Zudem wurden empirische Studien zu einzelnen Angehörigenrollen in spezifischen Versorgungssituationen (vor allem aus dem Pflege- und Palliativkontext) berücksichtigt (u. a. Bischofberger 2011; Nagl-Cupal und Schnepp 2010; Pleschberger 2013; Quinn et al. 2012; Rosenberg et al. 2008).

Zusätzlich zur mangelnden Trennschärfe sind die Rollen der Angehörigen *nicht stabil*. Dies liegt vor allem darin begründet, dass sich die Unterstützungsbedarfe des Patienten durch den dynamischen Charakter der Krankheit, situationelle

Anforderungen und die vorhandenen Bewältigungsstrategien des Patienten im Zeitverlauf ändern. Zudem kann auch die Einschätzung der Angehörigen oder deren Verhalten von den Bedarfen des Patienten (und dessen Einschätzung) abweichen (Abschn. 2.1.1). Denn die die Informationsvermittlung oder instrumentelle Hilfe wird möglicherweise von den Unterstützungsgebern nicht nur dazu genutzt, um dem Patienten zu helfen, sondern auch um seine Entscheidungen zu beeinflussen (Lauckner 2014).

Darüber hinaus ist die *Zuordnung einzelner Personen zu Kommunikationsrollen von dynamischen Prozessen geprägt* (vgl. Flexibilität der Rollen-Personen-Zuordnung; Abschn. 2.1), denn diese hängt letztlich auch von der jeweiligen Verfügbarkeit einzelner oder mehrerer Personen für die Erfüllung der jeweiligen Unterstützungsbedarfe ab. Einerseits ist davon auszugehen, dass eine Person mehrere Rollen erfüllen kann. Beispielsweise kann ein Angehöriger gleichzeitig Informationssucher und Informationsgeber sein (Jung und Kim 2016) und seine Fähigkeiten für die einzelnen Funktionen können jeweils unterschiedlich ausgeprägt sein (Friemel 2008). Andererseits stehen meist verschiedene Angehörige zur Verfügung, die möglicherweise die Unterstützungsbedarfe erfüllen können. Anstatt von stabilen Rollen oder einer starren Zuordnung bestimmter Personen kann man daher eher von Anteilen der Unterstützungsbedarfe in einem Unterstützungsrepertoire (Boltong et al. 2017) ausgehen, die in einer bestimmten Situation vom Patient gewünscht und von einer oder verschiedenen Personen erfüllt oder auch nicht erfüllt werden können (siehe Abb. 3.2).

Hinzu kommt, dass die Rollen sowohl *subjektiv interpretiert als auch interdependent* sind. Das bedeutet, dass was eine Person tut und wie das von allen Beteiligten wahrgenommen wird, hat einen Einfluss auf die Rolle der anderen

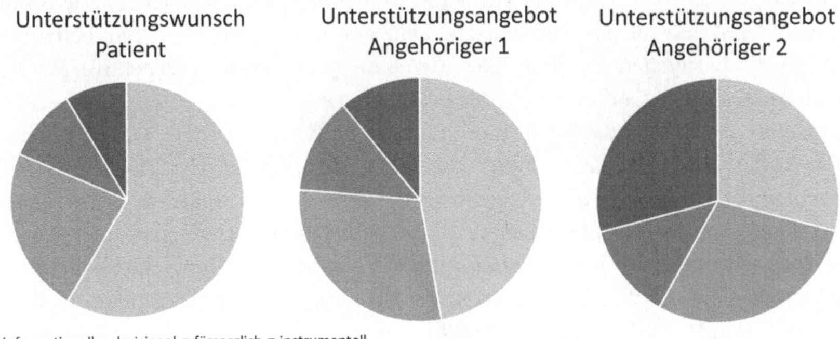

Abb. 3.2 Beispiele für Repertoires der Unterstützungsbedarfe und -angebote

Person (Karremans und Finkenauer 2014). Dies liegt zum einen darin begründet, dass sich die jeweilige Rolle vor allem auch aus dem Verhalten des Gegenübers definiert (Abschn. 2.1). Im Fall der Angehörigen sogar nicht nur anhand des Verhaltens in der dyadischen Beziehung, sondern auch aus der multi-adischen Beziehung, d. h. dem Verhalten der weiteren Beteiligten (Abschn. 2.3.1). Zum anderen versuchen die Partner in gemeinschaftsorientierten Beziehungen sicherzustellen, dass die Bedürfnisse des jeweils anderen berücksichtigt werden (Karremans und Finkenauer 2014). Das heißt, dass es sich bei der Entwicklung der Rollen um einen wechselseitigen Prozess mit jeweils subjektiven Einschätzungen handelt, die sich gegenseitig zirkulär (sowohl positiver als auch negativ) verstärken können (Bodenmann 2000). Die Flexibilität der Rollen-Personen-Zuordnung (Abschn. 2.1) kann dabei durchaus positiv betrachtet werden. Für die dynamischen Bedürfnisveränderungen im Krankheitsverlauf (Laidsaar-Powell et al. 2017) lassen sich (im Sinne eines optimalen Matching) immer wieder neue Unterstützungsressourcen finden (Cutrona und Russell 1990).

Aufgrund der Patientenorientierung (Abschn. 2.1.1) basiert die Zuordnung der Rollen und die Betrachtung ihrer Funktionen vor allem auf der *Perspektive des Patienten.* Das bedeutet, dass sein Bedarf und die *funktionalen und dysfunktionalen Effekte* auf sein körperliches, psychisches und soziales Wohlergehen das zentrale Ergebnis der Angehörigenkommunikation sind. Die weiteren Ausführungen fokussieren daher auf die Rollen in den Mikrostrukturen, die sich aus der unmittelbaren dyadischen Beziehungen des Patienten und seiner Angehörigen ergeben. Damit rücken sowohl die direkten Beziehungen der Beteiligten zu den sekundären Unterstützungsgebern (z. B. die Beziehung zwischen Patient und Arzt oder die Beziehung zwischen Angehörigen und Arzt) als auch die Gesamtstruktur des Netzwerks in den Hintergrund und finden entsprechend weniger Beachtung (Abschn. 2.3.2). Wo es relevant erscheint, werden aber jeweils auch Effekte für die Angehörigen und für das medizinische Personal bzw. andere Beteiligte betrachtet, da davon auszugehen ist, dass dies aus einer systemischen Perspektive letztlich auch Auswirkungen auf das Wohl des Patienten hat.

Unter Berücksichtigung dieser Einschränkungen in der Differenzierung der Rollen und ihrer Zuordnung werden im Folgenden die *(idealtypischen) Kommunikationsrollen* der Angehörigen anhand der verschiedenen Unterstützungsarten dargestellt. Dabei wird sowohl auf die verschiedenen Erwartungen an diese Rolle (sog. *Identifikationsmerkmale*) und ihre Entwicklungsmöglichkeiten als auch auf ihre Unterstützungsbedarfe eingegangen. Dies dient im Sinne Webers (1921) und seiner Entwicklung idealtypischer Begriffe als heuristische Grundlage für Interventionsstrategien (z. B. Rollen-Personen-Zuordnung; Abschn. 2.1 und Integration; Abschn. 4.2.1).

Die idealtypischen Rollenbeschreibungen dienen zudem als Grundlage, um mögliche *funktionale Alternativen* oder Ergänzungen aufzeigen zu können. Obwohl Angehörige meist die erste Wahl als Unterstützungsgeber im Krankheitsfall sind (Rosland et al. 2013), gibt es verschiedene Gründe, warum sie mitunter auch ungeeignet für den jeweiligen Unterstützungsbedarf erscheinen. Alternative Unterstützungsquellen können sowohl formelle, d. h. professionelle Unterstützer als auch Unterstützungsgeber aus weiteren sozialen Netzwerken sein. Es gilt – analog der funktionalen Alternativen zu den Medien in der Mediennutzungsforschung im Rahmen des Uses & Gratificationsansatzes (Rubin 2000) – alternative Unterstützungsquellen zur Befriedigung der Unterstützungsbedarfe zu finden (Abschn. 4.2.1).

Aufgrund der nicht trennscharfen Zuordnung und des informellen Charakters der Unterstützung durch Angehörige, ist es schwierig präzise *Angaben zur Verbreitung* der einzelnen Kommunikationsrollen zu machen. Für viele informelle Unterstützungsbereiche ist das tatsächliche Ausmaß der Unterstützung und somit auch die Merkmale der Unterstützer unbekannt. Dies trifft insbesondere für die emotionale Unterstützung zu, die vielfach erst in Onlineforen auch für Außenstehende sichtbar (weil nachlesbar) wird. Aus den vorhandenen Befunden lässt sich allerdings vermuten, dass die Hilfeleistungen der Angehörigen in der Gesundheitskommunikation recht umfangreich ausfallen.

Schließlich werden für die einzelnen Rollen jeweils auch *krankheitsspezifische Aspekte* der Rollenfunktionen aufgeführt. Grundsätzlich zeigt sich, dass es kaum Gesundheitsthemen gibt, bei denen die Unterstützung der Angehörigen keine Rolle spielt. Der idealtypische mündige Patient mit kurzfristiger Genesung, der autonom und unabhängig von seinen Angehörigen entscheidet, stellt eher die Ausnahme in der Gesundheitskommunikation dar (Abschn. 2.3.1). Schwerwiegende, chronische sowie psychische Erkrankungen oder Gesundheitszustände mit hohem Unterstützungsbedarf wie Demenz (Clarke 2006), Krebs (Kirschning und Kardorff 2007), multiple Sklerose (Canary 2008), Essstörungen (Hunter et al. 2014), Sucht, Schizophrenie, Wachkoma (Horn 2008; Kober 2009) weisen einen hohen Angehörigenbezug auf (Abschn. 4.1.2). Allerdings zeigt sich, dass die einzelnen Krankheitsbilder mit unterschiedlichen Unterstützungsformen verbunden sind. So weisen bspw. chronische Erkrankungen andere Unterstützungsbedarfe der Patienten auf als akute Situationen oder Präventionskontexte.

3.2 Informationelle Unterstützungsfunktionen

Die Rollen der informationellen Unterstützung (siehe Tab. 3.1) orientieren sich am deutlichsten an klassischen Rollenbeschreibungen aus den Journalismustheorien (Donsbach 2012) und der Forschung zur Unternehmenskommunikation

Tab. 3.1 Angehörigenrollen der informationellen Unterstützung

Rollenbezeichnung	Alternative Namen	Funktion	Potenzielle Dysfunktion	Modell	Funktionale Alternativen
Übermittler	Stellvertretende Informationssucher, Relais, Informationsverbreiter, Wissensbroker, Informationsagent	Suche nach, Zugang zu und Weitergabe von Infos, stellvertretende Informationssuche	Zu viele Infos, Weitergabe falscher Informationen	A D P	Andere Betroffene in Onlineforen, mediale Infoquellen, medizinische Experten
Gatekeeper	Kurator, Scout	Informationsreduktion, Filter für Infos, Infoselektion	Interessengeleitete Informationsreduktion, Verschweigen von Informationen	A D P	Andere Betroffene in Onlineforen, medizinische Experten
Repräsentant	Externer Sprecher, Pressesprecher, „wandelnde Patientenakte“, Monitorer, Schnittstellenmanager	Patienteninfos an Arzt und andere Angehörige weitergeben, Monitoring des Gesundheitszustands	Unerwünschte Weitergabe von Infos	A D P	Soziale Onlinenetzwerke, Blogs u. ä., Apps und Telemonitoring
Vermittler	Übersetzer	Übersetzung, Verständnis erreichen	Interessengeleitete oder falsche Übersetzung	A D P	Dolmetscher, Sozialer Dienst, Beratungsstelle

Anmerkungen: A = Angehöriger; P = Patient; D = Dritte Person (z. B. Arzt)

(Mast 2015). Die Rollen beinhalten alle eine Art von Informationsweitergabe, unterscheiden sich aber in der Richtung der Weitergabe. Während Übermittler und Gatekeeper Informationen aus anderen Quellen an den Patienten weitergeben, gibt der Repräsentant Informationen des Patienten an andere weiter. Der Vermittler dagegen überträgt in einer triadischen Kommunikation Informationen in beide Richtungen.

3.2.1 Übermittler

Die Informationsfunktion der Angehörigen drückt sich vor allem darin aus, dass sie bestimmte Informationen aus verschiedenen Quellen an den Patienten weitergeben, die ihm bei der Bewältigung seiner Erkrankung helfen (sollen). Informationssuche dient als Bewältigungsstrategie, die dazu genutzt wird, kognitiven Stress und emotionale Erregung bzw. Unsicherheit zu reduzieren (Cutrona et al. 2015; Kinnane und Milne 2010). Die Unterstützungsfunktion wird auch daran deutlich, dass die Angehörigen Informationen im Anschluss an ihre Recherche mit dem Patienten besprechen, sie an ihn weitergeben und ggf. in der Diskussion mit dem Arzt einbringen (Kirschning et al. 2007). Die Kommunikationsrollen zur Suche von und *Weitergabe von Informationen* können auch als Übermittler (Miranda et al. 2009), Relais (Friemel 2008), Wissensbroker (Cutrona et al. 2016), Ermittler (Bischofberger 2011) oder Informationsagenten (Abrahamson et al. 2008) bezeichnet werden.

Die Informationen, die sie weitergeben, können dabei aus sehr *verschiedenen Quellen* stammen, sowohl aus massenmedialen Medien (Print oder Online) als auch vom medizinischen Personal oder weiteren Angehörigen. Das *Internet* spielt hierbei eine wichtige Rolle als Informationsquelle, da es den Zugang zu einer Vielfalt an Gesundheitsinformationen wesentlich erweitert und vereinfacht hat (Rossmann 2010) während die Informationsbedürfnisse von Angehörigen durch die Ärzte oft nicht befriedigt werden können (Abschn. 4.3.1). Dennoch findet die Suche nach Gesundheitsinformationen durch Angehörige auch ohne Internetnutzung statt (Reifegerste et al. 2017b), indem die Angehörigen Broschüren, Materialien von Krankenkassen und Beratungsstellen nutzen (Chiu und Eysenbach 2011).

Zum Teil handelt es sich bei der informationellen Unterstützung auch nicht um eine direkte Weitergabe der Medieninformationen, sondern eher um *Metainformationen*. Indem die Angehörigen dem Patienten bestimmte Webseiten, Ratgeberbücher oder Sendungen im Fernsehen empfehlen oder Hilfestellungen für die eigene Suche geben (Link und Reifegerste 2016), versuchen sie dem Patienten mit Informationen zu helfen. Dies kann in der Phase vor einer Diagnosestellung bzw. dem Beginn der Therapie, die Patienten zur Informationssuche oder dem Therapiebeginn motivieren. So gelingt es Freunden von Depressiven (Egbert et al. 2014) oder Partnern von Suchterkrankten (Bischof 2012) möglicherweise beim Patienten eine Krankheitseinsicht zu erreichen.

Als *stellvertretende Sucher* können sie dem Patienten möglicherweise Informationen (z. B. aus dem Internet) zur Verfügung stellen, zu denen er sonst keinen Zugang gehabt hätte (Cutrona et al. 2015). So suchen jüngere Angehörige für ältere Patienten und verschaffen ihnen somit Zugang zum Internet (Kinnane und Milne 2010). Sie informieren sich dann als stellvertretender (Sadasivam et al. 2013) oder auch indirekter Informationssucher (Kinnane und Milne 2010), weil sie dazu den konkreten Auftrag von den Patienten haben oder weil dieser selbst nicht in der Lage dazu ist. Ursachen dafür können die körperliche Verfassung des Patienten, die technische Ausstattung, das Alter (z. B. minderjährig) oder die Medienkompetenz des Patienten sein (Abrahamson et al. 2008; Kirschning und Kardorff 2007; Reifegerste und Bachl 2017). Einige Patienten teilen sich dabei die Informationsarbeit mit den Angehörigen, während andere Patienten sie komplett delegieren (Neverla et al. 2007). Andererseits sehen Angehörige die Suche nach Gesundheitsinformationen über die Krankheit des Patienten auch als Unterstützungsleistung (z. B. zur Entscheidungsfindung). Sie initiieren diese dann selbst und geben die entsprechenden Informationen weiter (Abrahamson et al. 2008).

Mit ihren Informationen können die Angehörigen bereits vorhandenes Wissen des Patienten verstärken, ergänzen oder *Alternativen* dazu liefern (Kee et al. 2016), was wiederum aus Sicht des medizinischen Personals auch als *potenziell negativer Effekt* betrachtet werden kann. Beispielsweise wenn durch die Informationen der Angehörigen über die Nebenwirkungen eines Medikaments oder alternative Behandlungsmethoden die Therapietreue (sog. Adhärenz) der Patienten abnimmt. Meist dienen diese zusätzlichen Informationen aber nur zur Selbstvergewisserung und Absicherung der ärztlichen Entscheidungen. Nur in seltenen Fällen führen sie zur Verweigerung der Therapie (Kirschning und Kardorff 2007). Es zeigt sich, dass Patienten mit informationeller Unterstützung durch Angehörige über ihre Erkrankung besser informiert sind als solche ohne diese Unterstützung (Claus und Ernst 2008).

Die Suche nach Informationen über die Gesundheit des Patienten kann nicht nur den Patienten unterstützen, sondern auch den *Angehörigen helfen,* mit Unsicherheiten umzugehen und Ängste vor unklaren oder bedrohlichen Situationen abzubauen (Oh 2015). So suchen Angehörige auch nach Gesundheitsinformationen, um die Krankheit des Patienten besser zu verstehen, Tipps von anderen Angehörigen zu bekommen oder besser mit dem Patienten umgehen zu können (Reifegerste und Bachl 2017). Auch wenn sie die Informationen nicht an den Patienten weitergeben, können diese dem Patienten indirekt nützen. Beispielsweise indem die Angehörigen damit ihre eigene Stressbewältigung verbessern (und dadurch den Patienten besser unterstützen können) oder ihre Gesundheitskompetenz (Abschn. 2.5.2) stärken, die wiederum den Gesundheitsstatus der Patienten positiv beeinflusst (Bevan und Pecchioni 2008; Yuen et al. 2018).

Informationelle Unterstützung ist vor allem in den ersten Phasen einer Krankheit (z. B. Verdacht oder Diagnosestellung) und bei weiteren neuen Entscheidungs- oder Versorgungssituationen relevant, wenn *Unsicherheit über den Gesundheitszustand* Informationsbedürfnisse beim Patienten (und seiner Familie) auslöst (Galarce et al. 2011; Link und Klimmt 2017; Schaeffer und Moers 2008). Die Patienten nutzen die Angehörigen somit problem- und situationsabhängig im Krankheitsverlauf als weitere Quelle zur stellvertretenden und ergänzenden Suche nach Gesundheitsinformationen (Neverla et al. 2007). Von den vorliegenden Studien zur stellvertretenden Informationssuche beziehen sich die meisten krankheitsspezifischen Untersuchungen auf Krebs (Adams et al. 2009; Chalmers et al. 2003; Echlin und Rees 2002; Kinnane und Milne 2010; Kirschning und Kardorff 2007; Lauckner 2014). Erhebungen zu anderen Krankheitsbildern (Carpenter et al. 2015; Washington et al. 2011) oder zur allgemeinen stellvertretenden Suche nach Gesundheitsinformationen machen aber deutlich, dass es sich hierbei um ein verbreitetes gesundheitsthemenübergreifendes Verhalten der Angehörigen handelt, bei dem die Sorge um den Patienten im Vordergrund steht (Reifegerste und Bachl 2017).

In zwei repräsentativen Befragungen zeigt sich eine recht häufige Verbreitung der informationellen Unterstützung *in Deutschland.* Etwa 43 % (laut Bertelsmann Gesundheitsmonitor 2015) bzw. 57 % (laut Eurobarometer 2015) der erwachsenen Personen, die im Internet nach Gesundheitsinformationen suchen, holen auch nur für andere Informationen ein (Reifegerste et al. 2017b). Bei Personen, die ausschließlich außerhalb des Internets nach Gesundheitsinformationen suchen, sind dies sogar 59 %. Der weitaus größte Teil sucht (auch) für sich selbst nach Informationen, jedoch suchen immerhin jeweils ein knappes Fünftel ausschließlich nur für andere (Reifegerste et al. 2017b). Dies entspricht ungefähr auch den Anteilen für die stellvertretende Gesundheitsinformationssuche in ganz *Europa und den USA,* wo etwa 61 % (Reifegerste et al. 2017a) bzw. 55 bis 66 % der Personen (Cutrona et al. 2015; Fox und Duggan 2013a), die im Internet nach Gesundheitsinformationen suchen, dies auch für andere tun. Gleichzeitig werden Familie und Freunde als eine der wichtigsten Quellen für Gesundheitsinformationen von den Patienten angegeben. In repräsentativen Befragungen werden Angehörige bereits an dritter Stelle nach den Ärzten und traditionellen massenmedialen Angeboten (wie Fernsehen oder Printmedien) und noch vor dem Internet genannt (Baumann und Czerwinski 2015; Marstedt 2018). Mills und Davidson (2002) zeigten auf, dass auch für 70 % der Krebspatienten Familien und Freunde eine relevante und sehr gute Informationsquelle sind. Weitere Studien zeigen, dass Angehörige auch für andere Gesundheitsthemen eine wichtige Rolle als Übermittler von Informationen spielen (Couper et al. 2010; Neverla et al. 2007; Ramírez et al. 2013).

Um die informationellen Unterstützer konkreter zu *identifizieren,* lassen sich zunächst die demografischen Merkmale der stellvertretenden Informationssucher betrachten. Die stellvertretende Informationssuche ist in der mittleren Altersgruppe (30–49) mehr verbreitet als bei den jüngeren (unter-30-Jährigen) und den älteren Erwachsenen (über-49-Jährigen). Außerdem sind Frauen und höher Gebildete tendenziell mit einer etwas größeren Wahrscheinlichkeit stellvertretende Sucher (Reifegerste et al. 2017b). Diese Einflussfaktoren bestätigen sich auch in Studien in anderen Ländern (Cutrona et al. 2016; Reifegerste et al. 2017a) und für spezifische Krankheitsbilder (Oh 2015). Allerdings sind die Unterschiede in diesen Merkmalen in vielen Studien auch nicht relevant und die Unterschiede (zwischen nur für sich selbst suchenden und auch stellvertretend suchenden Personen) in Bezug auf Geschlecht, Alter und Status verschwinden (Sadasivam et al. 2013).

Viel entscheidender als die demografischen Merkmale der Unterstützungsgeber scheinen ihre Medien- und Gesundheitskompetenzen sowie die Merkmale der Beziehung bzw. der Unterstützungsempfänger zu sein. Eine hohe *Gesundheitskompetenz* (Abschn. 2.5) ermöglicht den Angehörigen sowohl den Zugang zu den Informationen (z. B. durch Wissen über relevante Quellen) als auch die entsprechenden Fähigkeiten zur Interpretation der gefundenen Informationen. Allerdings kann insbesondere durch die Unterstützung bei der Nutzung technischer Geräte auch eine Abhängigkeit der Patienten von dem Unterstützer entstehen. Dies liegt darin begründet, dass die Angehörigen eher dazu neigen, die Informationen weiterzugeben als dem Patienten die Fähigkeiten zur eigenständigen Informationssuche zu vermitteln (Magsamen-Conrad et al. 2018). Angehörige haben diese Kompetenz zum Teil aufgrund ihrer vorhandenen Ausbildung oder Berufstätigkeit. So werden häufig jene Angehörige bevorzugt um informationelle Unterstützung gebeten, die gleichzeitig auch professionell im Gesundheitswesen (als Arzt oder Krankenschwester) tätig sind (Laidsaar-Powell et al. 2016). Zum Teil haben sie aber auch bereits selbst Erfahrung mit der Erkrankung bzw. deren Bewältigung (Link und Reifegerste 2016). Im Laufe einer länger währenden Erkrankung können Angehörige durch die intensive Informationssuche zu einem Gesundheitsthema so selbst zu Krankheits- und Versorgungsexperten werden (George und George 2003).

Neben der Kompetenz (als individuellem Merkmal) zeigt sich in fast allen Studien, dass Beziehungsmerkmale eine wichtige Rolle für die stellvertretende Gesundheitsinformationssuche spielen. Der zentrale Prädiktor aus Sekundäranalysen für die stellvertretende Suche ist das *Zusammenleben mit anderen* (Cutrona et al. 2015; Reifegerste et al. 2017b). Sadasivam et al. (2013) berichten zudem, dass Personen, die für andere nach Informationen suchen, eher verheiratet, Eltern und pflegende Angehörige sind, oder es litt eine ihnen nahestehende Person an einer schweren und/oder chronischen Krankheit. Betrachtet man die Art der Beziehung genauer, wird vor allem für Ehe- bzw. Lebenspartner nach Informationen gesucht. Darüber hinaus wird für Kinder oder Geschwister stellvertretend gesucht, seltener für Freunde, Kollegen oder sonstige Familienmitglieder (Abrahamson et al. 2008; Adams et al. 2009; Reifegerste et al. 2017a). Zudem stellen die *Sorge um das Familienmitglied* (Bogg und Vo 2014), die Bedrohung der Gesundheit eines Angehörigen (Blech et al. 2017) und der Wunsch die Patienten zu beraten, wichtige Beweggründe für die Informationssuche dar (Marstedt 2018; Reifegerste et al. 2017b). Somit hängt stellvertretende Informationssuche auch von der *Beziehungsqualität,* d. h. der empfundenen Nähe, ab. Je näher sich Patient und Angehöriger stehen, umso höher ist die Wahrscheinlichkeit der informationellen Unterstützung. Im direkten Vergleich scheinen diese motivationalen und relationalen Aspekte sogar relevanter als die kognitiven Fähigkeiten (d. h. die Gesundheitskompetenz) zu sein (Reifegerste und Bachl 2017). Dies verdeutlicht noch mal, dass es sich bei der stellvertretenden Informationssuche vor allem um eine Handlung zur sozialen Unterstützung des Patienten handelt. Die Angehörigen erbringen sie vor allem aufgrund der Beziehung zum Patienten sowie dessen Gesundheitszustand und nicht aufgrund ihrer individuellen Eigenschaften.

3.2.2 Gatekeeper

Die informationelle Unterstützung geht allerdings häufig weit über die reine Weitergabe von Informationen aus anderen Quellen (und damit die Übermittlungsfunktion) hinaus. Als stellvertretende Informationssucher reduzieren Angehörige auch die Fülle der verfügbaren Informationen, indem sie relevante Informationen selektieren und nur diese weitergeben (Kinnane und Milne 2010; Thorson und Wells 2016). Sie agieren damit als sekundäre *Gatekeeper,* nach den Journalisten als primäre Gatekeeper (Singer 2014), Gatewatcher (Bruns 2005) oder Kuratoren (Quan-Haase und Martin 2013), die nach Informationen Ausschau halten, diese verarbeiten, kritisch nach ihrer Eignung für die anstehenden

Entscheidungen beurteilen und dann aktiv teilen (Engelmann 2016; Neverla et al. 2007). Ihre Informationsauswahl kann zudem eine Form der emotionalen Unterstützung sein, da sie mitunter potenziell belastende Informationen vom Patienten fernhalten. George (2005) spricht hierbei von einer steuernd-koordinativen *Scoutfunktion* der Angehörigen, deren Funktionen denen des sozialen Navigators in Onlinenetzwerken ähneln (Rössler et al. 2014). In der Netzwerkforschung zur Organisationskommunikation wird diese Rolle als Boundary Spanner bezeichnet, der einerseits die Informationsflut abwehrt und andererseits wichtige Informationen aus anderen Informationsgebieten filtert und teilt (Aldrich und Herker 1977). Ein Bespiel könnte ein Angehöriger sein, der die schlechten Prognoseinformationen zu einer Krebsdiagnose oder potenzielle Nebenwirkungen vorm Krebspatienten verschweigt. In Japan ist es üblich, dass schlechte Nachrichten vom Patienten ferngehalten werden, um ihn zu schützen. Der Arzt spricht zuerst mit den Angehörigen, die dann entscheiden, welche Informationen sie dem Patienten zumuten wollen (Sekimoto et al. 2004).

Tatsächlich empfinden die meisten Patienten die *Informationsauswahl* als Unterstützung, da sie erst dadurch in der Lage sind die Fülle und Komplexität der vorhandenen Informationen zu bewältigen (Kinnane und Milne 2010). Die Angehörigen tragen damit zum informierten Patienten bei, der seine Interessen gegenüber dem medizinischen Personal durchsetzen kann (Epstein 2013). Da die Angehörigen als Gatekeeper kontrollieren, welche Informationen weitergegeben werden und welche nicht (Arendt et al. 2016), ergeben sich hieraus aber auch potenziell negative Effekte. Es ist möglich, dass dadurch relevante Informationen vom Patienten ferngehalten werden oder die Informationsselektion nicht zum Wohl des Patienten stattfindet, sondern vor allem (möglicherweise auch unbewusst) den Interessen des Angehörigen dient.

3.2.3 Repräsentant

Zusätzlich zur Weitergabe von Informationen aus anderen Quellen an den Patienten (die der Richtung des Informationsflusses aus dem klassischen Two-Step-Flow entspricht), erfüllen die Angehörigen auch eine wichtige Rolle durch die Informationsweitergabe in die andere Richtung (siehe Tab. 3.1). Diese Rolle wird in der Netzwerkforschung und der Unternehmenskommunikation als Repräsentant bezeichnet (Aldrich und Herker 1977; Gould und Fernandez 1989). Sie ist vergleichbar mit der Rolle eines *Unternehmenssprechers* bzw. Öffentlichkeitsarbeiters, der stellvertretend für den Patienten den Kontakt mit der Außenwelt (d. h. dem externen System) aufrechthält und befugt ist, Informationen über den

Patienten zu kommunizieren. Angehörige können sowohl dem Arzt als auch dem pflegerischen Personal wichtige Kenntnisse über den kranken Menschen vermitteln (Woods et al. 2009) und dienen somit als wichtige Quelle für Informationen über die Krankengeschichte oder auftretende Symptome (Rosland et al. 2011).

Dies kann bei der Diagnosestellung und dem Beginn einer Therapie oder bei der Aufnahme des Patienten in die stationäre Versorgung von Bedeutung sein. Dies gilt insbesondere dann, wenn Patienten selbst nicht oder nur bedingt dazu fähig sind (z. B. Kinder, Demenzkranke oder Komapatienten). Das Wissen der Angehörigen liefert dann wichtige Hintergrundinformationen zur Diagnosestellung, zur Erklärungen für bestimmte Verhaltensweisen der Patienten und über die Persönlichkeit und Bedürfnisse des Patienten. Daher wird es in einigen Bereichen der Gesundheitsversorgung systematisch erfasst und in Form der *Fremdanamnese* sogar in einzelnen wenigen medizinischen Fachrichtungen vergütet (George und George 2003). In einer Studie über Arzt-Patienten-Angehörigen-Gespräche gaben fast alle Ärzte an, dass die Angehörigen chronisch Erkrankter ihnen halfen, die Bedenken des Patienten besser zu verstehen, weil die Angehörigen ihnen Informationen lieferten, die der Patient vergessen hatte (Rosland et al. 2011).

Andererseits spielen die Angehörigen auch während oder nach der Therapie bzw. in der Pflegebetreuung eine wichtige Rolle als Schnittstellenmanager. Als sog. „wandelnde Patientenakte“ geben sie die Informationen (auch über sektorale Grenzen und Hierarchiestufen hinweg) von einen zum anderen Leistungserbringer weiter (Bischofberger 2011; George und George 2003). Zudem agieren sie als Monitorer, die den Gesundheitszustand des Patienten überwachen, problematische Entwicklungen frühzeitig erkennen (George und George 2003; Gunn et al. 2012) und im Notfall auch entsprechend eingreifen können. Dies kann z. B. bei einer Hypoglykämie (Reifegerste und Hartleib 2016) oder bei Suizidverdacht (Eberlein et al. 2017) Leben retten. So verfolgen etwa 30 % der pflegenden Angehörigen in den USA wichtige Kennwerte wie Blutdruck oder Blutzucker über den Gesundheitszustand des Gepflegten (Fox und Duggan 2013b). Das Gespräch mit den Angehörigen gehört daher (inzwischen) zum festen Bestandteil des Entlassungsmanagements (Graeff 2009). Zusätzlich kann der Angehörige, der dem Patienten am nächsten steht, auch gegenüber weiteren Angehörige als Repräsentant des Patienten auftreten (Laidsaar-Powell et al. 2017). Hierzu finden sich allerdings bislang wenig empirische Untersuchungen.

Die Rolle des Repräsentanten findet sich vor allem in der interpersonalen Kommunikation, wenn der Angehörige den Patienten beim Arztbesuch oder einem stationären Aufenthalt begleitet, aber der Kontakt mit Ärzten oder dem pflegerischen Personal findet auch telefonisch, per E-Mail oder in Videosprechstunden statt (Rosland et al. 2011). Zunehmend findet auch die Informationssammlung über den Patienten durch den Angehörigen elektronisch, d. h. mit Apps oder durch telemedizinische Angebote statt (Fox und Duggan 2013b). Angehörige können somit auch als eine wichtige Unterstützung für die medizinische Versorgung betrachtet werden, da sie Experten sind, was die Versorgung des einzelnen Patienten (z. B. in der langfristigen pflegerischen Betreuung) anbelangt (Woods et al. 2009). Gleichzeitig können sie mit der Rolle des Repräsentanten auch Interessenvertreter (Abschn. 3.4.2) sein, der sich für die Durchsetzung des Patientenwunsches einsetzt. Allerdings kann es auch zu einer *ungewollten oder verzerrten Informationsweitergabe* an Dritte kommen. Insbesondere wenn die Kommunikation zwischen Arzt und Angehörigen in Abwesenheit des Patienten stattfindet, befürchten Patienten häufig, dass Informationen falsch übermittelt werden. Eine unterschiedliche Informiertheit (oder als solche wahrgenommene) kann dann mitunter zu Argwohn und Missverständnissen führen (George und George 2003). Zudem könnten das auch Informationen sein, die denen des Patienten widersprechen oder die dieser nicht preisgeben wollte, was wiederum zu einem Konflikt zwischen Angehörigem und Patient führen kann (Rosland et al. 2011). Eine Verzerrung in der Informationsweitergabe über den Gesundheitszustand des Patienten kann dabei sowohl aus Eigeninteressen des Angehörigen (Wright et al. 2010) als auch aus einer verzerrten Wahrnehmung resultieren. So können bspw. Eltern sehr verlässlich über objektive Fakten des Gesundheitszustandes ihrer Kinder berichten, nicht so verlässlich sind allerdings Informationen über deren emotionalen Zustand (Bennett und Gladman 2013). Außerdem mangelt es den Angehörigen oft an Fachwissen und Erfahrungen mit einer Krankheit (Badr et al. 2015). Darüber hinaus gibt es für das medizinische Personal bei der Befragung von Angehörigen auch (datenschutz-)rechtliche Rahmenbedingungen zu berücksichtigen (Lipp und Brauer 2016).

3.2.4 Vermittler

Eine begleitende Person kann nicht nur spezifische Informationen über den Patienten liefern, sondern häufig in beide Richtungen (zwischen Patient und medizinischem Personal) den Informationsaustausch und das gegenseitige Verständnis verbessern (Wolff und Roter 2011). Der Angehörige tritt dann als Intermediär (Laidsaar-Powell et al. 2013) oder Dolmetscher (engl. interpreter) auf (Rosenberg et al. 2008), der die Kommunikation zwischen Patient und anderen Beteiligten in beide Richtungen erleichtert oder ermöglicht (Aldrich und Herker 1977).

Diese Form der informationellen Unterstützung kann insbesondere für ältere und chronisch kranke Patienten mit einer komplexen Medikamenteneinnahme wichtig sein. Etwa 70 % der begleiteten chronisch erkrankten Patienten äußern, dass sie durch die Begleitung die Erklärungen und Ratschläge des Arztes *besser verstehen* und sie dadurch den Anweisungen des Arztes motivierter folgen. Zudem hilft es ihnen schwierige Themen eher anzusprechen (Laidsaar-Powell et al. 2013; Rosland et al. 2011). Wolff und Roter (2011) vermuten, dass die höhere Zufriedenheit mit begleiteten Gesprächen (im Gegensatz zum Arzt-Patienten-Gespräch ohne Angehörige) auch durch mehr Möglichkeiten für Informationsaustausch insgesamt entsteht.

Viele Patienten sind auf Angehörige als Sprachvermittler angewiesen (Voigt und Praez-Johnsen 2001), wenn sie die Amtssprache nur eingeschränkt beherrschen. Angehörige sind meist mit weniger Aufwand organisierbar als ein professioneller *Übersetzer,* können aber bei medizinischem Fachbegriffen u. U. nur bedingt dolmetschen (Voigt und Praez-Johnsen 2001). Auch bei der Übersetzungsfunktion besteht die Gefahr, dass die Eigeninteressen des Angehörigen die Informationsweitergabe beeinträchtigen (Rosenberg et al. 2008). Viswanath und Bond (2007) zeigen, dass diese Übersetzungsleistung durch soziale Kontakte auch für interkulturelle Präventionsprojekte und in muttersprachlichen Kontexten mit Gruppen unterschiedlichen Bildungsgrades genutzt werden kann. Indem die Inhalte einer Kampagne interpersonal und mit (der für die jeweilige Gruppe) üblichen Formulierungen diskutiert werden, werden sie für alle verständlich und erlangen eine höhere Relevanz. Angehörige erhalten somit eine wichtige Funktion, indem sie durch Anschlusskommunikation einen wichtigen Beitrag zum Erfolg einer Kampagne leisten.

Als *funktionale Alternativen* oder Ergänzungen für die informationelle Unterstützung der Angehörigen lassen sich in Abhängigkeit von der Funktion unterschiedliche Ressourcen benennen. Während als Informationsquelle auch Medieninhalte, medizinisches Personal oder andere Betroffene genutzt werden können, ist die Rolle des Repräsentanten und Vermittlers schwieriger alternativ zu besetzen. Zur Präsentation der eigenen Krankheitssituation nutzen die Patienten zunehmend auch Blogs, Whatsapp-Gruppen oder andere ähnliche Medienformate (Reifegerste und Linke 2018). Dies kann entweder dazu dienen alle Interessierten über den Krankheitsverlauf zu informieren, andererseits aber auch bei der Verarbeitung einer Erkrankung helfen (Ressler et al. 2012). Für die sprachliche Vermittlung bei Nicht-Muttersprachlern kommen Dolmetscher zum Einsatz und als Vermittler zwischen den Schnittstellen bei Entlassung und Überleitung (insbesondere bei multimorbiden Patienten) zunehmend Case-Manager. Sie übernehmen als Lotse und Begleiter die Funktion des Vermittlers und organisieren weitere Dienstleistungen (DAK 2015).

3.3 Emotionale Unterstützungsfunktionen

Unter dem Terminus nährende (engl. nurturing) oder fürsorgliche Unterstützung (Cutrona und Suhr 1994) werden emotionsbezogene Funktionen durch Begleitung, durch Empathie und durch Stärkung des Selbstwertgefühls zusammengefasst (siehe Tab. 3.2). Die Übergänge zwischen diesen drei Funktionen sind aber fließend und es existieren abweichende Differenzierungen bzw. verwandte Konzepte wie die Bewertungsunterstützung, die sich auf die kommunizierte Übereinstimmung oder die Angemessenheit von Werten bezieht (Knoll et al. 2017). Dennoch sollen die Beschreibungen der idealtypischen Reinformen (Abschn. 3.1) wiederum wichtige Ansatzpunkte für die Personen-Rollenzuordnung, funktionale Alternativen, die Kompetenzentwicklung und die Unterstützung der Personen in dieser Rolle liefern.

Entsprechende *Rollenbezeichnungen* sind somit emotionaler oder seelischer Beistand, Zeuge (Claus und Ernst 2008; Neumann und Franke 2017), Stütze (Klaiber 2016), Unterstützungsgeber (MacGeorge et al. 2011), Unterstützungsversorger (Wright et al. 2010), Kompagnon oder Begleiter (Laidsaar-Powell et al. 2013). Im Gegensatz zu Rollen der informationellen oder instrumentellen Unterstützung

Tab. 3.2 Angehörigenrollen der emotionalen Unterstützung

Rollen-bezeichnung	Alternative Namen	Funktion	Potentielle Dysfunktion	Modell	Funktionale Alternativen
Begleiter (companionship Support)	Kompagnon, Zeuge, Teilnehmer, Begleiter, Besucher	Anwesenheit, Besuch, gemeinsame Teilnahme, Begleitung, Dasein	Uneigenständigkeit	A D P	Andere Betroffene in Onlineforen, Klinik, Selbsthilfegruppen, Sozialer Dienst, Seelsorge, parasoziale Beziehungen
Tröster (emotional support)	Emotionaler oder seelischer Beistand	Seelischer Beistand, Trost, Verständnis, Empathie	Emotionaler Stress für Unterstützer		
Selbstwertunterstützer (esteem support)	Motivator, Stütze	Motivation, Stütze, Ermunterung, Zuspruch	Druck		

Anmerkungen: A = Angehöriger; P = Patient; D = Dritte Person (z. B. Arzt)

dienen diese Rollen der Angehörigen nicht dazu, die stressverursachenden Probleme zu lösen, sondern eher um Trost und Kraft zu spenden. Entweder damit der Patient sie selbst lösen kann oder weil sie per sè nicht (durch den Patienten oder den Angehörigen) lösbar sind.

Emotionale Unterstützung ist daher insbesondere in *Krankheitssituationen* oder -phasen relevant, in denen Probleme nicht beseitigt, sondern nur ertragen werden können oder die eine hohe Bedrohlichkeit aufweisen. Daher spielt die emotionale Unterstützung bspw. eine besondere Rolle in Palliativsituationen, bei Krebserkrankungen (Arrington 2005), bei chronischem Schmerz oder beim degenerativen Fortschreiten von chronischen Erkrankungen (Schaeffer und Moers 2008). So wird die Akzeptanz des Sterbens als eine wichtige Phase im Palliativprozess beschrieben, der auch ein emotional unterstützendes Verhalten und damit eine angemessene Kommunikation der Angehörigen erfordert. So ist es bspw. hilfreich bei Verleugnung oder Zorn nicht mit rationalen Argumenten zu reagieren, sondern gelassen zu bleiben und diese Gefühle nicht persönlich zu nehmen (Jungbauer 2009). In konkreten Entscheidungssituationen scheinen die emotionalen Unterstützungsformen dagegen weniger relevant zu sein (Link und Reifegerste 2016).

Allgemein lässt sich feststellen, dass die nahestehenden Angehörigen für die emotionale Unterstützung wichtiger sind, wenn die Patienten älter werden oder es sich um eine tödliche Krankheit handelt (Wright et al. 2010). Weniger enge Kontakte (engl. weak ties) werden dann zunehmend weniger relevant. Mangelt es in der Partnerschaft oder in der Familie aber an emotionaler Unterstützung, finden Patienten diese vor allem bei anderen Betroffenen, die im Krankenzimmer, Selbsthilfegruppen, Onlineforen, oder Gruppenprogrammen gefunden werden können. Dabei kann die emotionale Unterstützung von anderen Betroffenen eine *Kompensation* für mangelnde Unterstützung der Angehörigen oder eine *Ergänzung* der familiären Unterstützung sein (Yoo et al. 2014). In Selbsthilfegruppen und Onlineforen gehört die emotionale Unterstützung neben der informationellen zu den wichtigsten Funktionen für die Teilnehmer (Chung 2014; Mo und Coulson 2008; Reifegerste et al. 2017). Häufig fällt es den Teilnehmern aufgrund der gemeinsamen Erfahrung leichter als mit Angehörigen (die die Krankheitserfahrung nicht teilen), sich gegenseitig zu verstehen und zu bestärken (Wright et al. 2010). Zudem bieten sie dem Patienten im Vergleich zu den Angehörigen objektiveres Feedback und der Austausch mit ihnen geht mit weniger Rollenverpflichtungen einher, weil sie Unterstützungsleistungen in viel geringerem Maße zurückfordern (Wright et al. 2010).

Insbesondere aus diesem Grund sind für Patienten auch die Ersatzunterstützer (engl. *surrogate supporter*) in Form von parasozialen Beziehungen zu fiktionalen Figuren, verstorbenen Personen, nicht-menschlichen Unterstützern (wie Haustiere, spirituelle Figuren u. ä.) eine wichtige funktionale Alternative oder Ergänzung für die emotionale Unterstützung (Gabriel et al. 2017; Stegbauer 2016). Die Patienten können potenzielle negative Reaktionen und Erwartungen der Angehörigen und auch die (mitunter anstrengenden) Aushandlungsprozesse (Abschn. 4.2.2) umgehen und trotzdem emotionale Unterstützung erhalten (Balfe et al. 2017). Ein wichtiger Bestandteil des ressourcenorientierten Selbstmanagements (Storch und Krause 2017) ist daher auch die Suche nach einer geeigneten Figur oder einem Bild (sog. Wunschelement), welche die relevanten Ressourcen aktivieren und damit u. a. das Selbstwirksamkeitsgefühl stärken. Darüber hinaus können auch Psychotherapeuten, der psychosoziale Dienst, Beratungsstellen, die kirchliche, humanistische oder philosophische Seelsorge oder auch emotionale Roboter wie die Robe Paro (Baisch et al. 2018) und ähnliche wichtige funktionale Alternativen (Abschn. 3.1) oder Ergänzungen zur emotionalen Unterstützung der Patienten sein.

3.3.1 Begleiter

Die Unterstützung durch Anwesenheit, Begleitung oder Anteilnahme kann als eine Form der emotionalen Unterstützung verstanden werden, wenngleich sie auch als Ausdrucksform instrumenteller oder informationeller Unterstützung interpretiert werden kann. Sie tritt in ganz unterschiedlichen Kontexten auf. Das kann die Begleitung beim Arztbesuch, der Besuch in der Klinik oder am Krankenbett zu Hause oder die gemeinsame Teilnahme an Sportaktivitäten oder Vorsorgeuntersuchungen sein. Auf Patientenseite resultiert diese Form der Unterstützung in einem Gefühl der sozialen Integration (jemand ist da, man verbringt Zeit miteinander, ist Teil einer Familie, Gruppe oder eines Netzwerks) und wird im Englischen dementsprechend auch mit den Begriffen Network Support oder Companionship Support beschrieben (Cavallo et al. 2014). Es beinhaltet die Wahrnehmung, die Krisenbewältigung (egal wie schlimm) mit jemand anderen teilen zu können und erinnert damit an das, was Kommunikation im eigentlichen Sinn ausmacht (communicare = etwas *miteinander teilen*). Das Gegenteil wäre ein Gefühl der sozialen Isolation und des Alleinseins, das in Verbindung mit geringer Lebensqualität, Depression und Suizid steht (Frey und Cerel 2013). Die Begleitung kann daher (unabhängig vom verbalen Austausch) als Form der emotionalen Unterstützung gelten.

Die Begleitung oder das miteinander Teilen stellen zudem wichtige *Voraussetzungen für andere Unterstützungsformen* dar. Nur wenn Angehörige dabei sind, können sie etwas über den körperlichen und seelischen Gesundheitszustand des Patienten, seine weiteren Unterstützungsbedarfe oder seine Problembewältigung erfahren. Als generelle Indikatoren für die soziale Integration und potenzielle Begleitungsunterstützung haben bereits der Familienstand und das *Zusammenleben mit anderen* einen wesentlichen Einfluss das Mortalitätsrisiko, den Gesundheitszustand und die eigene Problembewältigung (Knoll et al. 2017). Studien zur sozialen Unterstützung schlussfolgerten dementsprechend, dass die Ehe eine gesundheitsförderliche Institution ist (MacGeorge et al. 2011). Das Zusammenleben mit einer anderen Person weist zudem eine hohe Korrelation mit der stellvertretenden Suche nach Gesundheitsinformationen auf. Gesundheitsinformationssuche wird daher von Sadasivam et al. (2013) auch als Teamsport bezeichnet. Ebenso kann nur der im Arztgespräch anwesende Angehörige den Patienten erinnern oder ermutigen Fragen zu stellen, sich wichtige Hinweise mitschreiben oder wichtige Argumente in der Diskussion bei schwierigen Themen beisteuern und somit direkte Unterstützung für das Selbstwertgefühl des Patienten leisten (Abschn. 3.3.3). Dies ist insbesondere bei der Übermittlung von kritischen Botschaften und der Diskussion von medizinischen Entscheidungen relevant (Wolff und Roter 2011).

Dies gilt für die medizinische und pflegerische *Versorgung,* wo die *Einbindung der Angehörigen* in die ärztliche Sprechstunde, in die Teamkonferenzen (Wittenberg-Lyles et al. 2013) und gemeinsame Veranstaltungen zu einer Verbesserung der Lebensqualität der Patienten führen (Woods et al. 2009). Obwohl sich die Forschung mehrheitlich auf die dyadische Arzt-Patienten-Kommunikation konzentriert (Hannawah und Rothenfluh 2014), so finden sich doch mindestens zwei Metastudien (Laidsaar-Powell et al. 2013; Wolff und Roter 2011), die mehr als 50 Studien qualitative und quantitative Studien zur Begleitung der *Angehörigen bei einem Arztbesuch* einbeziehen konnten. Die Ergebnisse der US-amerikanischen Untersuchungen zeigen, dass etwa 36–39 % der älteren Patienten und 15–26 % aller erwachsenen Patienten beim Arztbesuch begleitet werden, wobei diese Betrachtung nur ambulante Arzttermine von erwachsenen, kognitiv kompetenten Patienten mit erwachsenen Begleiter beinhaltet (Rosland et al. 2011; Wolff und Roter 2011). Bei kleineren Kindern oder Demenz- oder Krebspatienten im fortgeschrittenen Stadium liegt dieser Anteil deutlich höher (Rosland et al. 2011; Schilling et al. 2002). Begleiter sind meist die Partner (55 %) oder ein erwachsenes Kind (32 %), und mehrheitlich (79 %) Frauen (Laidsaar-Powell et al. 2013; Wolff und Roter 2011). Begleitete Patienten sind eher älter, eher weiblich und weisen einen geringeren Bildungsgrad und einen schlechteren Gesundheitszustand auf. Gerade für diese Gruppe stellt die Begleitung der Angehörigen eine wichtige Unterstützungsfunktion dar, da sie dazu neigen weniger Fragen zu stellen, weniger Bedenken zu äußern und weniger Anstrengungen zu unternehmen, um Fragen im Arzt-Patientengespräch zu klären (Wolff und Roter 2011).

Patienten haben daher mehrheitlich eine *positive Einstellung* zur Begleitung bei Arztterminen, allerdings möchten sie die Entscheidung darüber haben, ob der Angehörige sie begleitet oder nicht. Sie bewerten es positiv, wenn der Arzt den Kontakt zu den Angehörigen sucht. Zwischen 16 und 30 % der unbegleiteten Patienten würden gern begleitet werden. Dies trifft besonders für Krebspatienten zu, die sich Begleitung bei Terminen wünschen, bei denen schwerwiegende Entscheidungen getroffen werden müssen (Laidsaar-Powell et al. 2013). Ebenso zeigt sich in der Patientenzufriedenheit, dass gerade die älteren Patienten zufriedener waren, wenn sie begleitet wurden. Für Krankenhausbesuche zeigen sich zudem direkte Wirkungen auf die körperliche Gesundheit. Patienten, die nach einer Operation viele Besuche erhielten, nahmen weniger Schmerzmittel ein und konnten schneller entlassen werden als Patienten, die seltener besucht wurden (Kulik und Mahler 1989). Im Krankenhaus und bei operativen Eingriffen mit Narkose können Angehörige die Patienten vor allem bei der Raum-Zeitorientierung unterstützen und geduldig Auskunft über das weitere Vorgehen geben. Häufig ist es durch ihre Anwesenheit möglich, die Patienten besser auf Verlegungen oder andere Veränderungen vorzubereiten und Delirzustände nach Operationen zu vermeiden (Wesch et al. 2013). Daraus wird deutlich, dass die Begleitung eine wichtige Voraussetzung für die informationellen Unterstützungsfunktionen (Abschn. 3.2) durch die Angehörigen darstellt.

Deutlich seltener wurden *negative Erfahrungen durch eine Angehörigenbegleitung* beim Arztbesuch berichtet (Rosland et al. 2011; Wolff und Roter 2011). Diese können darin bestehen, dass sich der Patient weniger selbstsicher im Gespräch fühlt, Auseinandersetzungen zwischen Angehörigen und dem Patienten entstehen und der Angehörige oder der Arzt dem anderen mehr Informationen mitteilen als sie – aus Sicht des Patienten – sollten. Nur ein geringer Anteil der Patienten hat Angst, dass der Arzt ihm weniger vertraut aufgrund der Informationen, die der Angehörige gesagt hat (Rosland et al. 2011). Es kann aber sein, dass sich Patienten in triadischen Konsultationen weniger aktiv am Gespräch beteiligen (Laidsaar-Powell et al. 2013) und sich das Selbstwertgefühl des Patienten durch die Anwesenheit eines Angehörigen mindert oder er sich vom Angehörigen abhängig fühlt. Dementsprechend sehen manche *Ärzte* den Begleiter auch als Zeichen, dass Patient nicht mehr selbst antworten kann (Laidsaar-Powell et al. 2013). Bei einer Analyse des Gesprächsinhaltes wird deutlich, dass Ärzte in begleiteten Gesprächen eher biomedizinische Informationen mitteilen und weniger soziale Konversation als in unbegleiteten Arzt-Patienten-Gesprächen betreiben (Laidsaar-Powell et al. 2013). Allerdings bleibt hierbei fraglich, inwieweit diese Ergebnisse auch auf die eher ältere und weniger gebildete Gruppe begleiteter Patienten zurückgeführt werden kann. Diese Patientengruppe ist möglicherweise mit den unbegleiteten Patienten nicht vergleichbar.

Die Befürchtungen der Ärzte teilen mehrheitlich weder Patienten noch Angehörige (Wolff und Roter 2011). *Angehörige* empfinden ihre Begleitung nicht als Bürde, möchten aber vom Patient eingeladen sein. Oft sind sie unsicher über ihre Rolle bei der Begleitung eines Arztbesuches. Dementsprechend sehen Angehörige ihre Anwesenheit häufig zwar als hilfreich an, fühlen sich teilweise aber auch überflüssig oder sogar aktiv ausgeschlossen oder übergangen. Viele sind daher nur passiver Beobachter (49 %) oder wenig am Gespräch beteiligt (18 %). Nur etwa ein Drittel beteiligt sich aktiv (Laidsaar-Powell et al. 2013), obwohl sich durch die verbale Beteiligung der Angehörigen auch zusätzliche positive Wirkungen für die Patienten zeigen (Wolff und Roter 2011). Für eine kollaborative Entscheidungsfindung, bei der ein Arzt sowohl den Patienten als auch den Angehörigen einbezieht, ist es notwendig, dass auch beide das jeweils wünschen. Zum Teil fühlen sich die Angehörigen allerdings überfordert von einer Mitentscheidung (Laidsaar-Powell et al. 2013).

Hierbei spielen auch *kulturelle Aspekte* eine wichtige Rolle (Alden et al. 2017). Für Patienten und Angehörige aus arabischen Kulturen und solche, die aus eher kollektiveren Kulturen sind, stellt der Besuch im Krankenhaus oder auch die Begleitung beim Arzt durch die Angehörigen eine wichtige emotionale Unterstützung und zum Teil auch eine soziale und religiöse Verpflichtung dar (Voigt und Praez-Johnsen 2001). Dies kann mitunter zu Konflikten mit dem Ruhebedürfnis der Patienten (und Mitpatienten im Krankenhaus), dem Autonomieverständnis der nationalen Gesundheitsversorgung sowie den organisatorischen und räumlichen Rahmenbedingungen medizinischer Einrichtungen führen (Reifegerste 2018).

3.3.2 Tröster

Empathische Unterstützung kann darin bestehen, dem Patienten und seinen Problemen zuzuhören, offen mit ihm zu kommunizieren, Trost zu spenden oder ihm Liebe, Sympathie, Mitgefühl und Zuneigung zu zeigen (Link und Reifegerste 2016; Neumann und Franke 2017). Sie hilft den Patienten die Unsicherheiten und Ängste mit den anstehenden Entscheidungen und der Behandlungssituation besser zu bewältigen, die Situation umzudeuten (Abschn. 4.2.2) bzw. optimistischer damit umzugehen. Vor allem indem sie das Gefühl vermittelt, dass diese mit der Situation nicht allein sind, verstanden werden und eine gewisse Stabilität im Alltag aufrecht erhalten bleibt (Ernst und Weißflog 2013). Die Empathie kann verbal, aber auch nonverbal vermittelt werden. Zu den nonverbalen Übermittlungsformen gehören Körpersprache, Stimmlage, Mimik, Nähe, angemessene

Berührungen (wie Hand halten, in den Arm nehmen, streicheln) sowie das Verweilen in der Stille (Hannawah und Rothenfluh 2014). In digitalen Medien drückt sich dies u. a. in der Verwendung von Emoticons (Duan et al. 2018; Lo 2008) oder der Feedbackaktivitäten wie Anzahl der Posts oder Likes aus (Reifegerste et al. 2017c).

Im Gegensatz zur informationellen Unterstützung, die auch von Experten und somit auch dem medizinischen Personal geleistet wird (Cutrona et al. 2015), wird diese Unterstützungsform vorrangig von den Familienangehörigen geleistet (Kjos et al. 2011). Dementsprechend ist die *Familienkohäsion* ein wichtiger Indikator für die emotionalen Unterstützungsressourcen eines Patienten. Sie beschreibt den Zusammenhalt, die Nähe und Verbundenheit einer Familie (Yoo et al. 2014) und bildet eine (schon vor der Erkrankung bestehende) wichtige Grundlage für die Unterstützungsbereitschaft unter Angehörigen. Durch die gemeinsame Bewältigung der Krankheit kann sie sich weiter intensivieren (Neumann und Franke 2017). Damit im Zusammenhang steht auch die Offenheit der Kommunikation in einer Familie (Abschn. 4.2.2), durch die es den Beteiligten möglich ist, ihre Bedürfnisse zu artikulieren und die notwendigen Ressourcen für die Bewältigung der Erkrankung zu finden (Yoo et al. 2014).

Ein *Mangel* an emotionaler Unterstützung kann dagegen dazu führen, dass sich die Patienten als Belastung für ihre Angehörigen fühlen (Neumann und Franke 2017). Allerdings kann auch ein Zuviel an emotionaler Unterstützung *dysfunktional* sein. Patienten können sich z. B. durch den als übertrieben empfundenen Optimismus möglicherweise unter Druck gesetzt und überfordert fühlen. Aussagen wie „Du musst jetzt positiv denken" oder „alles tun, was möglich ist" erscheinen zum Teil wenig hilfreich für die Patienten und können ihn eher in seinem eigenen Antrieb hemmen (Rexrodt von Fircks 2017). Sie empfinden die Unterstützung der Angehörigen dann möglicherweise als Versuch der Einflussnahme und Kontrolle. Wie bei der Entscheidungsunterstützung gilt es auch hier das adäquate Maß der Unterstützung (Abschn. 3.4) zu finden.

Empathie kann demnach für die emotionale Unterstützung eine wichtige Voraussetzung sein, da sie ein gegenseitiges Verständnis der emotionalen Verfassung und Bedürfnisse fördert (Stiff et al. 1988). Damit erhöht sich die Bereitschaft zu prosozialem Verhalten (sog. Empathie-Altruismus-Hypothese), welches sowohl auf das Wohl einer anderen Person als auch Verbesserung der eigenen Gefühle abzielt (Batson 2011; Bierhoff 2010). Empathie kann sich als überdauernde Tendenz in Form einer prosozialen Persönlichkeit oder besonderer Feinfühligkeit zeigen (Levine und Manning 2014; Woods et al. 2009), aber sich auch als Kommunikationskompetenz entwickeln. *Empathische Kommunikation* beinhaltet bspw. die gegenseitige Anerkennung von Emotionen, das gegenseitige

Verstehen durch Wiederholen des Gesagten, effektive Ratschläge geben oder das schweigsame Verweilen, wenn es nichts zu sagen gibt (Egbert et al. 2014). Es reicht also nicht nur die Bedürfnisse anderer angemessen wahrzunehmen, sondern dies sollte auch entsprechend vermittelt werden (Bodenmann 2000).

Für die Angehörigen ist es allerdings oft schwierig, den Patienten emotionale Unterstützung zu geben, wenn sie selbst von der Situation *überfordert* sind. Ein Zuviel an emotionaler Unterstützung (engl. emotional *overinvolvement*) kann auch für die Angehörigen zu einer Belastung werden (Jansen et al. 2014), weil sie mitleiden, gleichzeitig aber kaum etwas tun können und sich somit hilflos fühlen (Rexrodt von Fircks 2017). Die psychische Belastung kann dann für sie unter Umständen höher sein als für den Patienten selbst, insbesondere wenn es ihnen an Informations- und Austauschmöglichkeiten über die psychosoziale Bewältigung und den Umgang mit dem Patienten fehlt (Washington et al. 2011). Sie reagieren mitunter, indem sie Gespräche mit emotionalen Inhalten vermeiden, Konflikten aus dem Weg gehen oder selbst keine Emotionen zeigen, weil sie nicht wissen, wie sie mit dem Patienten umgehen und über die Krankheit reden können (Wilz und Meichsner 2015). Zusätzlich haben die Angehörigen eigene Bedürfnisse und Sorgen, die in engem Zusammenhang mit der Krankheit des Patienten und den damit verbundenen Lebens- und Rollenveränderungen stehen (Wright et al. 2010).

3.3.3 Motivator

Zu den Unterstützungsformen, die darauf abzielen das *Selbstwertgefühl* des anderen zu erhöhen (engl. esteem support), zählen bestimmte verbale Äußerungen zur Stärkung und Motivation (wie „Kopf hoch", „Bin stolz auf dich", „Du schaffst das", „Ich glaube an dich"), aber auch nonverbale Formen wie Anwesenheit oder Daumen drücken. Diese Formen der Unterstützung helfen dem Patient sich gestärkt auf die Bewältigung der Erkrankung zu konzentrieren (Yoo et al. 2014). Darüber hinaus kann die Selbstwertunterstützung auch die Bewertungsunterstützung oder Solidarität beinhalten, die sich auf die kommunizierte Übereinstimmung oder die Einschätzung bezieht, dass die angestrebten Werte angemessen sind (Knoll et al. 2017). Diese Form der Unterstützung ist besonders wichtig bei Krankheiten, die mit Stigmata (und damit ggf. der Isolation von anderen Personen und einem geringen Selbstwertgefühl) verbunden sind (Reifegerste et al. 2017c).

Selbstwertunterstützung leistet einen wichtigen Beitrag zur Motivation, zur Wahrnehmung der eigenen Kompetenz (d. h. Selbstwirksamkeit), dem *Empowerment* der Patienten und zur Lebensqualität der Patienten (Kahana und Kahana

2007). Sie kann dazu führen, dass die Patienten im Sinne einer Patientenautonomie und des partizipativen Modells (Abschn. 2.2.1.1) eher die Entscheidung selbst treffen, während Patienten ohne unterstützenden Partner die Entscheidung eher dem Arzt überlassen. Die Angehörigen wollen hierbei häufig lediglich Beistand (Abschn. 3.4.2) leisten und sind weniger an einer aktiven Mitwirkung am Entscheidungsprozess interessiert (Claus und Ernst 2008). Neben den Effekten in der Entscheidungsfindung kann die Selbstwertunterstützung auch in der Gesundheitsförderung und Therapie einen moderierenden Effekt haben und dazu führen, dass die Patienten motivierter sind, die empfohlenen Verhaltensweisen umzusetzen (Chogahara 1999; MacGeorge et al. 2011). Dementsprechend kann ihre Unterstützung auch darin bestehen, den Patienten dazu zu ermuntern eine Entscheidung zu treffen, eine Behandlung zu beginnen bzw. weiterzuführen oder Rahmenbedingungen zu schaffen, die dies ermöglichen (Link und Reifegerste 2016).

Die Selbstwertungsunterstützung ist somit (ebenso wie die Begleitungsunterstützung) eine wichtige Voraussetzung, um Informationen über andere Unterstützungsbedürfnisse zu erhalten. Die Wahrnehmung, dass ein Beziehungspartner unsere Bedürfnisse berücksichtigt, uns akzeptiert und schätzt wie wir sind und wir ihm wichtig sind, erhöht deutlich die Bereitschaft selbst Probleme und Bedürfnisse zu enthüllen (Karremans und Finkenauer 2014). Dazu gehört auch dem anderen dies durch nonverbales Verhalten wie Nicken, Lächeln oder entsprechendes Interesse zum Ausdruck zu bringen. Wenn Menschen hingegen das Gefühl haben, dass der andere sie nicht so akzeptiert oder keine Aufmerksamkeit schenkt (z. B. durch parallele andere Mediennutzung), werden sie ihm eher nicht vertrauen und keine Informationen preisgeben (Reis et al. 2004).

Als gegenteilige, d. h. nicht selbstwertunterstützende (d. h. *unterminierende*) *Formen* beschreibt Bodenmann (2000) das floskelhafte sowie das hostile dyadische Coping. Bei der floskelhaften Unterstützung unternimmt der Partner nur oberflächliche Unterstützungsversuche, die mit geringer Aufmerksamkeit des Angehörigen einhergehen, bspw. weil dieser selbst überlastet oder situativ überfordert ist. Demgegenüber ist das hostile Coping eine viel aktivere Form der Selbstwertminderung. Sie äußert sich durch feindselige, herabsetzende, distanzierte, kritische oder sarkastische Äußerungen sowie in offenem Desinteresse gegenüber den Problemen des anderen, die sich auch in nonverbalem Verhalten wie Gähnen, fehlender Blickkontakt oder abgewandter Körperhaltung zeigen können (Bodenmann 2008). Selbstwertmindernde Formen können zudem direkte Schuldzuweisungen wie bspw. „Siehst du, das hast du jetzt davon“ oder „Das kommt vom Rauchen“ anlässlich einer Krebsdiagnosestellung sein (Rexrodt von Fircks 2017).

3.4 Unterstützungsrollen in der Entscheidungsfindung

Da häufig sehr unterschiedliche Optionen zur Lösung gesundheitlicher Probleme vorliegen und Patienten aufgrund ihrer gesundheitlichen Verfassung mitunter von dieser Auswahl überfordert sind, kommt den Angehörigen eine wichtige Rolle in der medizinischen Entscheidungsfindung zu. Ihre Rollen lassen sich in Abhängigkeit von der Unterstützungsrichtung in zwei Arten unterscheiden. Einerseits dienen die Angehörigen als wichtige entscheidungsrelevante Informationsquelle für die Patienten, damit diese Entscheidungen treffen können. Die Angehörigen unterstützen damit den *Prozess der Entscheidungsfindung* (Krieger 2014) als Ratgeber. Anderseits können sie wichtige Unterstützung leisten, indem sie bei der *Durchsetzung der Entscheidungen* des Patienten als Interessenvertreter helfen (siehe Tab. 3.3). Beide Formen können auch gemeinsam vorkommen, wenn bspw. ein Betreuer oder ein Vormund die Entscheidung stellvertretend für den Patienten trifft und diese auch vertritt.

Zusätzlich (zu diesen beiden aktiven Formen der Entscheidungsunterstützung) stellt auch die (eher passive) Akzeptanz der vom Patienten allein getroffenen Entscheidung durch die Familienmitglieder eine Unterstützungsleistung dar

Tab. 3.3 Angehörigenrollen der Entscheidungsunterstützung

Rollenbezeichnung	Alternative Namen	Funktion	Potenzielle Dysfunktion	Modell	Funktionale Alternativen
Ratgeber	Meinungsführer, Influencer	Hilfe bei der Entscheidungsfindung	Bevormundung	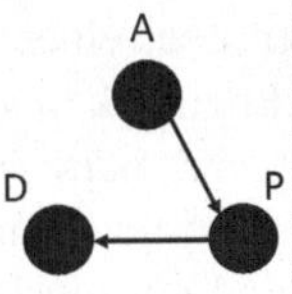	Schriftliche oder digitale Entscheidungshilfen
Interessenvertreter	Fürsprecher, Vormund, Stellvertreter, Betreuer, Bevollmächtigter, Anwalt, Manager	Stellvertretung, Interessenvertretung	Vertretung von Eigeninteressen	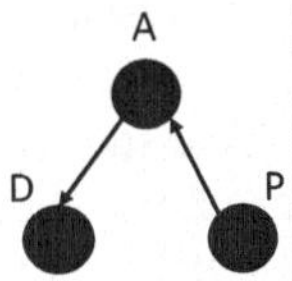	Formelle Fürsprecher, Anwalt, Betreuer, Stellvertreter

Anmerkungen: A = Angehörige; P = Patient; D = Dritte Person (z. B. Arzt)

(Krieger 2014). Allerdings nur dann, wenn dies vom Patienten auch so gewünscht wird, andernfalls gilt diese Form als isolierte Entscheidungsfindung (Abschn. 2.3.1). Ebenso können Angehörige zur Entscheidungsfindung beitragen, indem sie den Prozess der Entscheidungsfindung immer wieder aktivieren und motivieren ohne selbst eine Entscheidungspräferenz zu haben (Link und Reifegerste 2016). Dementsprechend lässt sich auch die Funktionalität der Nichtbeteiligung oder passiven Unterstützung nur unter Berücksichtigung der Patientenperspektive bewerten (Abschn. 2.3.2).

3.4.1 Ratgeber

Eine wichtige Unterstützung zur Vorbereitung einer Entscheidung kann bereits die Informationssuche und -aufbereitung durch die Angehörigen sein (Abschn. 3.2.1 und 3.2.2). Darüber hinaus können auch Formen der emotionalen Unterstützung durch gemeinsame Gespräche oder die Stärkung der emotionalen Verfassung und des Selbstwertgefühls (Abschn. 3.3) die Entscheidungsfindung erleichtern. In der Diskussion (bzw. Deliberation) mit den Angehörigen können sich die Patienten über ihre eigenen Wertvorstellungen und die Bewertung der Vor- und Nachteile einzelner Therapieoptionen klarer werden. Allein das Gespräch mit dem Angehörigen verhilft dem Patienten seine eigenen Haltungen und Überzeugungen kennenzulernen (Miller et al. 2009). Dies gilt insbesondere bei Entscheidungen, die einen größere Tragweite haben und über einen größeren Zeitraum (im Gegensatz zu Notfallsituationen) getroffen werden (Hannawah und Rothenfluh 2014). Der regelmäßige Austausch zwischen Angehörigen und Patienten ist daher besonders relevant bei Chronikern, die oft viele Einzelentscheidungen über einen größeren Zeitraum zu entscheiden haben (Wolff und Roter 2011). Ebenso können die Patienten mit dem Angehörigen das Gespräch mit dem Arzt vor- oder nachbereiten und dessen Erläuterungen und Empfehlungen besprechen und gemeinsam bewerten, was ihnen meist hilft diese besser zu verstehen und einzuordnen (Link und Reifegerste 2016). Dies wird mitunter durch die Teilnahme der Angehörigen an den Arztgesprächen intensiviert, findet aber häufig auch „behind the scenes“ statt (Hubbard et al. 2010) und ist somit für das medizinische Personal möglicherweise gar nicht transparent.

Die Rolle des Ratgebers beinhaltet zusätzlich zu den entscheidungsaktivierenden Unterstützungsleistungen auch *Ratschläge und explizite Empfehlungen* für die Entscheidungsfindung. Angehörige empfehlen beispielsweise welcher Arzt, welche Klinik oder welche (alternative) Therapieoption gewählt werden sollte (Bischofberger 2011). Patienten nehmen diese Empfehlungen von Angehörigen häufig (aber nicht in jedem Fall) gern an (Link und Reifegerste 2016) und mitunter delegieren sie die Entscheidungen sogar direkt an ihre Angehörigen, indem sie diese bitten die Entscheidung zu treffen (Krieger 2014). Die Übergänge zwischen den verschiedenen Formen der Unterstützung sowie den Ausprägungen der Angehörigenbeteiligung sind hierbei allerdings fließend. Auch die Selektion und Bereitstellung (bzw. Nichtbereitstellung) bestimmter Informationen durch den Gatekeeper (Abschn. 3.2.2) kann bereits eine implizite Entscheidungsempfehlung darstellen.

Die Ratgeberfunktion der Angehörigen ist vergleichbar mit der des *Meinungsführers* (engl. opinion leader), der in der kommunikationswissenschaftlichen Forschung zum Two-Step-Flow (Abschn. 2.4.1) die am meisten beachtete und am häufigsten untersuchte Kommunikationsrolle darstellt. Meinungsführer sind „individuals who were likely to influence other persons in their immediate environment“ (Katz und Lazarsfeld 1955, S. 3). Sie geben ihre Meinung an die Meinungsfolger weiter (Park 2013) und können eine Entscheidung hervorrufen, verstärken oder verändern (Lazarsfeld et al. 1944). Meinungsführer wurden aber in der kommunikationswissenschaftlichen Forschung nicht nur als Meinungsbeeinflusser, sondern auch als Ratgeber verstanden. Lazarsfeld und Kollegen (1944) nutzen in der Ursprungsstudie neben dem Item zur Meinungsbeeinflussung („Have you tried to convince anyone of your political ideas recently?“) auch die Ratgeberfunktion („Has anyone asked your advice on a political question recently?“) zur Operationalisierung der Meinungsführer. Während die erste Operationalisierung eine eher senderzentrierte Perspektive zur Interessendurchsetzung darstellt, spiegelt die zweite eher die empfängerorientierte Perspektive der Entscheidungsunterstützung wider. Es zeigt sich hierbei wiederum, dass die Bewertung des Austauschprozesses (Abschn. 2.3.2) aus den verschiedenen Perspektiven relevant für die Einschätzung der Kommunikation ist.

In die medizinische Entscheidungsfindung involvierte Familienangehörige sind meist weibliche, (im Vergleich zum Patienten) höher gebildete Personen mittleren Alters. Zudem werden vor allem Familienangehörige, die selbst medizinische Berufe ausüben oder entsprechende Erfahrungen besitzen an Gesundheitsentscheidungen beteiligt (Laidsaar-Powell et al. 2016). *Funktionale Alternativen oder Ergänzungen* zum Angehörigen als Ratgeber sind dementsprechend vor allem Personen mit umfangreicher Erfahrung und Wissen zu dem betreffenden Themenfeld (Abschn. 2.5.2). Angehörige haben meist weniger Erfahrung mit der Erkrankung und ihrer Bewältigung (außer sie sind auch betroffen oder waren bereits durch andere Angehörige indirekt betroffen), kennen aber die Werte des Patienten und seine Lebenssituation sehr gut.

Am häufigsten unterstützen daher die Partner den Patienten in der Entscheidungsfindung, gefolgt von erwachsenen Kindern. Andere Verwandte, Freunde oder Nachbarn beteiligen sich hingegen sehr viel seltener an der Entscheidungsfindung (Krok-Schoen et al. 2017; Laidsaar-Powell et al. 2013; Wolff und Roter 2012). Die Beteiligung der Angehörigen hängt aber nicht nur vom Beziehungstyp, sondern auch vom Beziehungsstatus der Dyade Angehöriger-Patient vor der Krankheit ab. Eine hohe Beziehungsqualität geht mit einer hohen Beteiligung der Angehörigen an medizinischen Entscheidungen einher (Laidsaar-Powell et al. 2016; Zhang und Siminoff 2003).

Im TRIO-Framework (Abschn. 2.3.1) wird zudem deutlich, dass auch das *Verhalten des Arztes* eine wichtige Rolle für die Angehörigenbeteiligung spielt. Wird die Entscheidungsunterstützung des Arztes als zu gering empfunden, kann dies ebenso die Beteiligung der Angehörigen erhöhen (Link und Reifegerste 2016). Hierbei liegt die Unterstützung dann nicht darin das Empowerment des Patienten gegen den paternalistischen Arzt (Abschn. 2.2.1.1) zu stärken, sondern die fehlende Entscheidungsunterstützung des Arztes (der lediglich die informierende Rolle übernimmt) zu kompensieren.

Unterstützend wird die Ratgeberfunktion dann empfunden, wenn sie vom Patienten initiiert und gewünscht ist und die Autonomie des Patienten stärkt (Kahana und Kahana 2007) und die Entscheidung somit kollaborativ erfolgt (Krieger 2014), weil sie den Patienten hilft die komplexen Informationen einer hochemotionalen, unsicheren Situation besser zu verarbeiten (Laidsaar-Powell et al. 2016). Patienten können dann einen Teil der Verantwortung in schwierigen und komplexen Entscheidungsfindungssituationen mit ihren Angehörigen teilen bzw. abgeben (Krieger 2014). Vergleichbar wäre dies mit der partizipativen Rolle des Arztes, der den Patienten darin unterstützt auf der Basis einer Werteexploration eine angemessene Entscheidung zu treffen (Abschn. 2.2.1.1). Dementsprechend können Entscheidungshilfen alternative oder ergänzende Funktionen erfüllen.

Als *dysfunktional* (aus der Patientenperspektive) erscheinen hingegen Entscheidungsstile von Angehörigen, die sich gegen den Wunsch des Patienten an der Entscheidung beteiligen wollen, das Verhalten des Patienten (wie z. B. die Ernährung) ungewünscht überwachen bzw. kontrollieren (Mayberry et al. 2014), deren Eigeninteressen ihre Empfehlungen und Ratschläge beeinflussen und deren Entscheidungen die des Patienten dominieren (Krieger 2014; Wilz und Meichsner 2012). Dies wäre vergleichbar mit dem als bevormundend und kontrollierend empfundenen paternalistischen Arzt oder Berater (Abschn. 2.2.1.1), der die Entscheidungen autoritär ohne die Zustimmung des Patienten trifft. Die Wahrscheinlichkeit von Reaktanz und Abwehrreaktionen ist bei diesen Kommunikationsstilen folglich sehr hoch (Dillard und Shen 2005) und gerade für langfristige Gesundheitsverhaltensveränderungen nicht förderlich (Miller et al. 2009).

Zahlreiche medizinische Entscheidungssituationen (insbesondere bei psychischen Erkrankungen) machen allerdings deutlich, dass die *Priorisierung des Patientenwunsches* nicht immer auch zur gesundheitsförderlichsten Entscheidung führt und dann doch Bevormundung und Kontrolle ausgeübt werden bzw. werden müssen. Rechtlich ist dies dann möglich, wenn Patienten als nicht geschäfts- oder einwilligungsfähig eingeschätzt werden bzw. noch minderjährig sind (Lipp und Brauer 2016). Beispiele sind Demenzpatienten im fortgeschrittenen Stadium, die sich allein auf den Weg machen wollen und daran gegen ihren Willen gehindert werden; Depressionspatienten, die ihren Suizid vorbereiten und gegen ihren Willen von Angehörigen in eine Klinik eingewiesen werden oder essgestörte minderjährige Patienten, die zwangsernährt werden. Fälle wie die Affäre Mollath (bei der ein Mann vor allem durch seine Ehefrau zu Unrecht wegen Schizophrenie eingewiesen wurde, weil er Vorwürfe wegen Bankkorruption gegen sie und andere äußerte) zeigen aber auch, dass diese Form der Entscheidungsbeteiligung von Angehörigen anfällig für *Missbrauch* ist (Ritzer und Przybilla 2013). Die Abwägung zwischen der Autonomie der Patienten und Fürsorgepflichten der Angehörigen unter Berücksichtigung der Entscheidungskompetenzen des Patienten, stellt somit eine der größten Herausforderungen der Entscheidungsunterstützung dar.

3.4.2 Interessenvertreter

Die Rolle des Fürsprechers, Interessenvertreters oder anwaltlichen Vertreters (engl. advocate) stellt eine Fortführung der Rolle des Repräsentanten (Abschn. 3.2.3) dar. Hierbei tritt der Angehörige nicht nur als eine Art Unternehmenssprecher auf, der Informationen über den Patienten an die Außenwelt weitergibt, sondern er vertritt auch die Interessen und Wünsche des Patienten gegenüber Dritten und tritt somit als *Verstärker* (Friemel 2008) auf. Während die Rolle des Ratgebers oder Meinungsführers der Richtung des klassischen Two-Step-Flow Modells (Abschn. 2.4.1) entspricht (bei der die Meinung vom Angehörigen zum Patienten fließt), ist die *Richtung des Informationsflusses beim Interessenvertreter umgekehrt* und verläuft vom Patienten zum Angehörigen, der sie dann an Dritte weitergibt und sie gegenüber diesen durchsetzt (siehe Tab. 3.4). In der Idealform setzt er dabei nicht seine eigenen Interessen und Empfehlungen durch (wie es ein Meinungsführer tun würde), sondern die des Patienten. Die Unterstützungsleistung zielt somit darauf ab, die Interessen und Meinungen zu

Tab. 3.4 Angehörigenrollen der instrumentellen Unterstützung

Rollen-bezeichnung	Alternative Namen	Funktion	Potenzielle Dysfunktion	Modell	Funktionale Alternativen
Praktiker	Helfer	Transport, Geld, Hilfe beim Waschen, Kochen, pflegerische Versorgung, Hauswirtschaft	Förderung von Abhängigkeit, Schuldgefühle	A, D, P	Formelle Unterstützung durch Pflegedienst, Haushaltshilfe u. ä.
Organisator	Manager	Organisation der Versorgung, Abstimmung mit Kosten	Überforderung der Angehörigen, fehlende Anerkennung für Aufgabe	A, D, P	Sozialer Dienst, gesetzlicher Betreuer

Anmerkungen: A = Angehörige/r; P = Patient/in; D = Dritte Person (z. B. Arzt/Ärztin)

verstärken bzw. durchzusetzen, aber nicht sie zu verändern (Hauke et al. 2011; Krieger 2014). Damit erhöht der Angehörige das Empowerment des Patienten.

Eine wichtige Vorform ist dementsprechend auch die Selbstwertunterstützung (Abschn. 3.3.3), die den Patienten bestärkt seine Interessen selbst zu vertreten. Ist dies aus gesundheitlichen oder anderen Gründen nicht (mehr oder noch nicht) möglich, übernimmt häufig der Angehörige diese Rolle. Dies ist vor allem mit minderjährigen Patienten oder bei Entscheidungen in Intensivstationen, in der Palliativversorgung, beim Wachkoma oder Notfallambulanzen der Fall (Heyland et al. 2003; Quinn et al. 2012), kann aber auch nach dem Tod des Patienten relevant sein, wenn es bspw. gilt zu entscheiden, ob eine Organspende erfolgen kann (Lindsey 2005).

Als Interessenvertretern kommt den Angehörigen auch die Beaufsichtigung der Qualität der Versorgung zu. So prüfen bspw. Angehörige von Demenzkranken, ob der Patient sauber und gepflegt aussieht, ob die Einrichtung die Bewohner stimuliert, wie einfühlsam die Mitarbeiter auf die Bedürfnisse der Bewohner eingehen oder ob der Patient Druckstellen hat (Woods et al. 2009). Denn auch wenn sie den Patienten bspw. statt in der häuslichen Pflege in einer

Pflegeeinrichtung unterbringen, sind die Angehörige immer noch dafür verantwortlich seine Würde zu schützen, sein Selbstwertgefühl zu stärken und seine Individualität zu erhalten (Woods et al. 2009).

Die Rolle des Interessenvertreters kann informell (d. h. nicht gesetzlich geregelt) als Fürsprecher ausgeübt werden, bei der Angehörige die Patientenwünsche weitergeben und verstärken. In vielen Fällen ist es allerdings erforderlich, dass der Interessenvertreter in Form eines gesetzlichen Vertreters in der Rolle eines Erziehungsberechtigten, Vormunds, Betreuers oder Bevollmächtigten (Hauke et al. 2011; Lipp und Brauer 2016) auftritt, um die Interessen des Patienten auch rechtlich wirksam in der Gesundheitsversorgung vertreten zu können. Auch wenn dies gesetzlich nicht vorgeschrieben ist, übernehmen vor allem Angehörige diese Rolle als Stellvertreter (Sahm und Will 2005). Dies ist vor allem darauf zurückzuführen, dass sie den Patienten und seine Wünsche am besten kennen, kann aber bspw. durch (potenzielle) Erbschaften oder Scheidungsprozesse auch zu problematischen Interessenkonflikten führen.

Steht kein Angehöriger für diese Rolle zur Verfügung wird sie aber auch durch formelle Betreuer (wie Anwälte, Sozialarbeiter o. ä.) als *funktionale Alternativen* der Angehörigenrollen ausgeführt. Bestenfalls haben Patienten ihre Interessen bereits im Vorfeld einer Situation der Einwilligungsunfähigkeit in einer Vollmacht oder einer Betreuungsverfügung festgelegt. Obwohl Intensivmediziner die Patientenverfügungen mehrheitlich als hilfreich empfinden (Langer et al. 2016), fällt die Quote der Patienten mit Patientenverfügung in der allgemeinen Bevölkerung mit etwa 10 % noch recht gering aus (Lang und Wagner 2007) und liegt selbst für Personen mit Vorerkrankungen nur bei etwa 30 % (Pfadenhauer und Kellner 2013).

Für das *medizinische Personal* ist es oft schwer zu erkennen und zu entscheiden, wer die entsprechenden Informationen erhalten darf und befugt ist, Entscheidungen zu treffen und ob dessen Präferenzen auch im Sinne des Patienten sind. Rechtlich ist es sogar oft notwendig, einen gesetzlichen Vertreter für den Patienten zu finden, der aber nicht zwangsläufig der Angehörige ist (Lipp und Brauer 2016). Somit stellt die Rolle des Interessenvertreters für die *Angehörigen* eine Herausforderung in mehrfacher Hinsicht dar. Zunächst ist es für die Angehörigen oft schwierig Zugang zu entscheidungsrelevanten medizinischen Informationen zu bekommen (insbesondere für weit entfernt wohnende Angehörige). Von den Ärzten wird ihre Rolle (vor allem wenn sie informell ist und sie nur als Begleiter auftreten) häufig nicht anerkannt, wenn sie die Informationen des Arztes hinterfragen oder alternative Vorschläge einbringen (Epstein 2013; Kirschning und Kardorff 2007). Zudem fürchten viele Angehörige, dass sie durch die Interessenvertretung (d. h. der Durchsetzung von Patientenwünschen) die Situation für den Patienten (z. B. in einer Pflegeeinrichtung) eher verschlimmern als verbessern (George und George 2003).

Oft geraten sie auch in Entscheidungssituationen (wie Organspende, lebensverlängernde Maßnahmen oder stationäre Aufnahme) zu denen sie die Präferenz des Patienten nicht kennen und im Moment der Entscheidung auch nicht (mehr) in Erfahrung bringen können. Die Wünsche für die Palliativversorgung und den Todesfall haben Patienten vielfach nicht mit ihren Angehörigen besprochen, obwohl die entsprechenden Maßnahmen und Angebote zunehmen (Woods et al. 2009). Dies kann insbesondere bei plötzlichen (sie unvorbereitet treffenden) Entscheidungssituationen die Angehörigen überfordern, da sie möglicherweise gerade noch mit der emotionalen Bewältigung der Krise (Unfall, Tod o. ä.) beschäftigt sind (George und George 2003).

Die *dysfunktionale Variante* der Entscheidungsunterstützung wäre ein Patient, der sich zu Unrecht als bedürftig und einwilligungsunfähig eingeschätzt fühlt. Er empfindet die Unterstützung daher nicht als hilfreich, sondern als bevormundend. Edwards und Chapman (2004) gehen davon aus, dass dies häufig aufgrund stereotyper Rollenerwartungen an alte Menschen geschieht, die dann pauschal oder aufgrund körperlicher Fragilität als weniger entscheidungsfähig eingeschätzt werden. Problematisch ist die Rolle der Interessenvertretung auch dann, wenn die Angehörigen ihre persönlichen Interessen höher priorisieren als die des Patienten. Während die Entscheidungsunterstützung in diesen Fällen zu stark ausgeprägt ist, kann ebenso zu wenig Unterstützung dysfunktional bzw. weniger hilfreich sein.

3.5 Rollen der instrumentellen Unterstützung

Instrumentelle Unterstützung bezieht sich vor allem auf die Sicherstellung des alltäglichen gewohnten Lebens in seinen „normalen" Abläufen, d. h. *praktische Alltagshilfe,* wie die Versorgung mit Essen, Hilfe bei der Körperhygiene, Besorgungen von Arznei- oder Hilfsmitteln, Haushaltsaufgaben oder die Versorgung minderjähriger Kinder (Neumann und Franke 2017). Die Rolle wird daher auch mit Praktiker (siehe Tab. 3.4) betitelt, der pflegerische und medizinische Aufgaben ausführt (Bischofberger 2011). Instrumentelle Unterstützung kann aber auch finanzielle Leistungen, die stellvertretende Übernahme von Aufgaben für den Patienten (Neumann und Franke 2017) oder die Spende von Organen oder Knochenmark (Lindsey 2005) enthalten. Im Bereich der Gesundheitskommunikation kann instrumentelle Unterstützung ebenso darin bestehen, den Notarzt zu verständigen, einen Arzttermin zu vereinbaren, den Patienten dort hinzubringen, den Patienten an Arzttermine oder die Einnahme von Medikamenten zu erinnern, Fragen aufzulisten, Anträge zu stellen, einen Pflegedienst zu organisieren, zu überwachen oder Aufzeichnungen beim Arztgespräch zu machen (Boutin-Foster 2005; George und George 2003; Rosland et al. 2011). Im Gegensatz zur emotionalen Unterstützung ist instrumentelle Unterstützung direkt darauf ausgerichtet ein Problem zu beseitigen und beschränkt sich nicht auf die verbale oder nonverbale Kommunikation (Holt-Lunstead und Uchino 2015). Kommunikation ist aber häufig eine wichtige Voraussetzung, um diese Form der Unterstützung zu aktivieren und auch um sie auszuüben (Abschn. 2.5.2).

Die Übergänge vom unterstützenden, sorgenden zum pflegenden Angehörigen sind hierbei fließend und weder aus Sicht der Unterstützungsgeber (d. h. der Angehörigen) noch aus der Sicht der formellen Unterstützungsgeber immer klar abgrenzbar. Zudem unterliegen die Rollen der instrumentellen Unterstützung im Verlauf einer Krankheitsbewältigung auch starken Schwankungen (Abschn. 2.2.1.1). Vielfach ist den Angehörigen gar nicht bewusst, dass sie pflegende Angehöriger sind, bspw. weil sie die Unterstützungsleistung für selbstverständlich halten, deren Umfang unterschätzen (Höppner et al. 2015) oder nur als pflegende Angehörige definiert werden, wenn dies auch mit den entsprechenden Zahlungen von Pflegegeld und Sachleistungen einhergeht (Rothgang et al. 2017). Dies macht es außenstehenden Personen (wie dem Hausarzt oder sozialen Diensten) schwer diese Personen und ihren jeweiligen Unterstützungsbedarf zu erkennen. Auch die Übergänge zwischen informeller und formeller (d. h. professioneller) Pflege sind fließend. Vielfach übernehmen Angehörige Aufgaben des professionellen Hilfesystems und kompensieren oder ergänzen damit die professionelle Versorgung in unterschiedlicher Ausprägung (Schroer-Mollenschott und Pustmüller 2011). Die Bezeichnung der pflegenden Angehörigen als „Deutschlands größter Pflegedienst“ (Wetzstein et al. 2015) „Schattenbelegschaft“ (Bookman und Harrington 2007) und „tragende Säule der Pflege“ (DAK 2015, S. 2) machen dies deutlich.

Je nach Definition leben in Deutschland etwa drei Millionen pflegebedürftige Personen mit anerkannter Pflegestufe (Rothgang et al. 2017). 70 % von ihnen werden zu Hause versorgt, in fast der Hälfte der Fälle durch die Angehörigen (DAK 2015). Bei den zu Hause lebenden Pflegebedürftigen sind bei weniger als 10 % keine Angehörigen beteiligt (Schmidt und Schneekloth 2011). Darüber hinaus gibt es noch etwa 4,5 Mio. Personen mit Pflege- und Hilfebedarf aufgrund von Einschränkungen in den Aktivitäten des täglichen Lebens, die allerdings nicht den Kriterien der Pflegeversicherung entsprechen (Wetzstein et al. 2015). Für die Mehrzahl der pflegebedürftigen Personen stehen mehrere Angehörige für Unterstützungsleistungen zur Verfügung, die sich die Aufgaben aufteilen (Rothgang et al. 2017).

Zudem stellt auch die *Organisation* einer medizinischen Behandlung oder eines Pflegedienstes eine instrumentelle Unterstützungsform dar (Bischofberger 2011;

Höppner et al. 2015). Mit steigendem Alter bzw. zunehmendem Krankheitsfortschritt des Patienten wird die Angehörigenpflege zwar mehr und mehr durch professionelle Pflege in einer Pflegeeinrichtung oder durch ambulante Pflegedienste ersetzt, aber die entsprechende Kommunikation mit den Leistungserbringern und Kostenträgern nimmt eher zu (Rothgang et al. 2017). Darüber hinaus haben auch die Art und der Umfang des potenziellen instrumentellen Unterstützungsbedarfes in der *Zukunft* einen wichtigen Einfluss auf die Beteiligung der Angehörigen. So beteiligen sich Angehörige vor allem dann an medizinischen Entscheidungen, wenn von den Einschränkungen des Patienten auch selbst betroffen sind. Beispielsweise wenn sie bei Kniearthrose erwarten, dass sie nach einer Operation (oder ohne eine Operation) die Pflege oder die Haushaltsaufgaben übernehmen müssen (Link und Reifegerste 2016).

Insbesondere bei chronischen Erkrankungen (wie multipler Sklerose oder Rheuma) erfordert der oft jahrzehntelange Verlauf der Krankheit die stetige instrumentelle Unterstützung, um die Krankheit zu bewältigen. Neben der Alltagsbewältigung, kann die instrumentelle Unterstützung aber auch in Notfallsituationen bspw. im Kontext chronischer Erkrankungen (z. B. Epileptischer Anfall, Vergiftung, Hypoglykämie) notwendig sein (Reifegerste und Hartleib 2016). Insbesondere beim degenerativen Fortschreiten von chronischen Erkrankungen müssen die Rollen und deren Unterstützungsleistungen innerhalb der Familie dann immer wieder neu an die jeweiligen Bedarfe angepasst werden. Familien haben in dieser Hinsicht oft sehr hohe adaptive Kompetenzen, können aber vor allem in den Spätstadien chronischer Krankheiten, wenn die Funktionseinschränkungen der Patienten und die Pflegebedürftigkeit zunimmt, auch überlastet sein (Schaeffer und Haslbeck 2016). Dies ist häufig schwer für die Beteiligten und Außenstehende zu erkennen, da sich die Veränderungen meist langsam entwickeln bzw. im Verlauf wechseln.

Die Bereitschaft und Fähigkeit zur informationellen Unterstützung der Angehörigen wird sowohl von demografischen Faktoren als auch beziehungsbezogenen Faktoren beeinflusst. Angehörige, die instrumentelle Unterstützung leisten, umfassen aber eine *sehr heterogene Gruppe,* die alle Altersgruppen, Geschlechter und Sozialschichten einschließt. Daher fällt es schwer, sie aufgrund ihrer demografischen Merkmale zu identifizieren (Höppner et al. 2015). Tendenziell sind pflegende Angehörige eher weiblich, über 45 Jahre alt und nicht berufstätig, wobei ein Drittel (meist in Teilzeit) beschäftigt ist und der Anteil der pflegenden Männer zunimmt (DAK 2015; Rothgang et al. 2017). Allerdings werden in den Statistiken über pflegende Angehörige meist nur die instrumentellen Unterstützungsleistungen der pflegerischen und hauswirtschaftlichen Versorgung als *Pflegeleistung* erfasst, während die Organisation und Kommunikation mit Leistungserbringern und Kostenträgern nicht dazu gerechnet werden. Grundsätzlich geht der Gesetzgeber davon aus, dass Pflegeleistungen der Angehörigen ehrenamtlich erfolgen (Wetzstein et al. 2015).

Pflegende Angehörige definieren sich selbst meist bevorzugt über die *Beziehung* (als Tochter, Partner o. ä.) zu dem Pflegebedürftigen bzw. Unterstützungsempfänger (Carduff et al. 2014). Dementsprechend spielen hier wiederum (wie auch bei den anderen Unterstützungsformen) die beziehungsbezogenen Variablen neben den individuellen Charakteristika der Angehörigen eine wichtige Rolle für die instrumentelle Unterstützung. Pflegende Angehörige sind mehrheitlich enge Verwandte (d. h. Partner, Eltern und Kinder) und mehr als die Hälfte von ihnen lebt zusammen mit der zu pflegenden Person in einem gemeinsamen Haushalt (Schwinger et al. 2016). In sozialpsychologischen Untersuchungen und evolutionsbiologischen Studien wird deutlich, dass sich Hilfeverhalten vor allem aufgrund von Verwandtschaft (sog. nepotistischer Altruismus) oder aufgrund zu erwartender oder schon erhaltener Unterstützung zeigt (sog. reziproker Altruismus (Trivers 1972; Voland 2013). Es ist somit stark mit der Bindungs- bzw. Intimitätsmotivation (Sokolowski und Heckhausen 2010) verbunden. Neben der engen Bindung sind aber vielfach auch Pflicht- und Schuldgefühle Motive, die ausschlaggebend für die pflegenden Angehörigen sind (Perrig-Chiello und Höpflinger 2012).

Ihr *Vorwissen* zu pflegerischen Tätigkeiten ist dabei sehr unterschiedlich, je nachdem wie viel Pflegeerfahrung oder medizinische Vorbildung sie bereits haben (Benner 2017). Wobei die Pflege- und Gesundheitskompetenz (Abschn. 2.5.2) in Abhängigkeit vom Geschlecht stark variieren kann. So sind pflegende Frauen sowie ältere Personen meist besser über Gesundheitsthemen informiert als Männer und Jüngere (DAK 2015), was u. U. mit dem höheren Anteil der Frauen in Gesundheitsberufen zusammenhängt (Marstedt 2018). Teilweise mangelt es den informellen pflegenden Angehörigen aber an Fachwissen und Erfahrungen mit einer Krankheit (Badr et al. 2015), die nur Experten oder andere Betroffene aufweisen (Wright et al. 2010). Daher werden häufig solche Angehörige bevorzugt um Unterstützung gebeten, die gleichzeitig auch professionell im Gesundheitswesen (als Arzt oder Alten-/Gesundheits-/Krankenpfleger) tätig sind oder waren (Laidsaar-Powell et al. 2016; Liebert-Keller et al. 2018). Anderseits entwickeln sich pflegende Angehörige auch zu Experten der Pflege (Schroer-Mollenschott und Pustmüller 2011), ähnlich wie sich auch Informations- oder Entscheidungsunterstützer zu Experten entwickeln (Abschn. 3.2 und 3.4). Dies gilt insbesondere für die ambulante Intensivpflege oder die Palliativversorgung, die zunehmend auch ambulant durchgeführt wird und sehr spezifische Fachkenntnisse (z. B. zur Beatmung, Schmerzmittelgabe oder Überwachung spezifischer Körperparameter) erfordert (Docherty et al. 2008; Ewers et al. 2017).

Für den Patienten kann sowohl zu wenig als auch zu viel instrumentelle Unterstützung *dysfunktional* (d. h. weniger hilfreich) sein. Zu wenig instrumentelle Unterstützung zeigt sich daran, dass der Hilfsbedürftige zu wenig Hilfe erhält oder die Hilfe nur widerwillig geleistet wird, was oft auch nonverbal zum Ausdruck kommt (Bodenmann 2000). Zu viel instrumentelle Unterstützung und somit ein über-protektives Verhalten der Angehörigen (z. B. nach einem Schlaganfall) kann hingegen dazu führen, der Patient in der Rolle des Kranken verbleibt (Abschn. 2.2.1.1). Die zu hohe Unterstützung der Angehörigen behindert damit die Rehabilitation und (Wieder-)Selbstständigkeit des Patienten. Obwohl die Angehörigen dies meist aus Sorge um den Patient tun (und nur mit den besten Absichten) können sie damit die Inaktivität und auch das Risiko für Depressionen fördern (Wilz und Meichsner 2012). Zu viel instrumentelle Unterstützung kann zudem von den Patienten auch als Aufopferung empfunden werden und bei ihnen Schuldgefühle auslösen, da sie befürchten die geleistete Unterstützung nicht zurückgeben zu können (Kienle et al. 2006).

Rollenprobleme (Abschn. 2.2.2) in der instrumentellen Unterstützung zeigen sich häufig zwischen Angehörigen und dem medizinischen bzw. pflegerischem Personal. Hier gibt es vielfach Unklarheiten und unterschiedliche Rollenerwartungen darüber, welche Aufgaben von wem übernommen werden. Dies gilt auch für die Qualitätsüberwachung der pflegerischen Tätigkeiten. So haben bspw. die Angehörigen oft die Sorge, dass dies vom Personal als Einmischung interpretiert wird (Woods et al. 2009). Von den formellen Unterstützern werden Angehörige dann häufig als störend erlebt. Im positiven Fall können Angehörige aber auch als effektives Mitglied des Behandlungsteams (Hunter et al. 2014) und als wichtige Vertrauensperson für den Patienten betrachtet werden. In einigen Fällen können sie den Patienten viel besser versorgen und können die zunehmend knappen zeitlichen Ressourcen, die professionelle Helfer zur Verfügung haben, ausgleichen (George und George 2003). Es scheint aber wichtig zu sein, den Angehörigen zu vermitteln, dass ihre Pflegeleistungen nicht nur aus finanziellem Interesse, sondern vor allem zum Wohle des Patienten gern in Anspruch genommen werden (Reifegerste 2018).

Diese Abstimmungen zwischen formellen und informellen Unterstützern sind insbesondere bei Patienten mit *Migrationshintergrund* notwendig, wo Angehörige oft als mitpflegende Angehörige in Erscheinung treten. Da z. B. intime Körperpflege in anderen Kulturen nur von bestimmten Personen übernommen werden darf oder im Krankenhauswesen der Herkunftsländer die Körperpflege nicht vom medizinischen Personal übernommen wird, ist hier eine intensive Rollenklärung erforderlich. Ähnliche kulturelle Differenzen treffen für die Essensversorgung zu. Aufgrund von Religionszugehörigkeiten bestehen bestimmte Vorschriften für die

Nahrungszubereitung, die nur durch die Angehörigen geleistet werden können (Voigt und Praez-Johnsen 2001).

Instrumentelle Unterstützung, vor allem wenn es sich um umfangreiche pflegerische oder pflegeorganisatorische Tätigkeiten handelt, birgt auch ein hohes Risiko dafür, dass die Angehörigen selbst zu Patienten werden. Die Überlastung und Überforderung von pflegenden Angehörigen steht im Zusammenhang mit Rückenschmerzen, Depressionen, sozialer Isolation und aggressivem Verhalten (DAK 2015; Schwinger et al. 2016). Dabei fühlt sich etwa jede dritte Pflegeperson stark oder sehr stark überlastet (Nowossadeck et al. 2016). Hinzu kommen finanzielle Belastungen aufgrund der Finanzierung von Unterstützungsleistungen oder durch Verdienstausfälle, Rollenkonflikte mit beruflichen und anderen familiären Verpflichtungen und die gesellschaftliche Isolation aufgrund der zeitlichen Verpflichtungen (Kramer 2012; Schwinger et al. 2016; Wetzstein et al. 2015), denn Pflege wird hauptsächlich von Personen im erwerbsfähigen Alter geleistet (Schwinger et al. 2016). Zudem ist aufgrund der dynamischen Entwicklungen vieler Krankheitsbilder auch ihr Leben von Unsicherheit über den Behandlungserfolg und unklaren Zukunftsperspektiven geprägt (Ernst und Weißflog 2013). Problematisch können für Angehörige zudem die *Schuldgefühle* sein, wenn sie die Pflege an formellen Unterstützer in stationäre Pflegeeinrichtungen übergeben (Woods et al. 2009).

Die Unterstützungsleistungen der Angehörigen erfüllen somit vielfältige informationelle, emotionale, dezisionale und instrumentelle Funktionen. Aus der Sicht des Patienten oder aus Sicht eines Beobachters können diese Funktionen sowohl positiv als auch negativ bewertet werden.

Literatur

Abrahamson, J. A., Fisher, K. E., Turner, A. G., Durrance, J. C., & Turner, T. C. (2008). Lay information mediary behavior uncovered: Exploring how nonprofessionals seek health information for themselves and others online. *Journal of the Medical Library Association, 96*(4), 310–323. https://doi.org/10.3163/1536-5050.96.4.006.

Adams, E., Boulton, M., & Watson, E. (2009). The information needs of partners and family members of cancer patients: A systematic literature review. *Patient Education and Counseling, 77*(2), 179–186. https://doi.org/10.1016/j.pec.2009.03.027.

Alden, D. L., Friend, J., Lee, P. Y., Lee, Y. K., Trevena, L., Ng, C. J., et al. (2017). Who decides. Me or we? Family involvement in medical decision making in Eastern and Western countries. *Medical Decision Making, 38*(1), 14–25. https://doi.org/10.1177/0272989X17715628.

Aldrich, H., & Herker, D. (1977). Boundary spanning roles and organization structure. *Academy of Management Review, 2*(2), 217–230. https://doi.org/10.2307/257905.

Arendt, F., Steindl, N., & Kümpel, A. (2016). Implicit and explicit attitudes as predictors of gatekeeping, selective exposure, and news sharing. Testing a general model of media-related selection. *Journal of Communication, 66*(5), 717–740. https://doi.org/10.1111/jcom.12256.

Arrington, M. I. (2005). „She's right behind me all the way". An analysis of prostate cancer narratives and changes in family relationships. *Journal of Family Communication, 5*(2), 141–162. https://doi.org/10.1207/s15327698jfc0502_5.

Badr, H., Carmack, C. L., & Diefenbach, M. A. (2015). Psychosocial interventions for patients and caregivers in the age of new communication technologies: Opportunities and challenges in cancer care. *Journal of Health Communication, 20*(3), 328–342. https://doi.org/10.1080/10810730.2014.965369.

Baisch, S., Kolling, T., Rühl, S., Klein, B., Pantel, J., Oswald, F., et al. (2018). Emotionale Roboter im Pflegekontext. Empirische Analyse des bisherigen Einsatzes und der Wirkungen von Paro und Pleo. *Zeitschrift fur Gerontologie und Geriatrie, 51*(1), 16–24. https://doi.org/10.1007/s00391-017-1346-8.

Balfe, M., Keohane, K., O'brien, K., & Sharp, L. (2017). Social networks, social support and social negativity. A qualitative study of head and neck cancer caregivers' experiences. *European Journal of Cancer Care, 26*(6). https://doi.org/10.1111/ecc.12619.

Barzilai-Nahon, K. (2009). Gatekeeping. A critical review. *Annual Review of Information Science and Technology, 43*(1), 1–79. https://doi.org/10.1002/aris.2009.1440430117.

Batson, C. D. (2011). *Altruism in humans*. Oxford: Oxford University Press.

Baumann, E., & Czerwinski, F. (2015). Erst mal Doktor Google fragen? Nutzung Neuer Medien zur Information und zum Austausch über Gesundheitsthemen. In J. Böcken, B. Braun, & R. Meierjürgen (Hrsg.), *Gesundheitsmonitor 2015. Bürgerorientierung im Gesundheitswesen* (S. 57–79). Gütersloh: Bertelsmann Stiftung.

Benner, P. (2017). *Stufen zur Pflegekompetenz: From novice to expert* (3., unverä. Aufl.). Bern: Huber.

Bennett, P., & Gladman, J. (2013). The inclusion of parents or carers in the consultation process of developing health-promotion activities in the Australian context. *Health Education Journal, 72*(1), 70–85. https://doi.org/10.1177/0017896911430561.

Bevan, J. L., & Pecchioni, L. L. (2008). Understanding the impact of family caregiver cancer literacy on patient health outcomes. *Patient Education and Counseling, 71*(3), 356–364. https://doi.org/10.1016/j.pec.2008.02.022.

Bierhoff, H. W. (2010). *Psychologie prosozialen Verhaltens. Warum wir anderen helfen*. Stuttgart: Kohlhammer.

Bischof, G. (2012). Das «Community Reinforcement and Family Training» CRAFT. *Suchtmagazin, 1,* 30–32. https://www.suchtmagazin.ch/tl_files/templates/Suchtmagazin/user_upload/texte_old/text1-12.pdf.

Bischofberger, I. (2011). Angehörige als wandelnde Patientenakte. Ausgewählte Ergebnisse aus einem Projekt zur Klärung der Rolle der Angehörigen. *Care Management, 4*(5), 27–29. https://www.careum.ch/documents/20181/63542/Bischofberger_2011_Patientenakte.pdf/7bcfe42a-57fa-49cb-8db0-ac07265e159c.

Blech, S., Dechant, P., Mörgenthaler, R., & Reifegerste, D. (2017). Die Online-Suche nach Gesundheitsinformationen für nahestehende Personen am Beispiel von Depressionserkrankungen. In C. Lampert & M. Grimm (Hrsg.), *Gesundheitskommunikation als transdisziplinäres Forschungsfeld* (S. 131–142). Baden-Baden: Nomos.

Böcken, J., Braun, B. & Meierjürgen, R. (Hrsg.). (2015). *Gesundheitsmonitor 2015. Bürgerorientierung im Gesundheitswesen*. Gütersloh: Bertelsmann Stiftung.

Bodenmann, G. (2000). *Stress und Coping bei Paaren*. Göttingen: Hogrefe.

Bodenmann, G. (2008). Dyadic coping and the significance of this concept for prevention and therapy. *Zeitschrift für Gesundheitspsychologie, 16*(3), 108–111. https://doi.org/10.1026/0943-8149.16.3.108.

Bogg, T., & Vo, P. T. (2014). Openness, neuroticism, conscientiousness, and family health and aging concerns interact in the prediction of health-related Internet searches in a representative U.S. sample. *Frontiers in Psychology, 5,* 370. https://doi.org/10.3389/fpsyg.2014.00370.

Boltong, A., Ledwick, M., Babb, K., Sutton, C., & Ugalde, A. (2017). Exploring the rationale, experience and impact of using Cancer Information and Support (CIS) services. An international qualitative study. *Supportive care in cancer: Official Journal of the Multinational Association of Supportive Care in Cancer, 25*(4), 1221–1228. https://doi.org/10.1007/s00520-016-3513-7.

Bookman, A., & Harrington, M. (2007). Family caregivers. A shadow workforce in the geriatric health care system? *Journal of Health Politics, Policy and Law, 32*(6), 1005–1041. https://doi.org/10.1215/03616878-2007-040.

Boutin-Foster, C. (2005). Getting to the heart of social support. A qualitative analysis of the types of instrumental support that are most helpful in motivating cardiac risk factor modification. *Heart and Lung, 34*(1), 22–29. https://doi.org/10.1016/j.hrtlng.2004.09.002.

Bruns, A. (2005). *Gatewatching: Collaborative online news production*. Bern: Peter Lang.

Canary, H. E. (2008). Creating supportive connections: A decade of research on support for families of children with disabilities. *Health Communication, 23,* 413–426. https://doi.org/10.1080/10410230802342085.

Carduff, E., Finucane, A., Kendall, M., Jarvis, A., Harrison, N., Greenacre, J. et al. (2014). Understanding the barriers to identifying carers of people with advanced illness in primary care. Triangulating three data sources. *BMC Family Practice, 15,* 48. https://doi.org/10.1186/1471-2296-15-48.

Carpenter, D. M., Elstad, E. A., Sage, A. J., Geryk, L. L., DeVellis, R. F., & Blalock, S. J. (2015). The relationship between partner information-seeking, information-sharing, and patient medication adherence. *Patient Education and Counseling, 98*(1), 120–124. https://doi.org/10.1016/j.pec.2014.10.001.

Cavallo, D. N., Brown, J. D., Tate, D. F., DeVellis, R. F., Zimmer, C., & Ammerman, A. S. (2014). The role of companionship, esteem, and informational support in explaining physical activity among young women in an online social network intervention. *Journal of Behavioral Medicine, 37*(5), 955–966. https://doi.org/10.1007/s10865-013-9534-5.

Chalmers, K., Marles, S., Tataryn, D., & Scott-Findlay, S. (2003). Reports of information and support needs of daughters and sisters of women with breast cancer. *European Journal of Cancer, 12*(1), 81–90. https://doi.org/10.1046/j.1365-2354.2003.00330.x.

Chiu, T. M. L., & Eysenbach, G. (2011). Theorizing the health service usage behavior of family caregivers: A qualitative study of an internet-based intervention. *International Journal of Medical Informatics, 80*(11), 754–764. https://doi.org/10.1016/j.ijmedinf.2011.08.010.

Chogahara, M. (1999). A multidimensional scale for assessing positive and negative social influences on physical activity in older adults. *The Journals of Gerontology Series B: Psychological Sciences and Social Sciences, 54*(6), S. 356–367. https://www.ncbi.nlm.nih.gov/pubmed/10625971.

Chung, J. E. (2014). Social networking in online support groups for health: How online social networking benefits patients. *Journal of Health Communication, 19*(6), 639–659. https://doi.org/10.1080/10810730.2012.757396.

Cioni, E., Lovari, A., & Tronu, P. (2018). We-caring. Searching for online health information by Italian families. *Health Communication, 33*(1), 68–77. https://doi.org/10.1080/10410236.2016.1242037.

Clarke, J. N. (2006). The case of the missing person: Alzheimer's disease in mass print magazines 1991–2001. Alzheimer's disease in mass print magazines 1991–2001. *Health Communication, 19*(3), 269–276. https://doi.org/10.1207/s15327027hc1903_9.

Claus, S., & Ernst, J. (2008). Tumorpatienten – Die Rolle der Angehörigen. *Heilberufe, 60*(11), 23–25. https://doi.org/10.1007/s00058-008-0186-8.

Couper, M. P., Singer, E., Levin, C. A., Fowler Jr, F. J., Fagerlin, A., & Zikmund-Fisher, B. J. (2010). Use of the Internet and ratings of information sources for medical decisions. Results from the DECISIONS survey. *Medical Decision Making, 30*(5 Suppl), 106–114. https://doi.org/10.1177/0272989X10377661.

Cutrona, C. E. & Russell, D. W. (1990). Type of social support and specific stress: Toward a theory of optimal matching. In B. R. Sarason, I. G. Sarason & G. R. Pierce (Hrsg.), *Social support: An interactional view* (S. 319–366). Oxford: John Wiley & Sons.

Cutrona, C. E., & Suhr, J. A. (1994). Social support communication in the context of marriage: An analysis of couples' supportive interactions. In B. R. Burleson, T. L. Albrecht, & I. G. Sarason (Hrsg.), *Communication of social support: Messages, interactions, relationships, and community* (S. 113–135). Thousand Oaks: Sage.

Cutrona, S. L., Mazor, K. M., Agunwamba, A. A., Valluri, S., Wilson, P. M., Sadasivam, R. S., et al. (2016). Health information brokers in the general population: An analysis of the health information national trends survey 2013–2014. *Journal of Medical Internet Research, 18*(6), e123. https://doi.org/10.2196/jmir.5447.

Cutrona, S. L., Mazor, K. M., Vieux, S. N., Luger, T. M., Volkman, J. E., & Finney Rutten, L. J. (2015). Health information-seeking on behalf of others: Characteristics of "Surrogate Seekers". *Journal of Cancer Education, 30*(1), 12–19. https://doi.org/10.1007/s13187-014-0701-3.

DAK. (Hrsg.). (2015). Pflege-Report 2015. So pflegt Deutschland. Hamburg. https://www.dak.de/dak/download/pflegereport-2015-1701160.pdf.

Dillard, J. P., & Shen, L. (2005). On the nature of reactance and its role in persuasive health communication. *Communications Monographs, 72*(2), 144–168. https://doi.org/10.1080/03637750500111815.

Docherty, A., Owens, A., Asadi-Lari, M., Petchey, R., Williams, J., & Carter, Y. H. (2008). Knowledge and information needs of informal caregivers in palliative care: A qualitative systematic review. *Palliative Medicine, 22*(2), 153–171. https://doi.org/10.1177/0269216307085343.

Donsbach, W. (2012). Journalists' role perception. In W. Donsbach (Hrsg.), *The international encyclopedia of communication.* https://doi.org/10.1002/9781405186407.wbiecj010.pub2.

Duan, J., Xia, X., & van Swol, L. M. (2018). Emoticons' influence on advice taking. *Computers in Human Behavior, 79,* 53–58. https://doi.org/10.1016/j.chb.2017.10.030.

Eberlein, E., Reifegerste, D., & Link, E. (2017). Triadische Kommunikation im Kontext medizinischer und psychotherapeutischer Behandlung: Die Rolle der Angehörigen von Depressionspatienten. In C. Lampert & M. Grimm (Hrsg.), *Gesundheitskommunikation als transdisziplinäres Forschungsfeld* (S. 237–248). Baden-Baden: Nomos.

Echlin, K. N., & Rees, C. E. (2002). Information needs and information-seeking behaviors of men with prostate cancer and their partners: A review of the literature. *Cancer Nursing, 25*(1), 35–41. https://doi.org/10.1097/00002820-200202000-00008.

Edwards, H., & Chapman, H. (2004). Communicating in family aged care dyads Part 1. The influence of stereotypical role expectations. *Quality in Ageing and Older Adults, 5*(2), 3–11. https://doi.org/10.1108/14717794200400008.

Egbert, N., Miraldi, L. B., & Murniadi, K. (2014). Friends don't let friends suffer from depression: How threat, efficacy, knowledge, and empathy relate to college students' intentions to intervene on behalf of a depressed friend. *Journal of Health Communication, 19*(4), 460–477. https://doi.org/10.1080/10810730.2013.821554.

Engelmann, I. (2016). *Gatekeeping*. Baden-Baden: Nomos. https://doi.org/10.5771/9783845263533.

Epstein, R. M. (2013). Whole mind and shared mind in clinical decision-making. *Patient Education and Counseling, 90*(2), 200–206. https://doi.org/10.1016/j.pec.2012.06.035.

Ernst, J., & Weißflog, G. (2013). Gemeinsam stark — Angehörige als Unterstützung. *Heilberufe, 65*(7–8), 56–59. https://doi.org/10.1007/s00058-013-0761-5.

Ewers, M., Schaepe, C., & Lehmann, Y. (2017). Alles sicher? – Risikosituationen in der häuslichen Intensivpflege aus Sicht beatmeter Patienten und ihrer Angehörigen. *Pflege, 30*(6), 365–373. https://doi.org/10.1024/1012-5302/a000560.

Fox, S., & Duggan, M. (2013a). Health online 2013. http://www.pewinternet.org/2013/01/15/health-online-2013/.

Fox, S., & Duggan, M. (2013b). Tracking for health. http://www.pewinternet.org/2013/01/28/tracking-for-health/.

Frey, L. M., & Cerel, J. (2013). Risk for suicide and the role of family. *Journal of Family Issues, 36*(6), 716–736. https://doi.org/10.1177/0192513X13515885.

Friemel, T. N. (2008). Anatomie von Kommunikationsrollen. *KZfSS Kölner Zeitschrift für Soziologie und Sozialpsychologie, 60*(3), 473–499. https://doi.org/10.1007/s11577-008-0024-7.

Gabriel, S., Read, J. P., Young, A. F., Bachrach, R. L., & Troisi, J. D. (2017). Social surrogate use in those exposed to trauma. I get by with a little help from my (fictional) friends. *Journal of Social and Clinical Psychology, 36*(1), 41–63. https://doi.org/10.1521/jscp.2017.36.1.41.

Galarce, E. M., Ramanadhan, S., & Viswanath, K. (2011). Health information seeking. In T. L. Thompson, R. Parrott, & J. F. Nussbaum (Hrsg.), *The Routledge handbook of health communication* (S. 167–180). London: Routledge.

George, W., & George, U. (Hrsg.). (2003). *Angehörigenintegration in der Pflege*. München: Reinhardt.

George, W. (2005). Evidenzbasierte Angehörigenintegration im Gesundheitswesen. http://www.lazarus.at/pflegedaheim/img_uploads/256-evidenzbasierte_angehoerigenintegration.pdf.

Gould, R. V., & Fernandez, R. M. (1989). Structures of mediation. A formal approach to brokerage in transaction networks. *Sociological Methodology, 19,* 89. https://doi.org/10.2307/270949.

Graeff, A. (2009). Der Expertenstandard zum Entlassungsmanagement in der Pflege des Deutschen Netzwerks zur Qualitätsentwicklung in der Pflege: Wirkungsvolles Instrument für die Qualitätsentwicklung in der Pflege? http://hdl.handle.net/10419/39185.

Gunn, K. L., Seers, K., Posner, N., & Coates, V. (2012). Somebody there to watch over you': The role of the family in everyday and emergency diabetes care. *Health and Social Care in the Community, 20*(6), 591–598. https://doi.org/10.1111/j.1365-2524.2012.01073.x.

Hannawah, A. F., & Rothenfluh, F. B. (2014). Arzt-Patient-Interaktion. In K. Hurrelmann & E. Baumann (Hrsg.), *Handbuch Gesundheitskommunikation* (S. 110–128). Bern: Huber.

Hauke, D., Reiter-Theil, S., Hoster, E., Hiddemann, W., & Winkler, E. C. (2011). The role of relatives in decisions concerning life-prolonging treatment in patients with end-stage malignant disorders. Informants, advocates or surrogate decision-makers? *Annals of Oncology, 22*(12), 2667–2674. https://doi.org/10.1093/annonc/mdr019.

Heyland, D. K., Cook, D. J., Rocker, G. M., Dodek, P. M., Kutsogiannis, D. J., Peters, S., et al. (2003). Decision-making in the ICU: Perspectives of the substitute decision-maker. *Intensive Care Medicine, 29*(1), 75–82. https://doi.org/10.1007/s00134-002-1569-y.

Holt-Lunstead, J., & Uchino, B. N. (2015). Social support and health. In K. Glanz, B. K. Rimer, & K. Viswanath (Hrsg.), *Health behavior and health education. Theory, research, and practice* (5. Aufl., S. 183–204). San Francisco: Jossey-Bass.

Höppner, C., Schneemilch, M., & Lichte, T. (2015). Pflegende Angehörige und ihre Belastungen in Hausarztpraxen identifizieren – Hindernisse und Empfehlungen. *Zeitschrift für Allgemeinmedizin, 91,* 310–313. https://doi.org/10.3238/zfa.2015.0310-0314.

Horn, D. A. (2008). Pflegende Angehörige wachkomatöser Menschen. *Das Gesundheitswesen, 70*(07), A103. https://www.thieme-connect.com/products/ejournals/abstract/10.1055/s-0028-1086328.

Hubbard, G., Illingworth, N., Rowa-Dewar, N., Forbat, L., & Kearney, N. (2010). Treatment decision-making in cancer care: The role of the carer. *Journal of Clinical Nursing, 19*(13–14), 2023–2031. https://doi.org/10.1111/j.1365-2702.2009.03062.x.

Hunter, M., Donaghy, O., & O'Brien, N. (2014). More than a cup of tea: An evaluation of an intervention program empowering parents to be effective members of the treating team for young people with eating disorders. *Journal of Eating Disorders, 2*(Suppl 1), O35. https://doi.org/10.1186/2050-2974-2-S1-O35.

Jansen, J. E., Lysaker, P. H., Harder, S., Haahr, U. H., Lyse, H.-G., Pedersen, M. B. et al. (2014). Positive and negative caregiver experiences in first-episode psychosis. Emotional overinvolvement, wellbeing and metacognition. *Psychology and Psychotherapy, 87*(3), 298–310. https://doi.org/10.1111/papt.12014.

Jungbauer, J. (2009). *Familienpsychologie kompakt:[online Materialien]*. Weinheim: Beltz, PVU.

Jung, J.-Y. & Kim, Y.-C. (2016). Are you an opinion giver, seeker, or both? Re-examining political opinion leadership in the new communication environment. *International Journal of Communication, 10,* 4439–4459. Verfügbar unter http://ijoc.org/index.php/ijoc/article/view/5303.

Kahana, E., & Kahana, B. (2007). Health care partnership model of doctor-patient communication in cancer prevention and care among the aged. In H. D. O'Hair, G. L. Kreps, & L. D. Sparks (Hrsg.), *Handbook of communication and cancer care* (S. 37–54). New York: Hampton Press.

Karremans, J. C., & Finkenauer, C. (2014). Affiliation, zwischenmenschliche Anziehung und enge Beziehungen. In K. Jonas, W. Stroebe, M. Hewstone, & M. Reiss (Hrsg.), *Sozialpsychologie. Mit 25 Tabellen* (Springer-Lehrbuch, 6., vollst. überarb. Aufl., S. 401–437). Berlin: Springer. https://doi.org/10.1007/978-3-642-41091-8_11.

Katz, E., & Lazarsfeld, P. F. (1955). *Personal Influence. The part played by people in the flow of mass communications*. New York: The Free Press.

Kee, K. F., Sparks, L., Struppa, D. C., Mannucci, M. A., & Damiano, A. (2016). Information diffusion, Facebook clusters, and the simplicial model of social aggregation: A computational simulation of simplicial diffusers for community health interventions. *Health Communication, 31*(4), 385–399. https://doi.org/10.1080/10410236.2014.960061.

Kienle, R., Knoll, N., & Renneberg, B. (2006). Soziale Ressourcen und Gesundheit: Soziale Unterstützung und dyadisches Bewältigen. In B. Renneberg & P. Hammelstein (Hrsg.), *Gesundheitspsychologie* (Springer-Lehrbuch, S. 107–122). Berlin: Springer.

Kinnane, N. A., & Milne, D. J. (2010). The role of the Internet in supporting and informing carers of people with cancer: A literature review. *Supportive Care in Cancer, 18*(9), 1123–1136. https://doi.org/10.1007/s00520-010-0863-4.

Kirschning, S., & von Kardorff, E. (2007). Welche Informationen suchen internetnutzende Angehörige krebskranker Frauen und Männer? Helfen die gefundenen Informationen bei der Bewältigungsarbeit? *Medizinische Klinik, 102*(2), 136–140. https://doi.org/10.1007/s00063-007-1014-7.

Kirschning, S., von Kardorff, E., & Merai, K. (2007). Internet use by the families of cancer patients – Help for disease management? *Journal of Public Health, 15*(1), 23–28. https://doi.org/10.1007/s10389-006-0070-4.

Kjos, A. L., Worley, M. M., & Schommer, J. C. (2011). Medication information seeking behavior in a social context: The role of lay and professional social network contacts. http://hdl.handle.net/11299/120061.

Klaiber, C. (2016). *Belastung, Unterstützungsbedarf und Inanspruchnahme psychosozialer Unterstützung von Krebspatienten und deren Angehörigen*. Kurzfassung einer medizinischen Dissertation. Universität Heidelberg, Heidelberg. http://www.ub.uni-heidelberg.de/archiv/22624. Zugegriffen: 18. Juli 2018.

Knoll, N., Scholz, U., & Rieckmann, N. (2017). *Einführung Gesundheitspsychologie*. Stuttgart: Utb.

Kober, K. (2009). Beratungssituation von Angehörigen mit Menschen im Wachkoma, die zu Hause oder in einer Langzeitpflegeeinrichtung betreut werden. In M. Deutmeyer & A. Thiekötter (Hrsg.), *Herausforderungen, Trends und Potenziale im österreichischen Gesundheits- und Pflegemanagement* (S. 194). Wien: Facultas Universitätsverlag.

Kramer, M. (2012). *Potentiale der Angehörigenarbeit*. Münster: LIT.

Krieger, J. L. (2014). Family communication about cancer treatment decision making. A description of the DECIDE typology. *Annals of the International Communication Association, 38*(1), 279–305. https://doi.org/10.1080/23808985.2014.11679165.

Krok-Schoen, J. L., Palmer-Wackerly, A. L., Dailey, P. M., Wojno, J. C., & Krieger, J. L. (2017). Age differences in cancer treatment decision making and social Support. *Journal of Aging and Health, 29*(2), 187–205. https://doi.org/10.1177/0898264316628488.

Kulik, J. A., & Mahler, H. I. (1989). Social support and recovery from surgery. *Health Psychol (Health Psychology: Official Journal of the Division of Health Psychology, American Psychological Association), 8*(2), 221. https://doi.org/10.1037/0278-6133.8.2.221.

Laidsaar-Powell, R., Butow, P., Bu, S., Fisher, A., & Juraskova, I. (2017). Oncologists' and oncology nurses' attitudes and practices towards family involvement in cancer consultations. *European Journal of Cancer, 26*(1), e12470. https://doi.org/10.1111/ecc.12470.

Laidsaar-Powell, R. C., Butow, P. N., Bu, S., Charles, C., Gafni, A., Lam, W. W. T., et al. (2013). Physician-patient-companion communication and decision-making: A systematic review of triadic medical consultations. *Patient Education and Counseling, 91*(1), 3–13. https://doi.org/10.1016/j.pec.2012.11.007.

Laidsaar-Powell, R., Butow, P., Bu, S., Charles, C., Gafni, A., Fisher, A. et al. (2016). Family involvement in cancer treatment decision-making. A qualitative study of patient, family, and clinician attitudes and experiences. *Patient Education and Counseling, 99*(7), 1146–1155. https://doi.org/10.1016/j.pec.2016.01.014.

Lang, F. R., & Wagner, G. G. (2007). Patientenverfügungen in Deutschland. Bedingungen für ihre Verbreitung und Gründe der Ablehnung. *DMW-Deutsche Medizinische Wochenschrift, 132*(48), 2558–2562. https://doi.org/10.1055/s-2007-993097.

Langer, S., Stengel, I., Fleischer, S., Stuttmann, R., & Berg, A. (2016). Umgang mit Patientenverfügungen in Deutschland. *DMW-Deutsche Medizinische Wochenschrift, 141*(09), e73–e79. https://doi.org/10.1055/s-0042-104038.

Lauckner, C. (2014). *The emotional and behavioral effects of viewing online cancer information among patients' loved ones*. Conference Papers – International Communication Association.

Lazarsfeld, P. F., Berelson, B., & Gaudet, H. (1944). *The people's choice: How the voter makes up his mind in a presidential campaign*. New York: Duell, Sloan and Pearce.

Levine, M., & Manning, R. (2014). Prosoziales Verhalten. In K. Jonas, W. Stroebe, M. Hewstone, & M. Reiss (Hrsg.), *Sozialpsychologie. Mit 25 Tabellen* (Springer-Lehrbuch, 6., vollst. überarb. Aufl., S. 357–400). Berlin: Springer.

Liebert-Keller, Y., Jähnke, A., & Bischofberger, I. (2018). Ein Gewinn für alle: Wenn Gesundheitsfachpersonen ihre alten Angehörigen pflegen und betreuen. *Curaviva, 18*(1), 44–46. http://careum.net/web/guest/workandcare/pub-2018.

Lin, T.-C., Hsu, J. S.-C., Cheng, H.-L., & Chiu, C.-M. (2015). Exploring the relationship between receiving and offering online social support: A dual social support model. *Information & Management, 52*(3), 371–383. https://doi.org/10.1016/j.im.2015.01.003.

Lindsey, L. L. M. (2005). Anticipated guilt as behavioral motivation: An examination of appeals to help unknown others through bone marrow donation. *Human Communication Research, 31*(4), 453–481. https://doi.org/10.1111/j.1468-2958.2005.tb00879.x.

Link, E., & Klimmt, C. (2017). Kognitive Verarbeitung von Gesundheitsinformationen. In C. Rossmann & M. R. Hastall (Hrsg.), *Handbuch Gesundheitskommunikation.* Wiesbaden: Springer. https://doi.org/10.1007/978-3-658-10948-6_19-1.

Link, E., & Reifegerste, D. (2016). *„Mit meiner Frau habe ich immer wieder gesprochen" Die Rolle der Angehörigen in medizinischen Entscheidungsprozessen.* 1. Jahrestagung der DGPuK Fachgruppe Gesundheitskommunikation, Hamburg.

Lipp, V., & Brauer, D. (2016). Autonomie und Familie in medizinischen Entscheidungssituationen. In H. Steinfath & C. Wiesemann (Hrsg.), *Autonomie und Vertrauen. Schlüsselbegriffe der modernen Medizin* (1. Aufl., S. 201–237). Wiesbaden: Springer. https://doi.org/10.1007/978-3-658-11074-1_6.

Lo, S.-K. (2008). The nonverbal communication functions of emoticons in computer-mediated communication. *Cyberpsychology & Behavior: The Impact of the Internet, Multimedia and Virtual Reality on Behavior and Society, 11*(5), 595–597. https://doi.org/10.1089/cpb.2007.0132.

MacGeorge, E. L., Feng, B., Burleson, B. R., Knapp, M. L., & Daly, J. A. (2011). Supportive communication. In M. L. Knapp & J. A. Daly (Hrsg.), *The SAGE handbook of interpersonal communication* (S. 317–354). Thousand Oaks: Sage Publications.

Magsamen-Conrad, K., Dillon, J. M., Billotte Verhoff, C., & Faulkner, S. L. (2018). Online health-information seeking among older populations. Family influences and the role of the medical professional. *Health Communication,* 1–13. https://doi.org/10.1080/10410236.2018.1439265.

Marstedt, G. (2018). *Das Internet: Auch Ihr Ratgeber für Gesundheitsfragen? Bevölkerungsumfrage zur Suche von Gesundheitsinformationen im Internet und zur Reaktion der Ärzte* (Bertelsmannstiftung, Hrsg.). https://doi.org/10.11586/2017052.

Mast, C. (2015). *Unternehmenskommunikation. Ein Leitfaden*. Stuttgart: Utb.

Mayberry, L. S., Rothman, R. L., & Osborn, C. Y. (2014). Family members' obstructive behaviors appear to be more harmful among adults with type 2 diabetes and limited health literacy. *Journal of Health Communication, 19,* 132–143. https://doi.org/10.1080/10810730.2014.938840.

Miller, W. R., Rollnick, S., & Kremer, G. (2009). *Motivierende Gesprächsführung. Ein Konzept zur Beratung von Menschen mit Suchtproblemen*. Freiburg: Lambertus.

Mills, M. E., & Davidson, R. (2002). Cancer patients' sources of information: Use and quality issues. *Psycho-Oncology, 11*(5), 371–378. https://doi.org/10.1002/pon.584.

Miranda, G. F., Vercellesi, L., Pozzi, E., & Bruno, F. (2009). Improving health communication supporting the practice of health communication. *Health Information & Libraries Journal, 26*(1), 39–46. https://doi.org/10.1111/j.1471-1842.2008.00783.x.

Mo, P. K. H., & Coulson, N. S. (2008). Exploring the communication of social support within virtual communities: A content analysis of messages posted to an online HIV/AIDS support group. *CyberPsychology & Behavior, 11*(3), 371–374. https://doi.org/10.1089/cpb.2007.0118.

Nagl-Cupal, M., & Schnepp, W. (2010). Angehörige auf Intensivstationen. Auswirkungen und Bewältigung. Eine Literaturübersicht über qualitative Forschungsarbeiten. *Pflege, 23*(2), 69–80. https://doi.org/10.1024/1012-5302/a000020.

Neumann, S., & Franke, A. G. (2017). Familiäre Ressourcen und Strategien bei Krebs. *Deutsche Zeitschrift für Onkologie, 49*(01), 15–19. https://doi.org/10.1055/s-0043-101117.

Neverla, I., Brichta, M., Kamp, C., & Lüdecke, D. K. (2007). *Wer krank ist, geht ins Netz.* Baden-Baden: Nomos.

Nowossadeck, S., Engstler, H., & Klaus, D. (2016). *Pflege und Unterstützung durch Angehörige* (Deutsches Zentrum für Altersfragen, Hrsg.) (Nr. 1). https://www.dza.de/fileadmin/dza/pdf/Report_Altersdaten_Heft_1_2016.pdf.

Oh, Y.-S. (2015). Predictors of self and surrogate online health information seeking in family caregivers to cancer survivors. *Social Work in Health Care, 54*(10), 939–953. https://doi.org/10.1080/00981389.2015.1070780.

Park, C. S. (2013). Does Twitter motivate involvement in politics? Tweeting, opinion leadership, and political engagement. *Computers in Human Behavior, 29*(4), 1641–1648. https://doi.org/10.1016/j.chb.2013.01.044.

Perrig-Chiello, P., & Höpflinger, F. (2012). *Pflegende Angehörige älterer Menschen. Probleme, Bedürfnisse, Ressourcen und Zusammenarbeit mit der ambulanten Pflege*. Bern: Huber.

Pfadenhauer, K., & Kellner, G. (2013). Patientenverfügung und Vorsorgevollmacht bei Patienten mit erhöhtem Schlaganfallrisiko. *Palliativmedizin, 14*(04), 180–184. https://doi.org/10.1055/s-0033-1343250.

Pleschberger, S. (2013). Angehörige in End-of-Life Care – Die Vielfalt ihrer Rollen und Herausforderungen. *Public Health Forum, 21*(80), 18. https://doi.org/10.1016/j.phf.2013.06.010.

Quan-Haase, A., & Martin, K. (2013). Digital curation and the networked audience of urban events. *International Communication Gazette, 75*(5–6), 521–537. https://doi.org/10.1177/1748048513491910.

Quinn, J. R., Schmitt, M., Baggs, J. G., Norton, S. A., Dombeck, M. T., & Sellers, C. R. (2012). Family members' informal roles in end-of-life decision making in adult intensive care units. *American Journal of Critical Care: An Official Publication, American Association of Critical-Care Nurses, 21*(1), 43–51. https://doi.org/10.4037/ajcc2012520.

Ramírez, A. S., Freres, D., Martinez, L. S., Lewis, N., Bourgoin, A., Kelly, B. J., et al. (2013). Information seeking from media and family/friends increases the likelihood of engaging in healthy lifestyle behaviors. *Journal of Health Communication, 18*(5), 527–542. https://doi.org/10.1080/10810730.2012.743632.

Reifegerste, D. (2018, November). *Emergent und trotzdem zielführend – Klinikkommunikation mit Angehörigen.* 25. Jahrestagung der DGPuK Fachgruppe PR und Organisationskommunikation, Stuttgart.

Reifegerste, D., & Bachl, M. (2017, April). *Information (not only) for the patient. Uses and gratifications of surrogate health information seeking. Poster im Rahmen der D.C. Health Communication Conference (DCHC), Fairfax, USA*, Washington DC.

Reifegerste, D., Bachl, M., & Baumann, E. (2017a). Surrogate health information seeking in Europe. Influence of source type and social network variables. *International Journal of Medical Informatics, 103,* 7–14. https://doi.org/10.1016/j.ijmedinf.2017.04.006.

Reifegerste, D., Bachl, M., & Baumann, E. (2017b). Wer sind die Surrogate Seeker? Demografische, motivationale und sozio-kontextuelle Faktoren der Suche nach Gesundheitsinformationen für andere Personen. In C. Lampert & M. Grimm (Hrsg.), *Gesundheitskommunikation als transdisziplinäres Forschungsfeld* (S. 119–130). Baden-Baden: Nomos.

Reifegerste, D., & Hartleib, S. (2016). Hypoglycemia-related information seeking among informal caregivers of Type 2 diabetes patients: Implications for health education. *Journal of Clinical & Translational Endocrinology, 4,* 7–12. https://doi.org/10.1016/j.jcte.2016.02.001.

Reifegerste, D., & Linke, C. (2018, November). *Die Rolle digitaler Medien in Unterstützungsrepertoires junger KrebspatientInnen: Eine ego-zentrierte Netzwerkanalyse.* 3. Fachgruppentagung Gesundheitskommunikation, Augsburg.

Reifegerste, D., Wasgien, K., & Hagen, L. M. (2017c). Online social support for obese adults: Exploring the role of forum activity. *International Journal of Medical Informatics, 101*(5), 1–8. https://doi.org/10.1016/j.ijmedinf.2017.02.003.

Reis, H. T., Clark, M. S., & Holmes, J. G. (2004). Perceived partner responsiveness as an organizing construct in the study of intimacy and closeness. In D. J. Mashek & A. Aron (Hrsg.), *Handbook of closeness and intimacy* (S. 201–225). Mahwah: Lawrence Erlbaum.

Ressler, P. K., Bradshaw, Y. S., Gualtieri, L., & Chui, K. K. H. (2012). Communicating the experience of chronic pain and illness through blogging. *Journal of Medical Internet Research, 14*(5), e143. https://doi.org/10.2196/jmir.2002.

Rexrodt von Fircks, A. (Hrsg.). (2017). *Krebs und Partnerschaft* (Bd. 2). Berlin: Springer.

Ritzer, U., & Przybilla, O. (2013). *Die Affäre Mollath. Der Mann, der zu viel wusste.* München: Droemer eBook.

Rosenberg, E., Seller, R., & Leanza, Y. (2008). Through interpreters' eyes: Comparing roles of professional and family interpreters. *Patient Education and Counseling, 70*(1), 87–93. https://doi.org/10.1016/j.pec.2007.09.015.

Rosland, A.-M., Heisler, M., Janevic, M. R., Connell, C. M., Langa, K. M., Kerr, E. A., et al. (2013). Current and potential support for chronic disease management in the United States: The perspective of family and friends of chronically ill adults. *Families, Systems, & Health, 31*(2), 119–131. https://doi.org/10.1037/a0031535.

Rosland, A.-M., Piette, J. D., Choi, H., & Heisler, M. (2011). Family and friend participation in primary care visits of patients with diabetes or heart failure: Patient and physician determinants and experiences. *Medical Care, 49*(1), 37–45. https://doi.org/10.1097/MLR.0b013e3181f37d28.

Rössler, P., Hautzer, L., & Lünich, M. (2014). Mediennutzung im Zeitalter von Social Navigation. In W. Loosen & M. Dohle (Hrsg.), *Journalismus und (sein) Publikum. Schnittstellen zwischen Journalismusforschung und Rezeptions- und Wirkungsforschung* (S. 91–112). Wiesbaden: Springer.

Rossmann, C. (2010). Gesundheitskommunikation im Internet. Erscheinungsformen, Potentiale, Grenzen. In W. Schweiger & K. Beck (Hrsg.), *Handbuch Online-Kommunikation* (S. 338–363). Wiesbaden: VS Verlag.

Rothgang, H., Müller, R., Runte, R., & Unger, R. (2017). *Pflegereport 2017* (Barmer, Hrsg.) (Schriftenreihe zur Gesundheitsanalyse Band 5). https://www.barmer.de/blob/135698/ac141c44b72fe5a24a6d453c6fda9bf0/data/dl-pflegereport-2017.pdf.

Rubin, A. M. (2000). Die Uses-And-Gratification-Perspektive der Medienwirkung. In A. Schorr (Hrsg.), *Publikums- und Wirkungsforschung. Ein Reader* (S. 137–152). Opladen: Westdeutscher Verlag.

Sadasivam, R. S., Kinney, R. L., Lemon, S. C., Shimada, S. L., Allison, J. J., & Houston, T. K. (2013). Internet health information seeking is a team sport: Analysis of the pew internet survey. *International Journal of Medical Informatics, 82*(3), 193–200. https://doi.org/10.1016/j.ijmedinf.2012.09.008.

Sahm, S., & Will, R. (2005). Angehörige als „natürliche" Stellvertreter. *Ethik in der Medizin, 17*(1), 7–20. https://doi.org/10.1007/s00481-004-0351-9.

Schaeffer, D., & Haslbeck, J. (2016). Bewältigung chronischer Krankheit. In M. Richter & K. Hurrelmann (Hrsg.), *Soziologie von Gesundheit und Krankheit* (Lehrbuch, 1. Aufl., S. 243–256). Wiesbaden: Springer. https://doi.org/10.1007/978-3-658-11010-9_16.

Schaeffer, D., & Moers, M. (2008). Überlebensstrategien – Ein Phasenmodell zum Charakter des Bewältigungshandelns chronisch Erkrankter. *Pflege & Gesellschaft, 13*(1), 6–31. https://pub.uni-bielefeld.de/publication/2481685.

Schilling, L. M., Scatena, L., Steiner, J. F., Albertson, G. A., Lin, C. T., Cyran, L. et al. (2002). The third person in the room: Frequency, role, and influence of companions during primary care medical encounters. *Journal of Family Practice, 51*(8), 685–692. https://www.ncbi.nlm.nih.gov/pubmed/12184964.

Schmidt, M. & Schneekloth, U. (2011). *Abschlussbericht zur Studie „Wirkungen des Pflege-Weiterentwicklungsgesetzes"*. Bundesministerium für Gesundheit, Berlin.

Schroer-Mollenschott, C., & Pustmüller, B. (2011). *Kompetenzförderung von pflegenden Angehörigen und Patienten* (Schriftenreihe Modellprogramm zur Weiterentwicklung der Pflegeversicherung, Bd. 7). Hürth: CW Haarfeld.

Schwinger, A., Tsiasioti, C. & Klauber, J. (2016). Unterstützungsbedarf in der informellen Pflege – Eine Befragung pflegender Angehöriger. In K. Jacobs, A. Kuhlmey, S. Greß, A. Schwinger, & J. Klauber (Hrsg.), *Pflege-Report 2016. Schwerpunkt: Die Pflegenden im Fokus* (1. Aufl., S. 189–216). Stuttgart: Schattauer.

Sekimoto, M., Asai, A., Ohnishi, M., Nishigaki, E., Fukui, T., Shimbo, T., et al. (2004). Patients' preferences for involvement in treatment decision making in Japan. *BMC Family Practice, 5*(1), 1–10. https://doi.org/10.1186/1471-2296-5-1.

Singer, J. B. (2014). User-generated visibility: Secondary gatekeeping in a shared media space. *New Media & Society, 16*(1), 55–73. https://doi.org/10.1177/1461444813477833.

Sokolowski, K., & Heckhausen, H. (2010). Soziale Bindung: Anschlussmotivation und Intimitätsmotivation. In J. Heckhausen & H. Heckhausen (Hrsg.), *Motivation und Handeln* (Springer-Lehrbuch, S. 193–210). Berlin: Springer. https://doi.org/10.1007/978-3-642-12693-2_7.

Stegbauer, C. (2016). *Grundlagen der Netzwerkforschung. Situation, Mikronetzwerke und Kultur* (Netzwerkforschung, 1 Aufl.). Wiesbaden: Springer.

Stiff, J. B., Dillard, J. P., Somera, L., Kim, H., & Sleight, C. (1988). Empathy, communication, and prosocial behavior. *Communications Monographs, 55*(2), 198–213. https://doi.org/10.1080/03637758809376166.

Storch, M., & Krause, F. (2017). *Selbstmanagement – Ressourcenorientiert. Grundlagen und Trainingsmanual für die Arbeit mit dem Zürcher Ressourcen Modell (ZRM®)* (6., überarb. Aufl.). Bern: Huber.

Thorson, K., & Wells, C. (2016). Curated flows. A framework for mapping media exposure in the digital age. *Communication Theory, 26*(3), 309–328. https://doi.org/10.1111/comt.12087.

Trivers, R. L. (1972). Parental investment and sexual selection. In B. G. Campbell (Hrsg.), *Sexual selection and the descent of man, 1871–1971* (S. 136–207). Chicago: Aldine Publishing.

Viswanath, K., & Bond, K. (2007). Social determinants and nutrition: Reflections on the role of communication. *Journal of Nutrition Education and Behavior, 39*(2 Suppl), 4. https://doi.org/10.1016/j.jneb.2006.07.008.

Voigt, G., & Praez-Johnsen, H. (2001). Interkulturelle Kommunikation im Krankenhaus – Zur Verständigung zwischen Pflegenden und MigrantenpatientInnen am Beispiel von Angehörigen. *Pflege, 6*(2), 45–50.

Voland, E. (2013). *Soziobiologie: Die Evolution von Kooperation und Konkurrenz*. Berlin: Springer.

Washington, K. T., Meadows, S. E., Elliott, S. G., & Koopman, R. J. (2011). Information needs of informal caregivers of older adults with chronic health conditions. *Patient Education and Counseling, 83*(1), 37–44. https://doi.org/10.1016/j.pec.2010.04.017.

Weber, M. (1921). *Wirtschaft und Gesellschaft. Grundriss der verstehenden Soziologie*. Tübingen: Mohr Siebeck.

Wesch, C., Barandun Schäfer, U., Frei, I. A., & Massarotto, P. (2013). Einbezug der Angehörigen in die Pflege bei Patient(inn)en mit Delir auf Intensivstationen. *Pflege, 26*(2), 129–141. https://doi.org/10.1024/1012-5302/a000277.

Wetzstein, M., Rommel, A., & Lange, C. (2015). Pflegende Angehörige – Deutschlands größter Pflegedienst (GBE kompakt 3). https://doi.org/10.17886/RKI-GBE-2016-018.

Wilz, G., & Meichsner, F. (2012). Einbezug von Familienangehörigen chronisch Kranker in die Arzt-Patient-Kommunikation. *Bundesgesundheitsblatt – Gesundheitsforschung – Gesundheitsschutz, 55*(9), 1125–1133. https://doi.org/10.1007/s00103-012-1532-1.

Wilz, G., & Meichsner, F. (2015). Unterstützende Interventionen für Angehörige. In W. Rief & P. Henningsen (Hrsg.), *Psychosomatik und Verhaltensmedizin* (Bd. 25, S. 444–456). Stuttgart: Schattauer.

Wittenberg-Lyles, E., Oliver, D. P., Kruse, R. L., Demiris, G., Gage, L. Ashley, & Wagner, K. (2013). Family caregiver participation in hospice interdisciplinary team meetings: How does it affect the nature and content of communication? *Health Communication, 28*(2), 110–118. https://doi.org/10.1080/10410236.2011.652935.

Wolff, J. L., & Roter, D. L. (2011). Family presence in routine medical visits: A meta-analytical review. *Social Science and Medicine, 72*(6), 823–831. https://doi.org/10.1016/j.socscimed.2011.01.015.

Wolff, J. L., & Roter, D. L. (2012). Older adults' mental health function and patient-centered care: Does the presence of a family companion help or hinder communication? *Journal of General Internal Medicine, 27*(6), 661–668. https://doi.org/10.1007/s11606-011-1957-5.

Woods, B., Keady, J., & Seddon, D. (2009). *Angehörigenintegration: Beziehungszentrierte Pflege und Betreuung von Menschen mit Demenz*. Bern: Huber.

Wright, K. B., Rains, S., & Banas, J. (2010). Weak-tie support network preference and perceived life stress among participants in health-related, computer-mediated support groups. *Journal of Computer-Mediated Communication, 15*(4), 606–624. https://doi.org/10.1111/j.1083-6101.2009.01505.x.

Yoo, W., Shah, D. V., Shaw, B. R., Kim, E., Smaglik, P., Roberts, L. J., et al. (2014). The role of the family environment and computer-mediated social support on breast cancer patients' coping strategies. *Journal of Health Communication, 19*(9), 981–998. https://doi.org/10.1080/10810730.2013.864723.

Yuen, E. Y. N., Knight, T., Ricciardelli, L. A., & Burney, S. (2018). Health literacy of caregivers of adult care recipients. A systematic scoping review. *Health & Social Care in the Community, 26*(2), e191–e206. https://doi.org/10.1111/hsc.12368.

Zhang, A. Y., & Siminoff, L. A. (2003). The role of the family in treatment decision making by patients with cancer. *Oncology Nursing Forum, 30*(6), 1022–1028. https://doi.org/10.1188/03.ONF.1022-1028.

4 Strategische Angehörigenkommunikation

Nachdem im dritten Kapitel die Rollen der Angehörigen anhand der Unterstützungsformen erläutert wurden, nimmt die Arbeit nun den kommunikativen Umgang mit den Angehörigen durch Dritte in den Blick. In der Logik des Zwei-Stufen-Flusses der Unterstützung (Abschn. 2.4) verschiebt sich der Fokus von der ersten hin zur zweiten Stufe der Unterstützung. Im Zentrum steht daher die Frage, wie die sekundären Unterstützungsgeber die primären Unterstützungsgeber unterstützen können und welche Kommunikationsstrategien dafür angewendet werden.

Unter strategischer Kommunikation werden im Allgemeinen alle Kommunikationsmaßnahmen subsumiert, die einem systematischen (d. h. konzeptbasierten), intentionalen sowie zielorientierten Vorgehen folgen (Merten 2013). Die Kommunikation mit den Angehörigen kann sich dabei an einem formulierten Interventionsziel in einer Leitlinie (z. B. zur Gendiagnostik; Scholz 2011) oder einem Unternehmensleitbild (bspw. einer Klinik oder eines Vereins) orientieren. *Strategische Kommunikation* beinhaltet üblicherweise eine geplante Vorgehensweise, die sich an einer idealtypischen Abfolge der folgenden Schritte orientiert (Bonfadelli und Friemel 2010; Merten 2013; Rossmann 2015):

1. Situationsanalyse mit Analyse der Zielgruppen
2. Zieldefinition und Strategiewahl
3. Auswahl der Kommunikatoren
4. Auswahl des Kommunikationskanals
5. Durchführung und Evaluation

Im Rahmen einer strategischen Angehörigenkommunikation gilt es zunächst die Situation zu analysieren, um den Bedarf für die Kommunikation mit den Angehörigen zu erkennen. Darauf aufbauend sind die Ziele und entsprechende Strategien festzulegen,

D. Reifegerste, *Die Rollen der Angehörigen in der Gesundheitskommunikation*,
https://doi.org/10.1007/978-3-658-25031-7_4

bevor entsprechende Kommunikationsbeteiligte und Kommunikationswege ausgewählt werden. Die Darstellung in den folgenden Unterkapiteln folgt daher dieser Reihenfolge, um aufzuzeigen, wie diese allgemeine Vorgehensweise in der strategischen Angehörigenkommunikation angewendet werden kann.

Darüber hinaus finden sich in der Kommunikation mit Angehörigen sog. *emergente Strategien* (Winkler 2018), die als „übliche Praxis" oder „selbstverständliche Vorgehensweise" einzelner Mitarbeiter oder einer Organisation zum Ausdruck kommen (Reifegerste 2018). Die Ziele dieser emergenten Strategien sind den Akteuren oft selbst nicht bewusst bzw. bleiben implizit. Darüber hinaus entwickelt das medizinische Personal auch emergente Strategien, um mit rechtlichen Einschränkungen (Abschn. 1.2.1) umzugehen. So rechnen Psychotherapeuten bspw. zwei Einzelsitzungen (statt einer nicht finanzierten systemischen Therapie) ab oder betreuende Ärzte geben aus Datenschutzgründen spezifische Informationen zu einer Krankheit statt patientenspezifische Auskünfte (Eberlein et al. 2017). Strategische Angehörigenkommunikation umfasst somit mehr als nur Angehörigeninterventionen, die solche Alltagspraktiken ausklammern würden.

Die Formen und Ausprägungen der angehörigenbezogenen Kommunikationsstrategien können sehr unterschiedlich sein. Strategische Kommunikation mit den Angehörigen kann ein längerfristiges, intensives Interventionsprogramm mit zahlreichen Hausbesuchen, telefonischer Betreuung und umfassendem Internetangebot (z. B. Belle et al. 2006), eine Mikro-Schulung (z. B. Brüchner et al. 2014) von wenigen Minuten oder aber auch ein kurzer Gruß sein, der signalisiert, dass man willkommen ist (Reifegerste 2018). Zugleich kann sich strategische Kommunikation durch das Ausbleiben der Kommunikation mit den Angehörigen und somit als strategische *Nicht-Kommunikation* äußern. Absichtliche Ignoranz oder Besuchsverbote können als eine Form strategischer Kommunikation gedeutet werden, da es sich jeweils um geplante Vorgehensweisen im Zusammenhang mit Angehörigen handelt. Im Sinne Watzlawick's (2011) „Man kann nicht *nicht* kommunizieren" ist diese unterlassene Kommunikation mit den Angehörigen eine wichtige Botschaft und wird bspw. von Psychologen im Rahmen einer Depressionsbehandlung strategisch eingesetzt, um damit die Selbstwirksamkeit der Patienten zu stärken (Eberlein et al. 2017).

4.1 Situationsanalyse für Angehörigeninterventionen

Im Rahmen einer strategischen Kommunikationsplanung gilt es zunächst durch eine Situationsanalyse zu entscheiden, wann eine Maßnahme überhaupt relevant ist. Aus der Logik des transaktionalen Stressmodells und des Kaskadenmodells

(Abschn. 2.1.3) ist eine Intervention immer dann sinnvoll, wenn eine Überlastung oder Überforderung vorliegt oder droht. Im Falle der Angehörigenkommunikation wäre dies der Fall, wenn die vorhandenen Ressourcen bei Patienten und Angehörigen nicht ausreichen, um die anstehenden Aufgaben und Herausforderungen zu bewältigen. Bei der Entwicklung adäquater Kommunikationsstrategien steht zwar das Patientenwohl im Vordergrund, allerdings sind darüber hinaus auch die physische, psychische und soziale Gesundheit der anderen Beteiligten zu berücksichtigen, da sie indirekt auch einen Einfluss auf das *Wohlbefinden des Patienten* haben. Überforderung kann daher im Kontext der Angehörigenkommunikation den Patienten, die Angehörigen oder auch das medizinische oder pflegerische Personal betreffen. Im Umkehrschluss lässt sich somit ableiten, dass es keiner Intervention bedarf, wenn alle Beteiligten die Situation gut und erfolgreich bewältigen können und sie in dieser Einschätzung auch übereinstimmen. „If the role expectations are compatible and appropriate to family circumstances and beliefs, they may best be left undisturbed." (Edwards und Chapman 2004a, S. 4). Auch Patienten, die im besten Sinne mündig und empowered sind (Abschn. 2.2.1.1) und mit vorhersehbarem Behandlungsverlauf kurzfristig wieder genesen, benötigen mit hoher Wahrscheinlichkeit keine Unterstützung von anderen.

Folglich kann jeder in der Gesundheitsversorgung, der selbst ein *Unterstützungsbedürfnis* hat oder es bei einem anderen wahrnimmt, die Kommunikation mit den Angehörigen anstoßen. Neben Patienten und Angehörigen, kann somit auch das mit dem Patienten arbeitende Fachpersonal – als eine beobachtende Partei (Abschn. 2.1.2) – die Kommunikation mit den Angehörigen initiieren, selbst wenn es in der eigentlichen Kommunikationsmaßnahme nicht mehr involviert ist (Abschn. 4.3). Allerdings muss die Feststellung oder Beobachtung, dass eine entsprechende Überforderung vorliegt, nicht zwangsläufig mit der Einschätzung der Betroffenen übereinstimmen. So ist vielen pflegenden Angehörigen ihre eigene Überforderung, die Informationslücke oder der Kompetenzmangel gar nicht bewusst (Abschn. 4.2.4) und die Patienten weisen nicht den körperlichen oder geistigen Zustand auf, um diese Einschätzung zu machen. In diesem Fall stellt die abweichende Einschätzung des Unterstützungsbedarfs selbst einen Anlass für die Angehörigenkommunikation dar (Abschn. 4.2.2).

Im systemischen Gefüge der Angehörigenkommunikation (und der Gesundheitsversorgung) ist somit nicht festgelegt, wer die Initiative oder die Verantwortung für die Kommunikation mit den Angehörigen übernehmen sollte. Dies führt leider häufig auch zur sog. Verantwortungsdiffusion (Bierhoff 2010), bei der sich keiner für Hilfeleistungen verantwortlich fühlt. Aufgrund ihrer beruflichen Erfahrung und ihrer Position sind die *medizinischen Fachkräfte* besser und häufiger in der Lage die relevanten Anlässe wahrzunehmen und entsprechende Maßnahmen anzuwenden. Allerdings sind sie auch selbst aufgefordert eigenen Unterstützungsbedarf (z. B. bei Überforderung durch Zeitmangel) zu erkennen und mitzuteilen. Im Rahmen der Forschung zu den verschiedenen Unterstützungsleistungen der Angehörigen zeigte sich, dass die Relevanz für kommunikationsbasierte angehörigenbezogene Interventionen von verschiedenen Faktoren abhängt. Dabei kann zwischen personenbezogenen Faktoren und krankheitsbezogenen Faktoren unterschieden werden (Laidsaar-Powell et al. 2017).

4.1.1 Personenbezogene Faktoren

Die Notwendigkeit mit den Angehörigen zu kommunizieren variiert in Abhängigkeit von verschiedenen *demografischen Faktoren* (wie Alter, Geschlecht und Bildung) der Patienten. Die Studienlage hierzu ist allerdings heterogen. Während einige Studien zeigen, dass jüngere und ältere Erwachsene eher Unterstützung benötigen, bewältigen Erwachsene im mittleren Alter (d. h. etwa zwischen 30 bis 60 Jahren) medizinische Herausforderungen eher allein (Laidsaar-Powell et al. 2016; Shin et al. 2013). Im Gegensatz dazu, zeigen andere Studien, dass das Alter für die Beteiligung von Angehörigen gar keine Rolle spielt (Sekimoto et al. 2004; Sio et al. 2014) oder dass die Angehörigenbeteiligung bei jüngeren Patienten generell höher ausfällt als bei älteren (Krok-Schoen et al. 2017). Rechtlich ist es aber sowohl bei allen minderjährigen Patienten als auch bei allen nicht entscheidungsfähigen Patienten über 18 Jahren (Lipp und Brauer 2016) notwendig, mit den gesetzlichen Vertretern (d. h. meist den Angehörigen oder den rechtlichen Betreuern) zu kommunizieren.

Auch in Bezug auf einen Geschlechtereinfluss ist die Studienlage ambivalent. Einige Forschungsergebnisse zeigen, dass *Männer* sowie Patienten mit *höherer Bildung* eine unabhängige Entscheidungsfindung präferieren (Hobbs et al. 2015; Shin et al. 2013), was auch mit einer autonomeren Bewältigung einhergeht. In anderen Studien zeigt sich dagegen, dass Männer die gemeinsame Entscheidung (bspw. zu Knie- und Hüftoperationen) mit ihrer Partnerin bevorzugen (Link und Reifegerste 2016) und die Partnerin auch die vorrangige Quelle für emotionale Unterstützung ist (Mo et al. 2009).

Darüber hinaus spielt auch der *kulturelle Hintergrund* eine wichtige Rolle für die Bewältigungsform. Während Menschen aus Ländern mit einer kollektivistischen (d. h. gemeinschaftsbezogenen) Orientierung die Angehörigen meistens einbeziehen, tendieren Personen aus individualistischen Kulturen eher zu unabhängigen Entscheidungen und Bewältigungsformen ohne Beteiligung der

Angehörigen (Alden et al. 2017). Allerdings sollte beachtet werden, dass die meisten Studien zu Angehörigeninterventionen aus den Vereinigten Staaten stammen und somit die kulturelle Vielfalt darin nur eingeschränkt wiedergeben wird. Vorhandene Studien aus anderen Kulturen zeigen aber, dass kulturelle Einflüsse eine wichtige Rolle in der Angehörigenkommunikation spielen (Sekimoto et al. 2004). Ebenso kann auch die Sprachunfähigkeit die Einbeziehung sprachfähiger Angehöriger notwendig machen, womit auch deren Einfluss auf die Bewältigung ansteigt (Rosenberg et al. 2008).

Anlass für eine Intervention können neben bestimmten Patientenmerkmalen auch die dysfunktionalen Verhaltensweisen der Angehörigen sein. Wenn sich Angehörige überfordert fühlen, gewalttätig werden (Reifegerste 2018), zu viel Unterstützung (Wilz und Meichsner 2012) oder zu wenig Unterstützung leisten (Laidsaar-Powell et al. 2017), dann kann es notwendig sein, mit ihnen zu kommunizieren.

4.1.2 Krankheitsbezogene Faktoren

Krankheitsübergreifend betrachtet, hängt der notwendige Unterstützungsbedarf (sowohl der der Patienten als auch der der Angehörigen) vor allem vom *Schweregrad der Erkrankung* des Patienten ab. Je niedriger die körperliche, mentale oder soziale Gesundheit eines Patienten ist, umso relevanter ist die Beteiligung von Angehörigen (Laidsaar-Powell et al. 2016). Der Bedarf der Angehörigenkommunikation nimmt somit zu, wenn die Konsequenzen der medizinischen Entscheidung in starkem Maße auch die Angehörigen betreffen (Krieger 2014). Beispielsweise, wenn ein Patient viel Unterstützung wie Transport, Pflege oder Begleitung für eine Behandlung braucht. Für einige Krankheitsbereiche wie Demenz oder Depression ist bereits bekannt, dass sie häufig mit einer Überlastung der Angehörigen einhergehen (Schwinger et al. 2016). Angehörigenkommunikation ist aber bspw. auch relevant, wenn sich der Patient einer Behandlung unterzieht, die den gemeinsamen Kinderwunsch beeinflusst (Crawshaw und Sloper 2010) oder in gendiagnostischen Verfahren festgestellt wird, dass es sich um eine erbliche Erkrankung handelt, die auch die Familienangehörigen betreffen könnte (Daly 2016). Letztlich auch dann, wenn die Betroffenheit des Angehörigen vor allem darin liegt, dass er zwar keine eigene Unterstützung leisten muss, aber einen geliebten Menschen verlieren könnte.

Dementsprechend finden sich verschiedene *Krankheitsgruppen*, die aus diesen verschiedenen Gründen mit einer erhöhten Notwendigkeit der Angehörigenkommunikation einhergehen:

- Akute Notfälle (z. B. Erkennen des Notfalls, Mobilisierung von Hilfe, vorübergehende Interessenvertretung)
- Chronische Krankheiten und Multimorbidität mit degenerativem Verlauf (z. B. zunehmende instrumentelle Unterstützung, Selbstwertunterstützung und informationelle Unterstützung für das Selbstmanagement)
- Psychische Erkrankungen (z. B. Mobilisierung und Monitoring des Patienten, Selbstwertunterstützung)
- Vererbungsrelevante Erkrankungen (z. B. durch eigene Betroffenheit der Angehörigen)
- Lebensbedrohliche Erkrankungen wie Krebs (z. B. emotionale Unterstützung, Begleitungsunterstützung, instrumentelle Unterstützung, hohe emotionale Betroffenheit der Angehörigen).

Es existieren bereits zahlreiche Übersichtsartikel, welche familienzentrierte Interventionen für bestimmte Krankheiten bzw. Krankheitsgruppen untersucht haben (Armour et al. 2005; Boots et al. 2014; Griffin et al. 2014; Mahrer-Imhof und Bruylands 2014; Wilz und Meichsner 2017). Aus diesen Studien lässt sich erkennen, dass Angehörigeninterventionen den patientenzentrierten Interventionen oder auch Kontrollgruppen ohne Intervention nicht generell überlegen sind. Vielmehr zeigt sich, dass der Erfolg abhängig vom Krankheitsbild, von der eingesetzten Interventionsmethode, den Beteiligten und der Länge der Intervention ist. Der Vergleich der Ergebnisse ist zudem erschwert, weil die jeweiligen Zielkriterien und damit auch die Messinstrumente und die Zielpersonen recht unterschiedlich sind. Effekte auf Patienten und deren physische und psychische Gesundheit werden fast immer untersucht, während die Effekte auf Angehörige nur in etwa der Hälfte der Studien und Auswirkungen auf das medizinische Personal kaum betrachtet werden (Mahrer-Imhof und Bruylands 2014). Bisher selten untersucht in den RCTs sind zudem die Effizienz (d. h. das Kosten-Nutzen-Verhältnis) der eingesetzten Maßnahmen und die Ausbildung des Gesundheitspersonals (Hartmann et al. 2010).

Kritisch muss an dieser Stelle erwähnt werden, dass die meisten Angehörigeninterventionen *krankheitsspezifisch* (vor allem für Krebs oder Demenz) entwickelt wurden. Je nach Krankheit kann der Unterstützungsbedarf und damit die Anforderungen an die Angehörigen in der Tat sehr unterschiedlich sein (Wilz und Meichsner 2017). Der Bedarf an emotionaler, informationeller oder instrumenteller Unterstützung kann dementsprechend für die Angehörigen im Krankheits- und Behandlungsverlauf sehr unterschiedlich sein, sodass auch unterschiedliche Interventionen erforderlich sind. Während sich der *Unterstützungsbedarf* bei den Herz-Kreislauferkrankungen zum Teil sehr klar anhand spezifischer Kompetenzen benennen lässt, bringen die anderen Erkrankungen so vielfältige und unvorhersehbare Herausforderungen mit sich, dass eher allgemeinere Strategien vermittelt werden müssen.

Dennoch ist es durch eine krankheitsbildübergreifende Perspektive möglich Gemeinsamkeiten (und auch Spezifika) der Herausforderungen und Bewältigungsstrategien sichtbar zu machen (für entsprechende Beispiele krankheitsübergreifender Betrachtungen siehe Mahrer-Imhof und Bruylands 2014; Rosland und Piette 2010; Wolff und Roter 2012). Dadurch wird zum einen der Transfer der Lösungsstrategien sowie die Versorgung der zunehmenden Anzahl an multimorbiden Patienten möglich. Zum anderen kann dies auch die Entwicklung übergreifender strategischer Kommunikation in Organisationen mit unterschiedlichen Krankheiten oder Präventionsanliegen unterstützen, denn bislang ist sie dort kaum verbreitet (Reifegerste 2018).

In diesem Sinne weisen krankheitsübergreifend einige *Versorgungsbereiche* eine hohe Angehörigenintegration auf. Dazu gehören u. a.:

- Geburtenstationen
- Kinder- und Jugendstationen und -einrichtungen
- Gerontologische Stationen und Pflegeheime
- Palliativstationen und Hospize
- Notfallambulanzen und Intensivstationen
- Entlassungsmanagement
- Psychiatrien
- Behinderteneinrichtungen
- sowie Onkologiestationen.

Da in diesen Bereichen bereits zahlreiche familienbezogene Interventionen und Kommunikationsprozesse mit den Angehörigen entwickelt wurden, können sie u. a. als Anschauungsobjekt für andere Bereiche dienen. So könnten etwa Strategien im Umgang mit Angehörigen, die in Kinder- oder Palliativstationen längst etabliert sind (und dort als selbstverständlich gelten), im Sinne eines Best Practice auf andere Prozesse der Gesundheitsversorgung (z. B. zur Versorgung multimorbider Patienten) übertragen werden. In einer Befragung zeigte sich allerdings, dass diese Maßnahmen sich bisher vor allem aufgrund einzelner Mitarbeiterinitiativen oder spezifischer Anforderungen entwickeln und nur wenig Transfer in andere Bereiche stattfindet (Reifegerste 2018).

Neben den Faktoren einer spezifischen Krankheit findet sich auch eine Reihe von zeitlichen *Veränderungen im Krankheitsverlauf,* die eine Kommunikation mit den Angehörigen sowohl wahrscheinlicher als auch notwendiger machen.

Diese können zum einen aufgrund situativer Faktoren im Laufe der Zeit schwanken (Arora et al. 2007) oder sich im Krankheitsverlauf entwickeln. So nimmt die Rolle des Interessenvertreters und instrumentellen Unterstützers im Laufe einer Demenz zu, während sie idealtypisch mit dem Älterwerden eines Kindes (Nguyen et al. 2016) oder mit der Genesung nach akuten Erkrankungen abnehmen sollte. Bei chronischen Erkrankungen wechseln sich zudem typischerweise stabile und instabile Phasen ab, die mit einer ständigen Änderung des Unterstützungsbedarfs einhergehen (Schaeffer und Moers 2008).

Bei der Betrachtung eines idealtypischen Krankheitsverlaufes finden sich verschiedene Anlässe der Angehörigenkommunikation. Bereits in der *Prävention* lässt sich durch die aktive Ansprache von Angehörigen die Neuerkrankungsrate senken und die Detektion von Frühstadien erhöhen (Anders und Breitbart 2014). Nachfolgend im Krankheitsverlauf zeigt sich das Diagnosegespräch bzw. die anamnestische Kommunikation (sog. *Fremdanamnese*) als weiterer typischer Gesprächsanlass für die Angehörigenkommunikation. Durch die Befragung der Angehörigen können die (familiäre) Krankheitsgeschichte und weitere (über die Informationen des Patienten hinausgehende) Informationen ermittelt werden, die oft von hoher Bedeutung sind, um Risiken abzuschätzen und Therapieempfehlungen geben zu können (Abschn. 3.2.3).

Ebenso sind auch *Übergänge* zwischen ambulanter und stationärer Versorgung (d. h. Aufnahme, Überleitung und Entlassung) sehr wahrscheinlich mit der erhöhten Notwendigkeit zur Angehörigenkommunikation verbunden. Hierbei geht es zunächst vor allem um die Identifikation zentraler Ansprechpartner. Die geschieht vor allem, um zu ermitteln (und zu dokumentieren), wer informiert werden soll, wer unterstützen kann und ob diese Personen auch dafür geeignet erscheinen (George und George 2003). Bei einer längerfristigen Behandlung oder Betreuung werden im ersten Kontaktgespräch meist die Weichen für das Gelingen der Beziehung gestellt, indem Aufgaben und Verantwortlichkeiten (u. a. durch Rollenklärung, Abschn. 4.2.2) zwischen Angehörigen und Mitarbeitern definiert werden (Woods et al. 2009). Wenn die Angehörigen nach der Entlassung nicht ausreichend Unterstützung leisten können, ist es zudem häufig erforderlich, funktionale Alternativen oder Ergänzungen (z. B. Case-Management, rechtliche Betreuung oder ambulanter Pflegedienst) zu finden. Diskontinuitätserfahrungen können ansonsten zu Genesungsverzögerungen, zu Rückschritten in der Behandlung und zu unnötiger Belastung führen (George und George 2003).

Im *Therapieverlauf* ist die Kommunikation mit den Angehörigen somit immer dann relevant, wenn Entscheidungen an zentralen Behandlungspunkten anstehen (zu Beginn, beim Wechsel, der Verschiebung oder Abbruch einer Therapie). Sie kann aber auch relevant sein, wenn die Entscheidung sehr komplex ist, d. h. viele

Therapiemöglichkeiten mit unsicherer Bewertung und vielen oder schweren Risiken zur Auswahl stehen (Arora et al. 2007; Laidsaar-Powell et al. 2016; Link und Reifegerste 2016; Sekimoto et al. 2004). Zudem gilt es Angehörige immer dann einzubinden, wenn Versorgungsveränderungen anstehen (z. B. Aufnahme, Verlegung und Entlassung oder in der Medikamenteneinnahme) oder Veränderungen im Gesundheitszustand zu beobachten sind (Hauke et al. 2011; Woods et al. 2009). Dazu kann auch gehören, dass im Rahmen einer gesundheitlichen Vorausplanung (engl. advance care planning) bereits vorab besprochen wird, was zu tun ist, wenn bestimmte Situationen eintreten (Woods et al. 2009).

Die *Palliativversorgung* am Ende eines Krankheitsverlaufes strebt die ganzheitliche Versorgung unter Berücksichtigung der körperlichen, emotionalen, spirituellen und auch sozialen Bedürfnisse der Patienten an (Omilion-Hodges und Swords 2016). Die Mehrzahl der Menschen möchte schmerzfrei und zu Hause sterben, wobei dies allerdings nur für ein Viertel der Sterbenden ermöglicht werden kann (Dasch et al. 2015). Oft ist damit auch der Wunsch nach der Anwesenheit von Angehörigen verbunden, da das Sterben in einer Einrichtung mit Isolation und Hilflosigkeit verbunden wird (Sauer et al. 2015). Dementsprechend sind die Angehörigen wichtige Anspruchsgruppen in diesem Prozess, deren Betreuung sich auch über den Tod des Patienten hinaus erstrecken sollte (WHO 2016). Die Palliativversorgung kann daher als wichtiger Impulsgeber für die gesamte Angehörigenkommunikation betrachtet werden.

In dieser Phase nimmt häufig die Beteiligung nahestehender Personen an Entscheidungen im Vergleich zum medizinischen Personal zu (Wallace 2015). Dabei berücksichtigen die meisten Familienmitglieder im Sinne eines Interessenvertreters (Abschn. 3.4.2) auch die Wünsche des Patienten, d. h. sie versuchen seine Lebensqualität und Schmerzmedikation zu optimieren (Wallace 2015). Allerdings gibt es auch Angehörige, die den Interessen des Patienten in Abstimmungen mit den Ärzten oder dem Pflegepersonal (z. B. über lebensverlängernde Maßnahmen) widersprechen, weil sie selbst den Tod eines geliebten Menschen nicht akzeptieren können bzw. nicht wahrhaben wollen (Gilstrap und White 2015; Heyland et al. 2009; Lichtenthal und Kissane 2008). Während Patienten eher die Lebensqualität als Behandlungsziel priorisieren, bevorzugen Angehörige dann eher aggressive Behandlungsmethoden. Dies kommt sogar in Situationen vor, in denen eine entsprechende Patientenverfügung vorliegt (Hauke et al. 2011). Erschwerend kommt hinzu, dass medizinische Entwicklungen in vielen Bereichen (insbesondere der Krebstherapie) dazu geführt haben, dass *zahlreiche Optionen* der Palliativversorgung möglich sind, was die Unsicherheit der Entscheidungen bei den Beteiligten erhöht (Scott 2014). Moralische Grenzen und rechtliche Rahmenbedingungen sind häufig unklar und werden insbesondere zum Thema Sterben kontrovers diskutiert. So wird zwar einerseits der autonome Patient gestärkt, der eigene Entscheidungen treffen soll, andererseits wird Sterbehilfe (ggf. zur Unterstützung dieser Entscheidungen) aber abgelehnt (Quante 2010). Dadurch fürchten sich sowohl Ärzte als auch Angehörige vor den rechtlichen und moralischen Konsequenzen ihrer Entscheidungen (Scott 2014), was mitunter in Überversorgung und zusätzlichem Stress für den Patienten resultiert (Walsh-Childers und Braddock 2014). Hinzu kommen möglicherweise noch Konflikte zwischen verschiedenen Angehörigen (Wittenberg-Lyles et al. 2013) oder den verschiedenen medizinischen Fachkräften, die unterschiedliche Empfehlungen geben (Gilstrap und White 2015).

Die Ärzte sind dann gezwungen zwischen diesen Positionen *zu vermitteln* (Vedel et al. 2014), was möglicherweise sehr viel Zeit in Anspruch nimmt (Lichtenthal und Kissane 2008) und von vielen Ärzten (insbesondere solchen ohne entsprechende Ausbildung in dieser Kommunikationskompetenz) als Herausforderung empfunden wird (Zhang und Siminoff 2003a). Folglich sind sie eher selten bereit sich in Gespräche über das Lebensende mit den Angehörigen zu begeben (Scott 2014). Allerdings können ungelöste Familienkonflikte sowohl die Trauerarbeit der Angehörigen als auch die Fachkräfte belasten (Omilion-Hodges und Swords 2016).

Nach dem *Tod* haben die Angehörigen eine besonders hohen Unterstützungsbedarf (Abschn. 4.2.4). Je schlechter die Kommunikation über das Sterben vor dem Tod des Patienten (mit ihm aber auch mit den medizinischen Fachkräften und anderen Angehörigen) war, umso eher leiden sie unter post-traumatischen Belastungen und Angstgefühlen (Omilion-Hodges und Swords 2016). Dies trifft insbesondere zu, wenn die Angehörigen sich durch einen akuten Todesfall oder Vermeidungsverhalten nicht entsprechend vorbereiten konnten (Vedel et al. 2014). Allerdings wird die Kommunikation sowohl in der Ausbildung als auch in der Finanzierung der Palliativversorgung mit Patienten und Angehörigen stark vernachlässigt (Schneider et al. 2010).

4.2 Ziele

Für angehörigenbezogene Interventionsstrategien können unterschiedliche Ziele und Themen der Kommunikation mit den Angehörigen relevant sein. Abb. 4.1 bietet einen Überblick über die möglichen Zielstellungen der kommunikationsbasierten Interventionsstrategien, die in den folgenden Teilkapiteln detailliert beschrieben werden. Die *Integration* unterstützt die Auswahl, Adressierung und Motivation der passenden primären Unterstützungsgeber für die benötige Unterstützung auf der Basis des Two-Step-Flow of Support (Abschn. 2.4). Die *Rollenklärung* ermöglicht darauf aufbauend und vor dem Hintergrund der Rollentheorien (Abschn. 2.1)

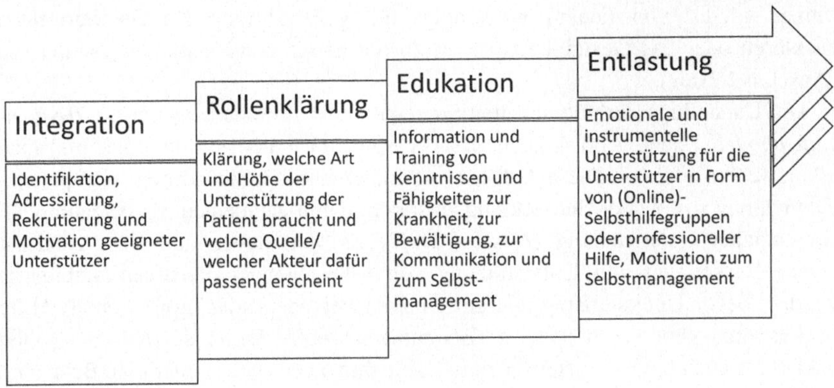

Abb. 4.1 Strategien in der Angehörigenkommunikation

und der triadischen Entscheidungsmodelle (Abschn. 2.3) eine Abstimmung darüber, welche Rollen der Angehörige einnehmen soll und wie die gegenseitigen Erwartungen an die Ausgestaltung der Rolle zwischen den Beteiligten (Patient und Angehörigen und ggf. auch dem medizinischen und pflegerischen Personal) sind. Danach kann – auf der Grundlage der Modelle der Gesundheitskompetenz (Abschn. 2.5) – die *Entwicklung von Kompetenzen* durch Edukation ein weiteres Ziel der Kommunikation mit Angehörigen sein. Schließlich ist auch die Vermittlung von sekundärer Unterstützung zur *Entlastung* der primären Unterstützungsgeber eine wichtige Kommunikationsstrategie der sekundären Unterstützungsgeber.

Die dargestellte Reihenfolge der Interventionsstrategien als linearer Ablauf entspricht allerdings nur einer idealtypischen Vorgehensweise (vgl. Idealtypen der Rollen Abschn. 3.1). In der Praxis laufen Entscheidungs- und Kommunikationsprozesse eher *zirkulär* als linear ab. Die einzelnen Schritte sind nicht unabhängig voneinander. So bauen die Rollenklärung und die Kompetenzentwicklung auf der Integration auf. Zudem gibt es Überlappungen sowie Rückschritte zwischen den einzelnen Strategien und Phasen. Somit endet ein Schritt nicht, wenn der andere anfängt (Miller et al. 2009). Zudem gibt es zahlreiche Wechselwirkungen zwischen den Strategien: Umso höher die Kommunikationskompetenz der Beteiligten, desto wahrscheinlicher ist es, dass die Rollenklärung explizit stattfindet und die Aktivierung sozialer Unterstützung positiv verläuft (Abschn. 4.2.3). Je höher das Gesundheitswissen der Angehörigen durch die Kompetenzentwicklung ist, umso wahrscheinlicher ist es, dass sie sich unterstützend einbringen wollen. Außerdem ist es insbesondere bei dynamischen Krankheitsentwicklungen immer wieder von neuem notwendig, die gegenseitigen Rollenerwartungen zu klären oder das Gesundheitswissen an die neuen Gegebenheiten anzupassen (Abschn. 2.2.1.1).

Die Darstellung der entwickelten Strategien erfolgt demnach zwar als *Treppenstufenmodell* (siehe Abb. 4.1), lässt aber sowohl sequenziell iterative als auch rekursive Prozesse zu. Diese Abfolge von Integration, Rollenklärung, Kompetenzentwicklung zu sozialer Entwicklung entspricht damit auch einem Kaskadenmodell der sozialen Unterstützung (Abschn. 2.1.3). Es geht davon aus, dass zunächst eigene Ressourcen und Unterstützung von nahestehenden Personen mobilisiert werden, bevor Unterstützung von entfernteren Personen oder professionelle Hilfe in Anspruch genommen werden (Bodenmann 2000). Wenn sowohl die Rollen geklärt als auch die Kompetenzen entwickelt sind, aber noch immer eine Belastung der Angehörigen oder/und des Patienten besteht, dann ist die Vermittlung von Unterstützungsangeboten für die primären Unterstützungsgeber erforderlich. Möglicherweise ist dann auch die (erneute) Integration von (anderen) primären Unterstützungsgebern notwendig.

Eine weitere Unterscheidungsdimension für die Ziele der Angehörigenkommunikation ist das Bezugsobjekt. Aufgrund des systemischen Charakters der Angehörigenkommunikation gilt es neben den Patientenbedürfnissen auch die Bedarfe der anderen Beteiligten (Angehörige und medizinisches Personal) als mögliche Zielparameter zu berücksichtigen. Es existieren somit eher *alteri-orientierte* Ziele der Unterstützung sowie eher ego-orientierte Ziele (Oh 2015, S. 941). Während alteri-orientierte Ziele (bzw. Motive) sich eher auf den anderen (d. h. den Patienten oder Angehörigen als Unterstützungsempfänger) beziehen, zielen ego-orientierte Motive eher auf die Bedürfnisse des Unterstützungsgebers, d. h. des Angehörigen (Bierhoff 2010). Aber auch diese ego-orientierten Ziele der Unterstützungsgeber (wie der Wunsch die Krankheit des Patienten verstehen zu wollen) resultieren meist aus der Beziehung zum Patienten und sind daher nicht stringent vom Ziel des Patientenwohls zu trennen (Reifegerste und Bachl 2017).

Spezifische Interventionen oder Programme für Angehörige beinhalten dementsprechend meist mehrere Ziele und Strategien, vielleicht auch ohne, dass es den Teilnehmenden bewusst ist. Eine *explizite Differenzierung* bzw. Systematisierung der Ziele ist aber aus zwei Gründen empfehlenswert. Zum einen um die Reihenfolge der Kommunikationsstrategien zu berücksichtigen. Solange etwa den Angehörigen nicht klar ist, ob und welche Unterstützung sie leisten dürfen und sollten, ist es wenig hilfreich sie in spezifischen Handlungskompetenzen (bspw. für spezifische instrumentelle Unterstützung) zu schulen. Zum anderen können bei einer expliziten Differenzierung der Kommunikationsstrategien auch die entsprechenden Kommunikationsbeteiligten und Kommunikationswege adäquat ausgewählt werden. Eine Rollenklärung benötigt bspw. möglichst einen interpersonalen und synchronen (d. h. zeitgleichen) Austausch, während die anderen Strategien z. T. auch massenmedial und unidirektional erfolgen können (Abschn. 4.4).

Der Fokus im Rahmen dieser Arbeit liegt zwar auf den *kommunikationsbasierten Strategien,* d. h. Information, Schulung, Beratung und Gespräche in verschiedenen Kommunikationskanälen, häufig sind aber allein kommunikationsbasierte Interventionen nicht ausreichend und es sind auch finanzielle (z. B. die Finanzierung der Fremdanamnese), rechtliche (z. B. die Bevollmächtigung eines Nachbarn), räumliche und organisatorische Änderungen (z. B. Aufenthaltsräume) notwendig. Kommunikationsstrategien können einerseits helfen diese weitergehenden Bedarfe im Rahmen der Rollenklärung (Abschn. 4.2.2) zu erkennen. Andererseits bedürfen bestimmte Kommunikationsformen räumlichen oder organisatorischen Rahmenbedingungen.

In Gesundheits- oder Pflegeeinrichtungen beeinträchtigen allerdings häufig fehlende Privatsphäre, unzureichender Platz (z. B. auch für den Besuch mehrerer Angehöriger) und mangelnde Rückzugsmöglichkeiten die Beziehung zwischen Patienten und Angehörigen (Woods et al. 2009) oder die Integration von Angehörigen in die Arzt-Patienten-Kommunikation (Laidsaar-Powell et al. 2013). Zudem zeigte sich in Untersuchungen zu Intensivstationen, dass die *Architektur des Wartebereichs* die psychische Verfassung der Angehörigen wesentlich beeinflussen kann. Beispielsweise beeinträchtigt es die Angehörigen, wenn hochemotionale Gespräche auf dem Gang stattfinden oder Verstorbene an ihnen vorbeigeschoben werden (Schwarzkopf et al. 2013). Oft sind für die kommunikationsbasierten Unterstützungsformen (z. B. Selbsthilfegruppen, Abschn. 4.4.4) auch entsprechende Räumlichkeiten notwendig, die bspw. eine Klinik zur Verfügung stellen kann (Reifegerste 2018). Darüber hinaus sind zum Teil auch instrumentelle Hilfen in Form von finanzieller Unterstützung oder professioneller Pflegeunterstützung notwendig. Entsprechende Interventionsprojekte sollten daher neben den Kommunikationsangeboten auch die anderen Rahmenbedingungen sowie andere Formen der Unterstützung und strategische Maßnahmen berücksichtigen sowie ggf. beinhalten.

Daraus wird deutlich, dass entsprechend des Modells der Gesundheitskompetenz (Abschn. 2.5.1), Strategien der Angehörigenkommunikation sowohl an den beteiligten Individuen als auch an den strukturellen Rahmenbedingungen ansetzen können (Yuen et al. 2018). Die im Folgenden in der Reihenfolge von Abb. 4.1 dargestellten Strategien verweisen daher auch auf weitergehende Maßnahmen, die über die Kommunikation hinausgehen.

4.2.1 Integration

Die Kommunikationsstrategie Integration (George und George 2003; Rosland und Piette 2010) beinhaltet vor allem die Einbindung, Identifikation, Rekrutierung, Adressierung und Motivation geeigneter informeller und formeller Unterstützungsquellen. Sie dient damit aus rollentheoretischer Perspektive der Zuordnung von Personen zu einer bestimmten Funktion (vgl. *Rollen-Personen-Zuordnung,* Abschn. 2.1). Vor dem Hintergrund des Two-Step-Flow of Support (Abschn. 2.4) hilft sie außerdem geeignete Vermittler bzw. primäre Unterstützungsgeber zu identifizieren. Bestenfalls kann der Patient die geeigneten Personen für die Kommunikationsrollen selbst *selektieren* (Friemel 2015), indem er sich mit bestimmten Unterstützungsbedarfen an die dafür geeignetsten Personen in seinem sozialen Netzwerk wendet. Je nach Unterstützungsbedarf könnten dementsprechend verschiedene Angehörige beteiligt werden. Während für die Rolle der Interessenvertretung (Abschn. 3.4.2) möglicherweise eher persönlichkeitsstarke Personen (Trepte und Boecking 2009) infrage kommen, ist die Übermittlerrolle (Abschn. 3.2.1) vermutlich eher mit Merkmalen wie der höheren Bildung oder der Medienkompetenz verbunden (Jung und Kim 2016). Folglich selektieren Patienten bevorzugt Familienangehörige mit einer medizinischen oder pflegerischen Ausbildung in der Verwandtschaft, um einen medizinischen Rat zu erhalten (Laidsaar-Powell et al. 2017). Emotionale Unterstützung oder pflegerische Unterstützung werden dagegen vor allem von weiblichen Personen mittleren Alters geleistet (Luce 2017) und hängen von einer engen Beziehung ab (Holt-Lunstead und Uchino 2015).

Dem Wunsch nach Beteiligung der Angehörigen an der ambulanten und klinischen Versorgung steht allerdings oft entgegen, dass kaum zeitliche und finanzielle Ressourcen für den Einbezug von Familien vorhanden sind. Viele Ärzte finden die Beteiligung von Angehörigen in der medizinischen Betreuung zwar wichtig, befürchten aber auch eine *Zunahme der Komplexität und Dauer* einer triadischen Konsultation. Mehrpersonengespräche stellen per sè eine besondere Herausforderung für das medizinische Personal dar; da gleichzeitig mehrere Gesprächspartner vorhanden sind, auf deren Bedürfnisse, Emotionen und Verstehensprozesse es zu achten gilt (Kiessling 2014). Ärzte befürchten außerdem, dass Angehörige die Zeit nutzen könnten, um eigene Gesundheitsfragen zu klären, das Gespräch zu dominieren (Rosland et al. 2011) und dadurch die Gesprächsdauer zusätzlich zu verlängern (Laidsaar-Powell et al. 2013). Zwar zeigen Beobachtungsstudien, dass begleitete Gespräche etwa 5 min (20 %) länger dauern (Wolff und Roter 2011), allerdings handelt es sich bei begleiteten Patienten eben auch um die komplexeren Fälle, die auch in Einzelkonsultationen eine längere

Konsultation benötigen. Es ist also fraglich, inwieweit begleitete Gespräche mit unbegleiteten vergleichbar sind und ob dies eher von dem Gesundheitsstatus des Patienten als von der Begleitung abhängt. Laidsaar-Powell et al. (2013) fanden in ihrer Metaanalyse von 52 Studien mehrheitlich keine Unterschiede in der Länge der Konsultationen zwischen dyadischen und triadischen Sprechstunden.

Aufgrund der verschiedenen Befürchtungen praktiziert das medizinische Personal häufig die *Strategie der Nicht-Kommunikation* oder der Nichtadressierung der Angehörigen (Einleitung Kap. 2). Damit wird den Angehörigen sowohl der Zugang zu Informationen über die Krankheit und deren Behandlung (Abschn. 4.2.3) als auch über den Gesundheitszustand des Patienten erschwert (Sadasivam et al. 2013). Sie erhalten dann relevante Informationen nur mit hohem Aufwand, indirekt über den Patienten oder gar nicht (Wilz und Meichsner 2012) und werden an auch für sie relevanten Entscheidungen (Abschn. 2.3.2) nicht beteiligt. Diese Situation schränkt wiederum ihre Unterstützungsmotivation und ihre Compliance ein. Bereits durch die bloße Teilnahme an den Arztterminen oder anderen gesundheitsbezogenen Aktivitäten hätten die Angehörigen die Möglichkeit, Informationen über die Medikation oder sonstige Therapieinhalte zu erhalten (Carpenter et al. 2015). Folglich stellt die *Beteiligung der Angehörigen* an der Arzt-Patienten-Kommunikation die einfachste Form einer kommunikationsbasierten Strategie zur Erhöhung der Unterstützung von Angehören dar (Rosland und Piette 2010).

Allerdings muss für die Integration der Angehörigen sowohl aus rechtlichen als auch aus ethischen Gründen die *Zustimmung des Patienten* vorliegen (Abschn. 2.3.2). Diese Zustimmung und der Wunsch der Patienten nach Angehörigenbeteiligung liegen allerdings meist öfter vor als sie im Rahmen der Gesundheitsversorgung umgesetzt werden (z. B. Perreault et al. 1999). Zudem zeigen emergente Strategien von Ärzten und Therapeuten, dass der Informationsbedarf eines Angehörigen häufig auch mit neutralen (d. h. nicht personenbezogenen) Informationen (z. B. die Information über eine Krankheitsbild im Allgemeinen und dessen Therapiemöglichkeiten) gestillt werden kann (Eberlein et al. 2017).

Selbst in Fällen *erwünschter Nichtbeteiligung* der Angehörigen an der Therapie (z. B. zur Stärkung der Autonomie des Patienten oder aufgrund hygienischer Erfordernisse) oder des Nichtbesuchs (z. B. wegen Ruhebedürfnissen des Patienten) kann es erforderlich sein, den Angehörigen anzusprechen. Es ist dann möglich ihn über seine – vom medizinischen Personal oder Patienten erwünschte – Rolle der Nicht-Unterstützung aufzuklären, damit er die entsprechenden Erwartungen erfüllen kann (Woods et al. 2009). Zu diesen rollenrelevanten Informationen zählt u. a. die Aufklärung über die Ziele und Abläufe der medizinischen und pflegerischen Aktivitäten (George und George 2003).

Vielfach setzen jedoch Ärzte und Therapeuten die erwünschte Autonomie des Patienten mit einer Nicht-Kommunikation mit den Angehörigen gleich (Abschn. 2.3.2) oder betrachten es nicht als ihre Aufgabe, Angehörige über die entsprechenden Rollenerwartungen (z. B. durch Psychoedukation) aufzuklären (Eberlein et al. 2017). Eine Integration der Angehörigen oder auch deren emotionale Unterstützung muss allerdings nicht zwangsläufig mit (zu hoher) instrumenteller oder dezisionaler Unterstützung der Angehörigen und dem mangelhaften Selbstmanagement des Patienten einhergehen, wie die Beteiligung von Eltern in der Behandlung von krebskranken Kindern zeigt (Zwaanswijk et al. 2011). Es ist demnach wichtig, die Kommunikation mit den Angehörigen (z. B. zur Rollenklärung) von den möglichen Unterstützungsarten und möglichen Rollen der Angehörigen in der Gesundheitskommunikation zu differenzieren.

Da Angehörige meist nicht die wichtigste Zielgruppe der Gesundheitsinformationen sind und ihre Rolle als primärer Unterstützungsgeber vielfach kaum Anerkennung findet, fällt es ihnen somit häufig schwerer an Informationen (insbesondere vom medizinischen Personal) zu gelangen (Washington et al. 2011; Yuen et al. 2018). Um dennoch die notwendigen Informationen zu erhalten, nutzen sie vorrangig Angebote für Patienten oder Fachkräfte. Bezeichnungen für Informationsangebote wie Patientenakademien oder Patienteninformationszentren (die vielfach auch verstärkt von Angehörigen genutzt werden) verdeutlichen dies (Ose 2011). Da die Nutzung von den Kommunikatoren (z. B. Kliniksprecher) zwar häufig nicht strategisch beabsichtigt ist, aber zumindest meistens toleriert wird (Reifegerste 2018), kann sie als emergente Strategie der Angehörigen betrachtet werden (Wiesenberg 2018). Neben der expliziten Nicht-Adressierung findet sich in der Praxis somit auch die Strategie der *Subsumierung* der Angehörigen unter der Zielgruppe der Patienten als implizite Form der Nicht-Adressierung. Kommunikationsverantwortliche gehen dabei davon aus, dass Angehörige die gleichen Informations- und Beratungsbedürfnisse haben wie Patienten und adressieren diese daher nicht zielgruppenspezifisch (Reifegerste 2018).

Die *spezifischen Bedürfnisse der Angehörigen* werden hierbei meist nicht berücksichtigt und bleiben somit unerfüllt (Kirschning und Kardorff 2007). Zwar haben Angehörige – ähnlich wie die Patienten – einen hohen Bedarf an medizinischen Informationen zur Diagnose und Behandlung sowie Informationen über das Gesundheitssystem und seine Akteure (Adams et al. 2009; Kirschning und Kardorff 2007), darüber hinaus haben sie aber auch vielfach den Wunsch nach weiteren, ergänzenden Informationen zum Umgang mit dem Erkrankten bzw. mit dessen Situation (Yuen et al. 2018). So suchen die Partner von Patienten gezielt nach beziehungsrelevanten Informationen (z. B. zur Sexualität bei Prostatakrebs; Adams et al. 2009) oder zur Kommunikation bei Demenz (Ripich et al. 2000).

Zudem suchen sie nach Unterstützung für die eigene emotionale Bewältigung der Situation (Yuen et al. 2018) durch psychosoziale Beratung oder Kontakt zu anderen Angehörigen (Abschn. 4.3.2). Diese (häufig unerfüllten) emotionalen Unterstützungsbedürfnisse werden vor allem in Palliativsituationen (Docherty et al. 2008), bei Trauernden oder der Psychoonkologie (Rosenberger et al. 2012) deutlich. Bei pflegenden Angehörigen kommt zusätzlich auch der spezifische Bedarf nach Kompetenzentwicklung und instrumenteller Unterstützung durch sekundäre Unterstützungsgeber hinzu (Jünemann und Gräßel 2004). Zumindest diesen spezifischen Bedarf nehmen Kliniken und Krankenkassen auch zunehmend wahr und adressieren die Angehörigen diesbezüglich direkt (Reifegerste 2018).

Die *direkte Adressierung* würde bedeuten, dass für die Angehörigen spezielle Angebote geschaffen werden und die Integration von Angehörigen fester (strategischer) Bestandteil der Behandlung und Versorgung ist (Wilz und Meichsner 2015). Mögliche Formen könnten etwa die digitale Bereitstellung von Informationen über den Patienten, die Einladung von Angehörigen zu einer Schulung oder eine auf die Angehörige ausgerichtete Gesprächsführung und therapeutische Beziehungsgestaltung sein (Wilz und Meichsner 2015). Dabei kann die Integration der Angehörigen nicht nur der Erfüllung der spezifischen Bedürfnisse der Angehörigen dienen, sondern auch das medizinische Personal in seiner Arbeit unterstützen. Beispielsweise um einen Zugang zum Patienten für den Therapiebeginn (z. B. bei einer Suchterkrankung) zu erreichen (Buchner et al. 2013) oder die Unterstützungsmotivation der Angehörigen als Co-Therapeuten für die Behandlung zu stärken (Wilz und Meichsner 2012).

Die Kommunikationsstrategie der direkten Adressierung kann auch dabei helfen, bisher nicht unterstützende Angehörige zu rekrutieren (Rosland et al. 2013) oder andere funktionale Alternativen oder Ergänzungen der Unterstützung zu aktivieren (Abschn. 3.1). Dies ist insbesondere für Patienten relevant, die bisher keine (potenziellen) Unterstützer haben bzw. Personen in ihrem Umfeld nicht als solche wahrnehmen. Darüber hinaus können aber auch die primären Unterstützungsgeber von der Aktivierung weiterer Unterstützer profitieren, da sie in diesem Fall ihre subjektive Belastung deutlich niedriger einschätzen als wenn sie allein für die Unterstützung (z. B. die Pflege) verantwortlich sind (Schwinger et al. 2016).

Entscheidend ist, dass die jeweiligen Personen *funktional äquivalent* sind und letztlich die gleichen Rollenfunktionen erfüllen können. Diese dienen entweder als Kompensation für die Angehörigen oder können diese ggf. in ihren Unterstützungsleistungen ergänzen bzw. diese erweitern (wenn diese nicht oder nicht in ausreichendem Maße für die jeweiligen Rollenfunktionen zur Verfügung stehen). So kann es für den Patienten notwendig erscheinen einen neutralen Vermittler zu finden (Rosenberg et al. 2008) oder Personen mit ähnlichen Problemen zu finden, die sie besser verstehen als ihre Angehörigen (Wright et al. 2010) und weniger Eigeninteressen in die Kommunikation bzw. die Unterstützungsleistung einbringen. Diese Rekrutierung weiterer Personen (über die Familienmitglieder hinaus) erweitert das Spektrum der Unterstützungsquellen deutlich und ermöglicht es dem Patienten (im Sinne des optimalen Matching) die beste Form der Unterstützung zu finden, um seinen Stress zu bewältigen (Abschn. 2.1.3).

Diese Motivation zur Unterstützung kann sowohl im interpersonalen Gespräch, aber auch durch *prosoziale Appelle* auf verschiedenen eher massenmedialen Kommunikationswegen erfolgen. Hierbei wird an die Angehörigen appelliert, bestimmte Verhaltensweisen entweder zu unterlassen (um andere nicht zu schädigen) oder sie auszuführen (Reifegerste 2017). Entsprechende Beispiele sind *Kampagnen,* die Angehörige auffordern, den Partner über die Früherkennungsuntersuchungen (Cutrona et al. 2013) oder die Möglichkeit einer Depressionsbehandlung (Detweiler-Bedell et al. 2013) zu informieren. Ebenso werden Freunde oder Familienmitglieder gebeten, der Zielperson Nachrichten zu schreiben, damit diese wiederum zur körperlichen Aktivität motiviert wird (Fjeldsoe et al. 2012). Auch Gesundheitsbotschaften gegen das Passivrauchen (Pechmann et al. 2003; Shen 2010; Timmers und van der Wijst 2007), zur Nutzung von Kondomen zum Schutz der anderen (Cheah 2005) oder zur Inanspruchnahme von Impfungen (O'Keefe und Nan 2012) appellieren an die Unterstützungsmotivation der Angehörigen gegenüber anderen Personen in ihrem sozialen Umfeld. Im Gegensatz zu patientenorientierten Kampagnen steht aber hierbei nicht die Gesundheit der adressierten Person (dem Angehörigen), sondern die Gesundheit des anderen (dem Patienten) im Mittelpunkt (Reifegerste 2017). Somit können auch *Schuldappelle* als eine Form prosozialer Appelle betrachtet werden (Basil et al. 2006), da sie Schuldgefühle als negative Konsequenz bei mangelnder Unterstützung darstellen.

Diese Form der Adressierung und Integration der Angehörigen entspricht der klassischen Inventionslogik von Meinungsführerkampagnen bei denen massenmediale Appelle zur Rekrutierung einzelner Personen mit der Stimulation von interpersonaler Kommunikation verknüpft werden (Southwell und Yzer 2016). Eine wichtige Voraussetzung zur indirekten Weitergabe von Unterstützungsleistungen durch interpersonale Kontakte ist die *Identifikation der relevanten Vermittler,* die sowohl in ihrer privaten als auch in ihrer beruflichen Rolle angesprochen werden können. Dafür können grundsätzlich zwei Vorgehensweisen unterschieden werden (Friemel 2008), um Meinungsführer bzw. Multiplikatoren zu rekrutieren, die gesundheitsförderliches Verhalten in ihren sozialen Netzwerken verbreiten können (Valente und Pumpuang 2007). Einerseits können ausgehend von den Einzelpersonen (sog. Ego-Rollen), die Beziehungen eines Akteurs und seine Eigenschaften betrachtet werden. Dabei werden bspw. die selbst (oder fremd) eingeschätzte Meinungsführerschaft oder die Persönlichkeitsstärke erhoben, um Meinungsführer bzw. einflussreiche Personen zu identifizieren (Trepte und Boecking 2009). Eine zweite Möglichkeit zur Identifikation von Kommunikationsrollen ist die Analyse des gesamten Kommunikationsnetzwerkes, um die Rollen einzelner Personen zu beschreiben. Hierfür können entweder alle Teilnehmer des Netzwerks befragt werden (Valente und Pumpuang 2007) oder ihr Verhalten wird beobachtet (Kimet al. 2017). So kann das Kommunikationsverhalten der Teilnehmer in einem Onlineforum (wie z. B. Anzahl der Posts, Nutzungsdauer) dazu dienen, sie als Ratsuchende oder einflussreiche Auskunftsgeber zu klassifizieren (Carron-Arthur et al. 2015). Dementsprechend werden hier vor allem Angehörige adressiert, die eine hohe soziale Vernetzung, wichtige berufliche Positionen und Überzeugungskraft aufweisen (Boster et al. 2011). Für die Angehörigenkommunikation sollte aber die *Beziehungsnähe* als weiteres wichtiges Rekrutierungsmerkmal berücksichtigt werden, da sie oft ein ausschlaggebender Faktor für die Unterstützung von Personen im sozialen Umfeld ist (Reifegerste und Bachl 2017).

4.2.2 Rollenklärung

Neben der Integration ist auch die Rollenklärung eine wichtige Grundlage für die weiteren Strategien zur Kompetenzentwicklung und Entlastung von Angehörigen. Im Verlauf einer Erkrankung oder Therapie kann die Rollenklärung somit immer wieder erforderlich sein. Auf der Basis der *Rollentheorien* schließt die Rollenklärung in der Angehörigenkommunikation sowohl die Abstimmung über Rollenerwartungen aller Beteiligten als auch den Umgang mit Rollenveränderungen (Abschn. 2.2.1.1) und die Erkundung von Rollenkonflikten ein (Abschn. 2.2.2). Dies kann u. a. auch zur Vorbeugung von Stereotypen (d. h. möglicherweise unangemessenen Rollenerwartungen) beitragen (Edwards und Chapman 2004b). Zugleich kann die Rollenklärung dabei helfen, Rollenkonflikte aufzudecken und damit Ursachen für das Scheitern anderer Interventionsstrategien und für dysfunktionale Formen der Angehörigenintegration zu finden. Vor dem Hintergrund des transaktionalen Stressmodells (Abschn. 2.1.3) besteht das Ziel der Rollenklärung darin, eine *Kalibrierung der Bedarfe und der Erfüllungsmöglichkeiten* herzustellen.

Die Relevanz der Rollenklärung als Grundlage für weitere Abläufe wird allerdings *häufig unterschätzt* und die Rollenklärung dementsprechend vernachlässigt. Rollen werden dann eher anhand von Stereotypen oder ad hoc Interpretationen ausgeführt (Coyne 2015). Entsprechende negative Folgen können mangelnde psychische und soziale Anpassung der Beteiligten (Budin et al. 2008) und die Behinderung weiterer Maßnahmen sein. In der sozialpsychologischen Forschung zu Gruppen hat sich allerdings gezeigt, dass Teams nicht effektiv arbeitsfähig sind, wenn die Klärung der Rollen nicht stattgefunden hat. Dies gilt insbesondere für die Zusammenarbeit in komplexen Situationen mit hoher Dynamik und hohem emotionalem Involvement, was dem typischen Setting der Angehörigenkommunikation entspricht (Abschn. 2.1 und 4.1).

Beteiligte einer Rollenklärung sind in der Grundform einer Dyade zunächst der Patient und der Angehörige. Praktisch handelt es sich aber meist um ein Netzwerk, in dem ausgehend vom Patienten Unterstützungsprozesse zwischen dem Patienten und den Angehörigen und zugleich zwischen verschiedenen Angehörigen zu klären sind (Abschn. 3.1). Darüber hinaus sind in die Rollenklärung häufig aber auch professionelle Unterstützer wie das medizinische Personal oder der psychosoziale Dienst involviert. Entweder als Initiatoren bzw. Mediatoren der Rollenklärung zwischen Patienten und Angehörigen oder als Beteiligte, deren Rollen es auch zu klären gilt. Ergebnis kann etwa die explizite Formulierung eines Arbeitsbündnisses zwischen Angehörigen und Pflegepersonal sein, um latenter Konkurrenz zwischen diesen beiden Parteien vorzubeugen (George und George 2003). Ein Beispiel für die Klärung des Verhältnisses der Unterstützung Angehöriger und professioneller Pfleger ist das Programm Partners in Caregiving (Robison et al. 2007). Diese Abstimmung zwischen den informellen und formellen Unterstützungsgebern muss oder kann ggf. auch ohne direkte Beteiligung des Patienten stattfinden, beinhaltet aber dennoch die Vertretung seiner Wünsche im Sinne einer Interessenvertretung (Abschn. 3.4.2).

Zu klären sind vor dem Hintergrund der *Two-Step-Flow of Support* (Abschn. 2.4) vor allem:

- die Art der Unterstützung (informationell, emotional, dezisional, instrumentell) für die Patienten
- das Ausmaß der Unterstützung (nicht zu viel oder zu wenig)
- die Kommunikationsbeteiligten (welche Angehörigen, welche sekundären Unterstützer)
- und die Kommunikationswege (z. B. interpersonal, medial, digital).

Dadurch kann zwischen den Beteiligten ermittelt werden, welche Rollen der Angehörigen (Kap. 3) erwünscht und umsetzbar (und damit funktional) sind. Dafür gilt es jeweils die erwarteten und erhaltenen Unterstützungen der Patienten sowie die leistbaren und wahrgenommenen Aktionen der Angehörigen *abzugleichen*. Bischofberger (2011) macht deutlich, dass die Angehörigen die Chance haben sollten, eine informierte Entscheidung über ihre Unterstützungsleistung zu treffen. Aufgrund von gravierenden Abweichungen zwischen

Erwartungen der Patienten und Ressourcen der Angehörigen zeigt sich dann möglicherweise, dass im Sinne eines Two-Step-Flow of Support auch sekundäre Unterstützungsgeber oder funktionale Alternativen und Ergänzungen in die Rollenklärung eingebunden werden müssen. Ergebnis einer Rollenklärung können dann die Rekrutierung weiterer Unterstützungsgeber (Abschn. 4.2.1), die Entwicklung von Kompetenzen (Abschn. 4.2.3) oder die Wahrnehmung (und Akzeptanz) unerfüllter Unterstützungsbedürfnisse der Angehörigen sein (Abschn. 4.2.4). Darüber hinaus müssen mitunter der Kommunikationsweg und die Kommunikationsbeteiligten als eine Art der Metakommunikation im Rahmen der Rollenklärung erörtert werden. Dabei ist bspw. zu klären, wer bei welchen Abstimmungen mit welcher Aufgabe (d. h. in welcher Rolle) einbezogen werden sollte.

Da Rollenkonzepte letztlich immer transaktional sind (Abschn. 2.1), sind Rollenklärungen am effektivsten, wenn sie *interpersonal* mit einem *synchronen Austausch* stattfinden können, weil dann gegenseitige Erwartungen direkt abgeglichen bzw. korrigiert werden können. Der Anstoß für eine Rollenklärung kann aber auch massenmedial erfolgen oder unterstützt werden, z. B. durch Bücher, die Patienten helfen, den Angehörigen die Krankheit zu erklären (George und George 2003), durch eine Anleitung zur Reflektion über die eigene Rolle in einer Broschüre oder durch Impulse zum Überdenken von Stereotypen in einer öffentlichen Kampagne (z. B. AIDS-Kampagnen der Bundeszentrale für gesundheitliche Aufklärung zur Entstigmatisierung).

Innerhalb von Beziehungen und Familien kann es sehr unterschiedliche *Kommunikationsmuster* geben, wie die Kommunikation über Rollen und Aufgaben üblicherweise stattfindet. Diese Kommunikationsmuster bestehen meist schon vor einer Erkrankung und haben sich unabhängig von Gesundheitsfragen ausgeprägt. Während einige Partner und Familien kritische Themen offen ansprechen (Bachner und Carmel 2009), ist in anderen Beziehungen die Nicht-Kommunikation häufiger Bestandteil der Kommunikation. Insbesondere bei schweren Krebserkrankungen wollen Angehörige durch das Verschweigen kritischer Themen emotionalen Stress vermeiden. Sie wollen den Patienten dadurch schützen und die Gedanken nur auf positive Aspekte richten. Diese Form der Kommunikation führt allerdings zu Stress und Belastung der Angehörigen und einer geringen Beziehungszufriedenheit, während offenere Kommunikationsformen (engl. family expressiveness) meist zu weniger Belastung und einer besseren Beziehungsqualität führen (Yuen et al. 2016). Das Vermeiden von Gesprächen über Konfliktthemen kann zudem die gesundheitliche Entwicklung des Patienten beeinträchtigen (Edwards und Chapman 2004b). Im Todesfall kann diese Vermeidungsstrategie den Beteiligten die Bewältigung des Lebensendes und die Trauerarbeit der Angehörigen erschweren (Zhang und Siminoff 2003b). Durch eine offene und direkte Äußerung ist es den Beteiligten möglich, ihre Bedürfnisse zu artikulieren und die entsprechenden Entscheidungen für die Bewältigung der Erkrankung zu treffen (Yoo et al. 2014). Ein Mangel an Respekt und bevormundende Kommunikation führen in jedem Fall zu geringerem Wohlbefinden bei den Patienten (Edwards und Noller 1998).

Eine Kommunikationsstrategie zur Rollenklärung in komplexen Konfliktsituationen ist die Mindful Communication (Omilion-Hodges und Swords 2016), welche im Bereich der *Palliativmedizin* entwickelt wurde. Diese Strategie verlangt neben der aufmerksamen Selbst- und Fremdbeobachtung auch eine reflektierte und nicht-bewertende Kommunikation des medizinischen Personals. Mindful Communication enthält damit Komponenten der Offenheit, der Empathie und des Perspektivwechsels, die wichtige Voraussetzungen für die Rollenklärung darstellen. Die achtsame Kommunikation hat sich als sehr wirksam für das Wohlbefinden und die Entscheidungsfindung bei Ärzten, Patienten und Angehörigen erwiesen und trägt dazu bei emotionale Erschöpfung, Entpersonalisierung und (berufliche) Isolation zu verhindern (Omilion-Hodges und Swords 2016). Komponenten der Rollenklärung (z. B. Ausgleich der Interessen und Rekalibrierung) sind zudem in Praxisstrategien von Palliativpflegekräften enthalten, die im Fall von Familienkonflikten vermitteln müssen (Gilstrap und White 2015). Ebenso verfolgt auch der Multiple Goals Approach (Scott 2014), einen Ausgleich der verschiedenen Interessen in der Palliativversorgung und trägt damit zum Abgleich der Rollenerwartungen zwischen den Beteiligten bei.

In verschiedenen weiteren Kontexten (auch außerhalb der Gesundheitskommunikation) werden unterschiedliche *Methoden zur Klärung* und Aushandlung von Rollen eingesetzt. Darunter finden sich sowohl Interventionen für einzelne Personen als auch Mehrpersoneninterventionen. So werden bspw. Rollenspiele oder auch Videoaufnahmen des eigenen Verhaltens eingesetzt, um Perspektivenübernahme und Empathie (d. h. Verständnis für die Rolle des anderen) zu fördern (Nerdinger et al. 2014). Im Rahmen von Mediationen zur Konfliktlösung werden zusätzlich auch systemische Aufstellungen, Soziogramme oder Kreativitätstechniken (wie Visualisierung und Metaphern) eingesetzt (Schäfer 2017). Es gilt zu prüfen, inwieweit diese auf den Gesundheitsbereich übertragbar sind.

Im „Model for Health Promoting Communication“ zeigen Edwards und Chapman (2004a) vier Strategien auf, wie Rollenkonflikte zwischen pflegender Person und Gepflegtem gelöst werden können, insbesondere solche die aus stereotypen Rollenerwartungen entstehen und zu dysfunktionalen Kommunikationsbeziehungen führen (Edwards und Chapman 2004a). Diese Strategien wurden zwar lediglich im Kontext der Altenpflege als Interventionsstrategie für ärztliche Gespräche formuliert, lassen sich aber auch auf andere Kommunikationskonstellationen übertragen. Folgende Aspekte sollten demnach für eine Diskussion zwischen Patient und Angehörigem stimuliert werden:

1. Klärung der Rollen zwischen Pflegeperson und Gepflegtem (Abstimmung über Erwartungen und Umgang mit stereotypen Erwartungen an die Rollen)
2. Entwicklung der Kommunikationskompetenz (Reflektion über effektive und inadäquate Kommunikationsmuster)
3. Reflexion über Machtbeziehungen in der Paarbeziehung (u. a. auch problematisch empfundene Kontrolle und Bevormundung)
4. Reflexion und Veränderungen des Pflege- bzw. Betreuungsverhaltens unter Berücksichtigung der Bedürfnisse der Beteiligten (d. h. die Formulierung von Unterstützungs- und Informationsbedarfen).

Zudem enthalten auch andere Interventionsformen, wie Familienzielerreichungsprogramme (Rosland und Piette 2010), die motivationale Gesprächsführung (Miller et al. 2009) oder die Adaptionstherapie (Budin et al. 2008) Programmbestandteile zur Klärung der Unterstützung zwischen den Beteiligten (z. B. zur Formulierung konkreter Unterstützungsaktionen).

4.2.3 Kompetenzentwicklung der Angehörigen

Von den entsprechenden *Rollenzuschreibungen* der einzelnen Beteiligten hängt ab, was als kompetentes (d. h. angemessenes bzw. erfolgreiches) Handeln verstanden wird (Klotz 2015). Die Rollenklärung bildet somit eine wichtige Basis für die Kompetenzentwicklung. Nur wenn klar ist, welche Erwartungen bzw. Aufgaben erfüllt werden sollen, ist auch klar, welche Kompetenzen entwickelt werden sollten (Bandura 1997). Im Rahmen der Rollenklärung kann zudem analysiert werden, welche Form der Kompetenzvermittlung die Angehörigen als primäre Unterstützungsgeber benötigen. Im Sinne der Rollentheorien (Einleitung Abschn. 2.2) kann die Angleichung der Kompetenzen einer Person an die Rollenanforderungen als Form der Rollenübernahme *(role-taking)* verstanden werden (Frehe und Kremer 2012). Problematisch ist allerdings, dass Angehörigeninterventionen sich häufig auf die Kommunikationsstrategie der Kompetenzentwicklung beschränken und die Rollenklärung und die mögliche Integration von (weiteren) Angehörigen als weitere Ziele unberücksichtigt lassen.

Während die Ziele der Integration und der Rollenklärung somit wichtige Voraussetzungen und Metastrategien für die sekundäre Unterstützung darstellen, kann die Kompetenzentwicklung als direkte Form sozialer Unterstützung betrachtet werden. Im Sinne des Two-Step-Flow of Support- (Abschn. 2.4) erhalten die Angehörigen als primäre Unterstützer *informationelle Unterstützung* von den sekundären Unterstützern. Die Kompetenzentwicklung der Angehörigen in Form von Information, Schulung oder Beratung kann helfen, die vielfältigen Kenntnisse und Fähigkeiten im Zusammenhang mit der gesundheitlichen Versorgung des Patienten zu verbessern (Abschn. 2.5.2). Damit leistet die Kompetenzentwicklung einen wichtigen Beitrag zur Unterstützung der Patienten. Zusätzlich kann die Kompetenzentwicklung der Angehörigen dysfunktionale Formen der Unterstützung reduzieren (Wilz 2007). Dies können je nach Art der Unterstützung bspw. Fehlinformationen, Bevormundung oder Überversorgung sein (siehe Kap. 3). Durch entsprechende Informationen und Schulungen können die Angehörigen lernen, welche negativen Konsequenzen ihr (meist gut gemeintes) Verhalten haben kann.

Ergänzend zu positiven Effekten für den Patienten (d. h. den alteri-orientierten Zielen, Abschn. 3.1) kann die Kompetenzentwicklung auch den Angehörigen selbst helfen. So können diese durch die Kompetenzentwicklung mit Unsicherheiten besser umgehen oder der Hilfslosigkeit in Notfallsituationen vorbeugen (Haugstvedt et al. 2010; Mollica et al. 2017). Zudem kann die Kompetenzentwicklung auch dazu beitragen, dass die Angehörigen *Schuldgefühle* für die Erkrankung des Patienten oder für die stationäre Unterbringung reduzieren. So fühlen sich Angehörige häufig für die psychische Erkrankung (wie Depression oder Essstörungen) verantwortlich. Die „Rationalisierung" des Krankheitsbildes im Rahmen einer Psychoedukation kann die Gefühle des Versagens und der Resignation bei den Angehörigen verringern (Herpertz-Dahlmann 2015), was wiederum auch wieder die Funktionalität ihrer Unterstützung für den Patienten erhöhen kann.

Gleichzeitig kann die Kompetenzentwicklung der Angehörigen auch zur Ergänzung und *Entlastung der professionellen Unterstützer* beitragen, da sie ggf. auch die Versorgung der Patienten verbessert, bspw. wenn Angehörige co-therapeutische Aufgaben übernehmen (Herpertz-Dahlmann 2015). Selbst wenn Angehörige vielfach mangelndes Wissen über die Erkrankung des Patienten und kaum Fähigkeiten zur Behandlungsunterstützung aufweisen, so sind sie aufgrund ihrer *Beziehung zum Patienten* häufig doch sehr motiviert diese Kompetenzen zu entwickeln und letztlich auch anzuwenden. Im Laufe einer Erkrankung entwickeln sie sich häufig zu Experten für die Krankheit des Patienten und den Umgang damit (Kirschning et al. 2007). Im Rahmen der Forschung zu tatsächlich geleisteter Unterstützung in Notfallsituationen hat sich gezeigt, dass das Wissen über die Hilfeleistung allein nicht ausreicht. Um wirklich zu unterstützen, ist auch die *Motivation* der Unterstützungsgeber notwendig (Bierhoff 2010). Untersuchungen zur informationellen Unterstützung von Angehörigen (durch stellvertretende Suche nach Gesundheitsinformationen) zeigen zudem, dass diese weniger von den kognitiven Fähigkeiten der Angehörigen (wie Gesundheitskompetenz), sondern eher von den motivationalen und relationalen Faktoren (wie Beziehungsnähe) abhängen (Reifegerste und Bachl 2017).

Das Spektrum der *Formate* für die Kompetenzentwicklung der Angehörigen umfasst sowohl die reine Aufklärung und Wissensvermittlung (Mahrer-Imhof und Bruylands 2014) durch *Informationen* als auch die Vermittlung von allgemeinen und spezifischen Fähigkeiten in *Trainings* (Hunter et al. 2014). In den Trainings können die Angehörigen praktische Erfahrungen sammeln, indem sie selbst Abläufe im Notfall oder in Alltagssituationen (z. B. Anlegen eines Verbands) ausprobieren (Bergmann und Bergmann 2007). Damit kann die Selbstwirksamkeit der Angehörigen gefördert werden. Daher ist es wichtig, dass auch die Handlungsempfehlungen in Informationsformaten alltagsorientiert und damit für die Angehörigen einfach umsetzbar sind (Suckfüll und Stillger 1999).

Inhalt der Angehörigenedukation können sowohl eher krankheitsspezifische Fach- und Handlungskompetenzen als auch allgemeinere Strategien der Bewertung von Gesundheitsinformationen, der Kommunikationskompetenz und des Selbstmanagements sein (Rosland und Piette 2010; Wilz und Meichsner 2017). Angebote zur Kompetenzentwicklung enthalten somit nicht nur die funktionalen Aspekte der Gesundheitskompetenz, sondern auch die kritische und interaktive Gesundheitskompetenz (Abschn. 2.5.1). Der Vorteil der allgemeineren Bewältigungsstrategien liegt darin, dass diese auf andere Krisen und neu auftretende Probleme (insbesondere relevant bei chronischen Krankheiten und Multimorbidität) übertragen werden können (Rosland und Piette 2010). So scheinen je nach Krankheit die verschiedenen Interventionsstrategien unterschiedlich gut geeignet zu sein, um die Zielstellungen der Kompetenzentwicklung zu erreichen. Während bei Herz-Kreislauferkrankungen die Entwicklung von krankheitsspezifischen funktionalen Gesundheitskompetenzen (Abschn. 2.5.1) im Vordergrund steht, überwiegen bspw. bei Krebs- oder Arthrosepatienten die Interventionen zur Förderung der allgemeineren Kommunikations- und Bewältigungskompetenzen (Hartmann et al. 2010).

Die unzureichende spezifische Adressierung von Angehörigen (Abschn. 4.2.1) führt allerdings häufig auch zu einer mangelnden Bereitstellung an spezifischen Angeboten zur Kompetenzentwicklung der Angehörigen, sodass sie häufig insbesondere Informations- und Schulungsangebote zu praktischen Pflegetätigkeiten, zum sozio-emotionalen Umgang und zu rechtlichen-organisatorischen Abläufen vermissen (Washington et al. 2011). Dabei sind für die Angehörigen sowohl die allgemeinen Informationen relevant als auch die spezifischen Informationen zur gesundheitlichen Entwicklung des Patienten und potenziellen Verhaltensproblemen. Darüber hinaus interessieren sie Informationen dazu, wie sie sich im Therapieprozess einbringen können. Entsprechende Informationen helfen den Angehörigen, eine realistische und differenzierte Sicht auf die Behandlung und die Folgen der Krankheit zu erhalten. Damit wird ihr Kontrollerleben gestärkt und sie können *angemessene Erwartungen* an die Therapie oder Verständnis für schwieriges Verhalten (z. B. bei Schlaganfallpatienten oder bei psychischen Erkrankungen) entwickeln (Wilz und Meichsner 2015). Leider sind in der Praxis allerdings die ‚überzogenen' Erwartungen von Angehörigen oder ihr Unverständnis oft ein Grund für das medizinische oder pflegerische Personal gar nicht mit ihnen zu kommunizieren (Daneke 2010). Sie werden dann „als ‚Störfaktoren' wahrgenommen, die durch ihre Gegenwart, ihre Fragen und Anliegen den Arbeitsalltag ‚behindern'" (Claus und Ernst 2008, S. 23). Informationen über bspw. die Übergänge zwischen einzelnen Stationen wie Reha, ambulante Versorgung und mögliche Veränderungen, könnten hingegen ihre Fähigkeiten zur Unterstützung des Patienten (und damit auch des Pflegepersonals) fördern.

Aus Untersuchungen zur Gesundheitskompetenz von Angehörigen (Abschn. 2.5.2) wurde außerdem deutlich, dass für die Rollenerfüllung der Angehörigen in der Gesundheitskommunikation die Entwicklung der *Kommunikationskompetenz* einen besonderen Stellenwert hat. Sie bildet als eine Art Metakompetenz eine wichtige Voraussetzung für die Rollenklärung, für die Integration weiterer primärer Unterstützungsgeber und zur Aktivierung sekundärer Unterstützung für die Angehörigen (Query und Kreps 1996). In Abhängigkeit von der Zielstellung weist die Kommunikationskompetenz allerdings unterschiedliche Anforderungen auf. So sind für die Kommunikation zwischen Patient und anderen Angehörigen, die Suche nach Informationen (Cutrona et al. 2015) oder die Abstimmung mit dem medizinischen Personal jeweils unterschiedliche Fähigkeiten notwendig. Einzelne Programme nutzen zudem gezielt die Kommunikationskompetenz der Angehörigen als Interventionsstrategie. Angehörige werden geschult, damit sie durch unterstützende Kommunikationstechniken (engl. supportive communication techniques) die Bewältigungsstrategien der Patienten aktivieren können (Rosland und Piette 2010) oder um die Kommunikationsmuster in der Familie zu verbessern (Mahrer-Imhof und Bruylands 2014). Mit diesem beziehungsorientierten Ansatz sollen die Beziehungsqualität zwischen Patient und Angehörigen gesteigert und Beziehungskonflikte gelöst werden (Traa et al. 2015).

Einen weiteren wichtigen Bestandteil der Kompetenzentwicklung stellen Trainings zum *Selbstmanagement* als Form der funktionalen Gesundheitskompetenz der Angehörigen dar. Hier werden die Angehörigen zur Selbstsorge und dem

Erkennen eigener Bedürfnisse angeleitet und in eigenen Bewältigungsstrategien geschult, um sich selbst zu entlasten (Abschn. 4.2.4) und mit Belastungen und Gefühlen, wie Schuld, Hilfslosigkeit und Trauer besser umgehen zu können. Ebenso kann die Akzeptanz fortschreitender Erkrankung (und damit auch Bestandteile der Rollenklärung) Schulungsinhalt sein. Das Training des Selbstmanagements kann die Angehörigen aber auch dazu befähigen, den Betroffenen zu einer Therapie zu motivieren, was bspw. bei pathologischer Spielsucht oder Alkoholsucht Bestandteil entsprechender Programme ist. Die Kompetenzentwicklung der Familienangehörigen kann in diesem Fall die Behandlungsaufnahme der betroffenen Suchterkrankten positiv beeinflussen (Buchner et al. 2013).

Zusammenfassend lässt sich feststellen, dass die Angebote zur Kompetenzentwicklung der Angehörigen sich aufgrund ihres Inhalts anhand der verschiedenen Arten der Gesundheitskompetenz und des Formats systematisieren lassen (siehe Tab. 4.1). Obwohl deutlich wurde, dass verschiedene Erkrankungsarten und Patientenmerkmale mit unterschiedlichen Inhalten und Edukationsformaten einhergehen, kann eine differenzierte und umfassende Betrachtung dieser Zusammenhänge an dieser Stelle nicht erfolgen. Mit einer entsprechenden Systematisierung soll aber zumindest verdeutlich werden, welche Kompetenzen jeweils für welche Angehörigenrollen besonders relevant sind. So können ausgehend von der Rollenbeschreibung spezifische Edukationsangebote entwickelt werden.

4.2.4 Entlastung der Angehörigen

Die *Überlastung der Angehörigen* (engl. caregiver burden oder caregiver strain) drückt sich als subjektiv wahrgenommene Belastung sowie durch negativ wahrgenommene Einschränkungen in den allgemeinen Aktivitäten von Angehörigen aus. Dazu gehören u. a. Schlafstörungen, finanzielle Einbußen oder berufliche Einschränkungen (Sullivan 2003). Eine anhaltende Überforderung der Angehörigen kann wie jeder andauernde chronische Stress zu emotionaler Anspannung, Depressionen, gesteigerter Aggressivität und schließlich auch zur psychischen oder körperlichen Erkrankung der Angehörigen führen (Adelman et al. 2014). So kann sich bspw. die Überforderung pflegender Angehöriger schlimmstenfalls in passiver Gewalt durch Vernachlässigung (wie kein Trinken oder Essen geben, Liegenlassen in Ausscheidungen) oder in aktiver Gewalt durch körperliche oder seelische Misshandlungen (wie kneifen, festbinden, zu heiß waschen) äußern (George und George 2003). Hinzu kann die *soziale Isolation* der

Tab. 4.1 Beispiele für Angebote zur Kompetenzentwicklung der Angehörigen

Art der Gesundheitskompetenz	Inhalte der Angebote	Edukationsformat Information	Edukationsformat Training	Rollen der Angehörigen, die Kompetenz voraussetzen
Funktionale Gesundheitskompetenz für Patienten	Gesundheitswissen über die Krankheit und ihre Therapie, Pflegekompetenzen	Ursachen für Herzinfarkt, Nebenwirkungen einer Chemotherapie, Versorgungsmöglichkeiten	Krankheitsbezogene Fertigkeiten, z. B. Messen des Blutdrucks, Lagern	Praktiker, Übermittler, Gatekeeper
Kritische Gesundheitskompetenz	Bewertungskompetenz	Versicherungsrecht, Kriterien für Bewertungsportale oder Evidenzbasierung	Umgang mit Krankenhausbewertungsportalen üben	Ratgeber, Interessenvertreter
Interaktive Gesundheitskompetenz	Kommunikationskompetenz	Gesprächsstrategien im Umgang mit Demenzpatienten, Sozio-emotionaler Umgang	Rollenspiele von schwierigen Situationen	Interessenvertreter, Manager, Tröster, Vermittler
Funktionale Gesundheitskompetenz für Angehörige	Selbstmanagement	Bewältigungsstrategien kennenlernen, Zeitmanagement	Entspannungsmethoden testen	Praktiker, Manager, Tröster

Angehörigen kommen, bspw. bei Angehörigen von Demenzpatienten durch die hohe zeitliche Belastung (Wilz und Meichsner 2017) oder durch soziale Stigmata (z. B. bei psychischen Erkrankungen), die nicht nur die Patienten, sondern auch die Angehörigen ausgrenzen können (Mak und Cheung 2008; Patel et al. 2015).

Folglich ist die *Entlastung* der Angehörigen (Döbele und Schmidt 2014) ein wichtiges Kommunikationsziel. Im Sinne des Kaskadenmodells der sozialen Unterstützung (Abschn. 2.1.3), geschieht dies vor allem dann, wenn eigene Ressourcen sowie die Unterstützung von nahestehenden Personen nicht ausreichen und auch die Kompetenzentwicklung keine Abhilfe schaffen konnte. Die Entlastung in Form von emotionaler oder instrumenteller Unterstützung der Angehörigen kommt somit vorrangig dann zum Einsatz, wenn sowohl die Rollen geklärt als auch die Kompetenzen entwickelt sind, aber noch immer eine Überlastung der Beteiligten besteht. Möglicherweise ist dann auch die Integration von weiteren primären Unterstützungsgebern notwendig.

Kommunikationsbasierte Angebote zur *emotionalen Unterstützung* und Entlastung sind vor allem Beratungsangebote, gemeindeorientierte Programme oder Online- oder Offline-Selbsthilfegruppen (Tanis et al. 2011) zum gegenseitigen Austausch und zur Netzwerkstärkung. Diese Angebote können sowohl von professionellen Gesundheitsexperten als auch von Laien (meist anderen Angehörigen oder Patienten) organisiert werden (Abschn. 4.3). Darüber hinaus können auch *technikbasierte Formen* wie Apps oder Ambient Assisted Living Systeme zum Überwachen von medizinischen Symptomen oder Wohnungsparametern die Angehörigen unterstützen (Rosland und Piette 2010). Sensorbasierte, interaktive Anwendungen können bspw. bei Abwesenheit des pflegenden Angehörigen mit dem Pflegebedürftigen kommunizieren (Kuhlmann et al. 2018) und sind somit in der Lage den Angehörigen in seiner Rolle als Begleiter (Abschn. 3.3.1) oder als Praktiker (Abschn. 3.5) zu entlasten.

Im Rahmen kommunikationsbasierter Interventionen kann zwar häufig keine direkte *instrumentelle Unterstützung* und dementsprechende Entlastung realisiert werden, aber die Angehörigen können *über bestehende Angebote* der instrumentellen Unterstützung (z. B. mit entsprechenden Datenbanken zur lokalen Suche) *informiert werden.* Denn vielen (pflegenden) Angehörigen sind diese gar nicht bekannt (Schwinger et al. 2016) und allein die Bereitstellung reicht häufig nicht aus, um die Angehörigen auch zu erreichen. Angebote zur Unterstützung der Angehörigen (z. B. Pflegedienste oder Psychoonkologen) können sich zudem regional stark unterscheiden. Beispielsweise besteht in ländlichen Gegenden kein flächendeckendes Angebot an Pflegekursen (DAK 2015), sodass dort alternative Informations- und Beratungsangebote notwendig sind. Über die kommunikationsbasierten Unterstützungsangebote hinaus können vor allem Angebote der professionellen Pflege (wie Kurzzeitpflege) die Angehörigen entlasten. Das Beispiel der Trainings- und Entlastungswoche (Hetzel et al. 2016) zeigt, dass diese gleichzeitig für die Kompetenzentwicklung genutzt werden können.

Eine Herausforderung der Entlastungsstrategie besteht in der *Identifikation* überforderter Angehöriger (z. B. im Arzt-Patienten-Kontakt oder vom Pflegepersonal). Aufgrund ihrer Heterogenität (Abschn. 1.2.1) sind sie häufig nicht direkt als solche zu erkennen. Zudem betrachten sie sich mitunter selbst nicht als pflegende oder unterstützende Angehörige und nehmen ihre Rollen als Unterstützer und den Umfang der damit verbundenen Aufgaben gar nicht bewusst war, da der Übergang von kleineren zu größeren Unterstützungsleistungen oft graduell verläuft und in Familienbeziehungen als selbstverständlich betrachtet wird (Höppner et al. 2015). Außerdem haben überlastete Angehörige manchmal Angst ihre Überforderung zuzugeben, weil sie dann ihre Rolle verlieren könnten (Revenson et al. 2015). Möglicherweise mangelt es ihnen auch an zeitlichen Ressourcen, Kommunikationskompetenzen oder sie finden keinen sekundären Unterstützer an den sie sich wenden können (Wilz und Meichsner 2015). Angehörige befinden sich dann in einem Dilemma zwischen Verantwortung und Abgrenzung, das sie zusätzlich emotional belastet (Schmid et al. 2005). Schließlich möchten Betroffene mancher Erkrankungen (wie Krebs oder Demenz) nicht, dass die Angehörigen sich zu erkennen geben, weil sie Angst vor einer Stigmatisierung haben. Es kann aber auch der Fall sein, dass die Angehörigen sich selbst die Schuld geben und ihren Unterstützungsbedarf daher nicht gegenüber anderen offenbaren (Patel et al. 2015). Somit können (und sollten) hier Rollenklärung (Abschn. 4.2.2) und Kompetenzentwicklung (Abschn. 4.2.3) als ergänzende Kommunikationsstrategien zum Einsatz kommen.

Appelle zum Selbstmanagement können Angehörige (ohne deren Offenbarung gegenüber Dritten) auffordern, für sich selbst zu sorgen und sich dadurch vor Überlastung zu schützen. Patel et al. (2015) entwickelten für die Eltern von Patienten mit Essstörungen verschiedene Unterstützungsbotschaften. Die Botschaft „Caring for yourself is caring for your child" sollte ihnen deutlich machen, dass die Selbstsorge notwendig ist, um den Patienten optimal zu unterstützen. In den Voruntersuchungen hatten die Forscher festgestellt, dass die Eltern sich aufgrund von Schuldgefühlen und aus Sorge um die Kinder die Selbstsorge oft nicht erlauben und dafür erst eine externe Erlaubnis brauchen (Patel et al. 2014).

Zusammenfassend lässt sich erkennen, dass die Entlastung zwar als sekundäre Unterstützungsstrategie nur auf die Angehörigen abzielt, aber dennoch große Unterstützungspotenziale für den Patienten birgt. Angehörige, die Entlastung durch emotionale oder instrumentelle Unterstützung oder Anleitungen dazu erhalten, können diese Ressourcen an den Patienten weitergeben. Bei Überlastung der Angehörigen droht hingegen auch psychischer und physischer Schaden für den Patienten. Allerdings ist den Betroffenen die Überlastung oft nicht bewusst und vorhandene Hilfsangebote sind ihnen nicht bekannt.

4.3 Kommunikationsbeteiligte

Nachdem im vorigen Kapitel die Zielstellungen und Inhalte der strategischen Angehörigenkommunikation erläutert wurden, steigt das folgende Kapitel mit der Diskussion der Kommunikationsbeteiligten in die konkrete Kommunikationsplanung ein. In der Familienkommunikation oder systemischen Kommunikation ist die Entscheidung über die Teilnehmer eine wichtige Entscheidung im Vorfeld der Kommunikation, kann aber auch Bestandteil der Rollenklärung (Abschn. 4.2.2) sein. Es ist daher wichtig, diesen Aspekt der Kommunikation strategisch zu planen (selbst wenn Alltagssituationen nicht immer die Möglichkeiten bieten dies zu tun).

Angehörigenkommunikation kann durch einen Patienten allein, mit einem Angehörigen oder auch mit mehreren Angehörigen stattfinden. Darüber hinaus können auch weitere Personen, z. B. das medizinische Personal, dass den Patienten betreut, in die Angehörigenkommunikation eingebunden werden. In Abhängigkeit von der Zielstellung (Abschn. 4.2), der Krankheitssituation oder den strukturellen Gegebenheiten findet strategische Angehörigenkommunikation daher mit ganz unterschiedlichen Beteiligten statt. Während für die Kommunikationsziele Integration, Kompetenzentwicklung und Entlastung Kommunikation mit den Angehörigen ohne Beteiligung des Patienten möglich ist (Abschn. 4.2.1), ist es für die Rollenklärung unabdingbar, dass die Rollen mit allen Betroffenen besprochen werden. Zur Rollenklärung oder Kompetenzentwicklung kann es zusätzlich sinnvoll und notwendig sein, die Kommunikation mit den Angehörigen gemeinsam mit dem medizinischen Personal durchzuführen. Im Folgenden werden daher die Argumente diskutiert, welche für oder gegen die Beteiligung der einzelnen Personengruppen sprechen. Dabei wird ausgehend von den Patienten und Angehörigen, die Beteiligung des medizinischen Personals sowie weiterer Experten vorgestellt.

4.3.1 Patienten

Häufig wird Angehörigenkommunikation nicht spezifisch für die Angehörigen, sondern für die Dyade aus Angehörigem und Patient durchgeführt. Dies kann als Einzel- und Gruppenversion stattfinden (Wilz und Meichsner 2017). Die gemeinsame

Nutzung der Angebote mit dem betreffenden Patienten bietet dabei in Abhängigkeit von der Zielstellung sowohl Chancen als auch Risiken (Abschn. 4.2.1). Ein Vorteil ist, dass dann gleichzeitig eine Rollenklärung zwischen Patient und Angehörigen stattfinden kann und dyadische Probleme spezifisch aufgegriffen werden können (Abschn. 4.2.2). Das gegenseitige Verständnis der Rollenerwartungen und der Umgang mit diesen kann nur im Dialog abgesprochen werden (Edwards und Chapman 2004a). Die gemeinsame Kompetenzentwicklung bietet den Vorteil, dass Angehörige auch die Perspektive des Patienten besser verstehen können und dessen Erfahrungen im Umgang mit neuen Herausforderungen teilen. Zudem lassen sich bestimmte Pflegetechniken am besten patientennah vermitteln (George und George 2003).

Nachteilig kann sich bei einer gemeinsamen Nutzung auswirken, dass dann sowohl der Patient als auch der Angehörige bestimmte Themen oder Fragen nicht ansprechen (van Dam et al. 2005). Entweder weil sie dem anderen peinlich sind, diesen negativ erscheinen lassen oder nicht relevant erscheinen. Selbst wenn die Patienten und Angehörige vermeintlich dieselben Themen nennen zu denen sie Informationen suchen, haben sie vielleicht dennoch unterschiedliche Fragen. Einige Programme bieten daher auch Mischformen an, bei denen Teile der Angebote gemeinsam und Teile für Patienten und Angehörige getrennt stattfinden (Trief 2011). Allerdings sollte dennoch eine gewisse Transparenz über die Inhalte in den getrennt stattfindenden Interventionsanteilen hergestellt werden, um Diskrepanzen oder Vertrauensverlust zwischen Patient und Angehörigem zu vermeiden (Abschn. 4.2.3).

4.3.2 Angehörige

Bei der Frage nach den Angehörigen als Kommunikationsbeteiligte ergeben sich vier Teilfragen. Zunächst stellt sich die Frage nach der 1) grundsätzlichen Integration eines oder mehrerer Angehörigen eines Patienten. Dies und auch die 2) Abstimmung zwischen den ggf. mehreren nahestehenden Personen eines Patienten lassen sich im Rahmen der Rollenklärung umsetzen. Zudem besteht die Möglichkeit der 3) direkten und ausschließlichen Kommunikation mit dem oder den Angehörigen. Für die Strategien zur Kompetenzentwicklung und zur Entlastung bieten sich darüber hinaus auch 4) andere Angehörige (die dem Patienten nicht nahestehen, sondern einem anderen Patienten) als sekundäre Unterstützungsgeber an.

Um (z. B. im Rahmen der Rollenklärung) zu entscheiden, *1) ob und welcher der Angehörigen* an gesundheitsbezogenen Kommunikationsprozessen des Patienten beteiligt werden soll sind verschiedene Aspekte relevant.

Dies sind u. a.:

- Rechtliche Aspekte (z. B. Vollmachten, Verwandtschaftsgrad)
- Kulturelle Aspekte (z. B. Anzahl der Besucher)
- Räumliche und organisatorische Aspekte (z. B. Platz, räumliche und zeitliche Verfügbarkeit)
- Relationale Aspekte (z. B. Beziehungsnähe, Beziehungsqualität)
- Krankheits- bzw. Patientenspezifika (z. B. Art und Dauer der Erkrankung).

Aus der Perspektive der Patientenautonomie (Abschn. 2.3.1) entscheidet bestenfalls der Patient, welche Angehörigen integriert werden bzw. hat er dies in seinen Vorsorgeunterlagen entschieden (Lipp und Brauer 2016). Diese Auswahl kann aber im Notfall (und unter Berücksichtigung der rechtlichen Rahmenbedingungen) auch durch die Angehörigen, betreuende Personen oder das medizinische Personal erfolgen. Im Idealfall steht dem Patienten ein Netzwerk an Angehörigen zur Verfügung, die die verschiedenen Unterstützungsrollen übernehmen können (Unterstützungsrepertoire, Abschn. 3.1).

Die *2) Rollenklärung der Angehörigen untereinander* kann bspw. in einer Telefonkonferenz zwischen den Angehörigen (McHugh et al. 2012) stattfinden, etwa um bei den Besuchszeiten ausreichend Ruhezeiten für den Patienten einzuplanen. Mitunter sind sich allerdings die Familienmitglieder untereinander nicht einig, wer für welche Aufgabe (d. h. Rolle) zuständig ist und was die beste Art der Versorgung ist. Diese Konflikte zwischen den Angehörigen können mitunter entstehen, weil der Patient die Unterstützung nur von einem erbeten hat und die anderen sich dadurch zurückgesetzt fühlen (Kienle et al. 2006). In diesen Konfliktsituationen ist es häufig für das medizinische Personal schwierig einzuordnen, wer wofür zuständig ist (vgl. Rollen-Personen-Zuordnung; Abschn. 2.1). Woods et al. (2009) sehen es daher auch als Aufgabe des pflegerischen Personals an, bei Konflikten zwischen Familienangehörigen zu vermitteln.

Verschiedene Gründe können aber auch für die Kommunikation nur *3) allein mit dem oder den jeweiligen Angehörigen* ausschlaggebend sein. Dies sind vor allem:

- Direkte Adressierung der Angehörigen, um Unterstützungsleistung zu motivieren (Abschn. 4.2.1)
- Abstimmung heikler Themen (z. B. dysfunktionales Verhalten)
- Spezifische Inhalte der Kompetenzentwicklung, die nur der Angehörige braucht (z. B. Gesprächsführung mit Demenzpatienten, Pflegetechniken)
- Bedarf und Möglichkeiten der Unterstützung für Angehörige (nicht für Patienten).

Insbesondere die letzten beiden Punkte (Kompetenzentwicklung und Unterstützung für Angehörige) bieten sich als *Gruppenangebote* für verschiedene Angehörige an. Zum einen können sich die Angehörigen dann weitere Inhalte durch den gegenseitigen Austausch vermitteln. Dieser Aspekt kann auch im Rahmen von Peer-Angeboten (vom erfahrenen Angehörigen zum neuen Angehörigen), wie der Peer-Begleitung bei psychischen Erkrankungen (Heumann et al. 2016), genutzt werden. Zum anderen stellen Gruppenprogramme im Gegensatz zur Individualkommunikation (1:1) auch eine ökonomischere Variante der Kompetenzentwicklung und Information über Unterstützungsangebote dar (Wilz und Meichsner 2017). Allerdings können bei den Angeboten vor Ort (wie Gruppenschulungen oder Selbsthilfegruppen) nur Angehörige teilnehmen, für die das organisatorisch möglich ist. Die damit verbundenen Nachteile für bestimmte Angehörige (z. B. in ländlichen Regionen oder mit zeitlichen Einschränkungen) können teilweise durch Onlineforen oder telefonische Angebote (Wilz und Meichsner 2017) ausgeglichen werden, da sie mehr zeitliche und räumliche Flexibilität ermöglichen (Abschn. 4.4.4). Der Kontakt zwischen den Angehörigen kann aber auch mehr oder weniger ungeplant aufgrund eines gemeinsamen stationären Aufenthaltes des Patienten (im Krankenhaus oder Pflegeheim) entstehen. Allerdings gibt es zu den informellen Gespräche und Interaktionen zwischen den Angehörigen, wodurch sicherlich viele enge soziale Beziehungen entstehen, bislang nur wenige Untersuchungen (George und George 2003).

Unabhängig vom Kommunikationsweg können durch den *4) Austausch mit anderen betroffenen Angehörigen* (ähnlich wie bei Patienten) verschiedene Funktionen der sozialen Unterstützung für die Bewältigung erreicht werden (Link 2017). Weil die anderen Angehörigen ähnliche Erfahrungen gemacht haben und vor vergleichbaren Herausforderungen stehen, haben sie ein „empathisches Verständnis" für die Situation der Angehörigen. Dies erhöht die Wahrscheinlichkeit, dass ihre Empfehlungen zu den Bedürfnissen der Betroffenen passen (Thoits 2011). Die beschriebenen Kommunikationsrollen wie Tröster, Ratgeber oder Begleiter können somit auch andere Angehörige als sekundäre Unterstützungsgeber für Angehörige übernehmen. Sie können sich damit ein eigenes Unterstützungsnetzwerk aufbauen, um Überforderung und Überlastung vorzubeugen (Abschn. 4.2.4). Anders als zumeist in der eigenen Familie und beim medizinischen Personal können sie dort gemeinsame Probleme, Sorgen oder ihre alltäglichen Schwierigkeiten thematisieren (King und Moreggi 2007).

Dies gilt insbesondere bei Tabuthemen oder medizinisch komplexen Themen. Andere betroffene Angehörige können dann den Angehörigen das Gefühl geben, dass ihre Reaktionen normal sind (Woods et al. 2009) und sie so vor äußerer (sozial gesellschaftlicher) und innerer (persönlich seelischer) Isolation schützen

(George und George 2003). Dies ist besonders wichtig bei stigmatisierten Krankheiten, weil hier die soziale Unterstützung aus dem vertrauten Netzwerk (meist) fehlt.

Dabei sollte aber nicht übersehen werden, dass eine Vermittlung durch interpersonale Laienkommunikation auch mit gewissen Risiken – wie Mangel an Expertenwissen oder eigene Interessen bei der Informationsselektion und Weitergabe (Kjos et al. 2011) – verbunden sein kann, wie es sich bspw. in Impfforen von Eltern zeigt (Haase und Betsch 2012).

4.3.3 Ärzte und Pflegepersonal

Nach der Betrachtung der Patienten und Angehörigen als Beteiligte folgt nun die Ausweitung auf die Ärzte und das medizinische Personal, bevor im nächsten Teilkapitel auch weitere Experten als Kommunikatoren diskutiert werden. *Ärzte* sind für die Angehörigen – so wie auch für die Patienten – die präferierte Informationsquelle und damit die wichtigsten Auskunfts- und Ansprechpersonen (Chalmers et al. 2003; Kinnane und Milne 2010). Um mit dem medizinischen Personal in Kontakt zu treten (Abschn. 4.4.1), nutzen die Angehörigen neben dem persönlichen Gespräch auch medienvermittelte Kommunikationswege (via Telefon oder E-Mail).

Den Ärzten (insbesondere den Hausärzten) und deren Teams kommt damit eine Schlüsselrolle zu (Höppner et al. 2015). Zum einen können sie durch den direkten Kontakt mit dem Patienten am besten die Rekrutierung weiterer Angehöriger und Rollenklärung initiieren, weil sie indirekt auch Kontakt zu den Angehörigen haben. In klinischen Einrichtungen oder Pflegeheimen ist darüber hinaus auch das Pflegepersonal ein wichtiger Ansprechpartner für die Angehörigen, um patientennah Kompetenzen zu entwickeln und Informationen über den Patienten zu vermitteln. Zum anderen können sie als *Multiplikatoren* (Abschn. 2.4.2) überbelastete (pflegende) Angehörige identifizieren und beraten oder ggf. an andere Stellen verweisen, die dies übernehmen können. In den Leitlinien zur ambulanten Palliativversorgung oder Demenzbetreuung ist diese Form der Angehörigenkommunikation (u. a. mit entsprechenden Kurzfragebögen zur Diagnostik) auch verankert (Hermann et al. 2014).

Dementgegen steht allerdings, dass das medizinische Personal von der Kommunikation mit den Angehörigen oft zeitlich überfordert ist und dafür unzureichend ausgebildet und honoriert wird. In der ambulanten Palliativversorgung besteht die Aufgabe des Hausarztes z. B. darin, die Angehörigen in praktischen Kompetenzen (wie Injektionstechniken, Schmerzmedikation oder zur

Rettungsdienstalarmierung) zu schulen (Götze et al. 2013). Gleichzeitig werden sie aber auch mit den psychischen Überlastungen der betreuenden Angehörigen konfrontiert, mit denen z. B. Hausärzte nicht immer so einfach umgehen können. Um die psychische Belastung von Angehörigen dennoch zu mildern, empfehlen Götze et al. (2013) daher den Ausbau von nichtmedizinischen Angeboten, wie Betreuungsangebote von Psychologen oder Seelsorgern.

Die Informations- und Unterstützungsbedürfnisse von Angehörigen können somit oft von Ärzten nicht befriedigt werden. Zum einen sind die Ursachen wenig Zeit, Verständnis und zu wenig Anerkennung durch die Ärzte. Zum anderen finden aber die Arztbesuche auch ohne Teilnahme der Angehörigen statt oder die Angehörigen sind mit den erhaltenen Informationen nicht zufrieden (Kinnane und Milne 2010; Yuen et al. 2018). Insbesondere die Unzufriedenheit mit dem medizinischen Personal führt zur erhöhten Internetnutzung bei Angehörigen (Sadasivam et al. 2013). Mitunter sind die Angehörigen dann aktiver im Internet als die Patienten selbst (James et al. 2007), auch wenn die Internetinformationen weniger als Ersatz für das Arztgespräch, sondern eher als Ergänzung betrachtet werden.

Zudem wünschen sich die Angehörigen – ebenso wie die Patienten – auch Hinweise vom medizinischen Personal, auf welchen Internetseiten sie passende und vor allem relevante und verlässliche Informationen finden können (Kinnane und Milne 2010). So kann die Nutzung weiterer interpersonaler und medialer Quellen durch *Metainformationen* vorbereitet werden. Dort finden die Angehörigen dann die entsprechenden Unterstützungsangebote. Damit können ihnen auch Wege aufgezeigt werden, wie sie in Kontakt mit anderen betroffenen Angehörigen kommen können. Dies ist besonders in ländlichen Gegenden, bei seltenen Erkrankungen oder stigmatisierten Krankheiten relevant.

4.3.4 Weitere Experten und Institutionen

Neben den Gesundheitsberufen können auch weitere Experten und Institutionen als interpersonale und massenmedialen Quellen der Unterstützung auftreten. Denn auch sie können als Kommunikatoren für die Entwicklung von allgemeineren Kompetenzen oder zur emotionalen und informationellen Unterstützung der Angehörigen beitragen. Sie können zu diesem Zweck Informationen und Gespräche in vielfältigen Formaten und verschiedenen Kommunikationskanälen anbieten (Abschn. 4.4). Je nach Zielstellung kommen somit eine Vielzahl von Kommunikatoren (d. h. sekundäre Unterstützungsgeber) infrage, um die Angehörigen (d. h. die primären Unterstützungsgeber) zu erreichen und zu unterstützen (Abschn. 2.4).

Zu diesen weiteren Kommunikatoren in der Angehörigenkommunikation zählen u. a.:

- andere Gesundheitsberufe, die nicht direkt an der Behandlung des Patienten beteiligt sind
- andere Leistungserbringer wie Pharmaunternehmen, Medizingerätehersteller, Sanitätshäuser und andere Mitarbeiter in klinischen oder ambulanten Settings
- Kostenträger wie private und gesetzliche Krankenversicherungen, Renten- und Pflegekassen
- staatliche gesundheitsbezogene Institutionen wie das Bundesministerium für Gesundheit oder die Bundeszentrale für gesundheitliche Aufklärung
- weitere gesundheitsbezogene Organisationen wie Stiftungen, Vereine (mit Patienten- bzw. Angehörigenvertretern) oder Onlinecommunities, Beratungsangebote (wie Pflegeberatung, Telefonseelsorge oder Psychotherapeuten), krankheitsspezifische Informationsdienste (wie der Krebsinformationsdienst) oder gemeindebezogene Programme.

Die Bandbreite der sekundären Unterstützungsgeber reicht somit von professionalen Unterstützungsgebern bis hin zu eher informellen Quellen. Wichtige Kriterien für die Auswahl der Kommunikatoren sind vor allem die *Kompetenz* der Kommunikatoren bzw. die *fachliche Richtigkeit* ihrer verbreiteten Inhalte, die *Verfügbarkeit* der Kommunikatoren bzw. Angebote und das *Verständnis* für die Situation der Angehörigen bzw. die Anpassbarkeit der Inhalte auf ihre Situation (Rains und Ruppel 2013).

Die fachliche Kompetenz der sekundären Unterstützungsgeber erscheint vor allem für die Kompetenzentwicklung der Angehörigen relevant, kann aber auch für die Entlastungsstrategie ein wichtiges Kriterium sein. Die Kompetenz bezieht sich allerdings nicht ausschließlich auf medizinische Kompetenz, sondern verlangt spezifisch die Kompetenz für den relevanten Unterstützungsbedarf der Angehörigen. Dementsprechend können unterschiedliche Experten und ganz verschiedene Institutionen passende Kommunikatoren für die Kommunikation mit den Angehörigen sein. Neben dem Arzt können dies somit auch Sozialarbeiter, Seelsorger, Psychologen, Pflegekräfte, Beratungsdienste und Informationsangebote von Stiftungen, staatliche Institutionen oder Wohlfahrtsorganisationen sein. Zudem können dies auch andere (erfahrene) Angehörige sein, die im Gegensatz zu den professionellen Betreuern zwar weniger medizinische Expertise aufweisen, aber dafür eher vergleichbare Erfahrungen und somit ein höheres Verständnis für die Situation der Angehörigen haben. Letztlich ist die Kompetenz aber wenig hilfreich, wenn sie den Angehörigen aufgrund zeitlicher, rechtlicher, finanzieller oder organisatorischer Einschränkungen nicht zur Verfügung steht.

Die Unterstützungsleistung von Heimen, Krankenhäusern oder Krankenkassen kann somit auch darin bestehen, durch *institutionelle Unterstützung* den Austausch zwischen Angehörigen in einem sog. Laiensystem (z. B. in Selbsthilfegruppen oder Onlineforen) zu ermöglichen bzw. zu fördern. Dies kann bspw. durch den Aufbau einer Gruppe, deren Moderation, Anreicherung mit Expertenvorträgen oder lediglich mit der Bereitstellung von Kommunikationsräumlichkeiten geschehen (George und George 2003). Dieses Angebot findet sich recht häufig für Demenzangehörige in Kliniken, Psychiatrien und Pflegeeinrichtungen, aber noch selten für andere Krankheitsformen (Reifegerste 2018). Zudem können Institutionen und Angehörigenverbände auch die Onlinevarianten der Selbsthilfegruppen wie Onlinenetzwerke bzw. Foren initiieren. Anknüpfend an die organisierten, formelleren Edukationsangebote entwickeln sich (im Sinne einer Anschlusskommunikation) mitunter auch informelle Kontakte und damit auch weitere Unterstützungsprozesse.

Zusätzlich zur Kommunikation mit den Angehörigen ist auch die *Abstimmung* der sekundären Unterstützungsgeber untereinander eine wichtige Voraussetzung für eine gute Kommunikation mit den Angehörigen und kann die Bemühungen von einzelnen Mitarbeitern (die sich für die Angehörigen engagieren) nachhaltig wirksam machen (Woods et al. 2009). Mögliche Formate können Dokumentationssysteme oder der direkte Austausch von Informationen zwischen verschiedenen Mitarbeitertypen und Sektoren sein. Auch hier ist vor allem eine *Klärung der Rollen* innerhalb der Organisation als auch entlang der Versorgungskette notwendig, da vielfach zwischen den Kommunikatoren ungeklärt bleibt, wer für die Kommunikation mit den Angehörigen verantwortlich ist, sodass sich letztlich keiner für die Information der Angehörigen verantwortlich fühlt.

4.4 Kommunikationswege

Je nachdem welche Strategie (Abschn. 4.1) zum Einsatz kommt und welche Personen an der Kommunikation mit den Angehörigen (Abschn. 4.3) beteiligt sind, kommen unterschiedliche Kommunikationswege zum Einsatz. Dabei lassen sich grundsätzlich interpersonale von massenmedialen Kanälen unterscheiden. Während die Massenmedien eine hohe Verbreitung (und damit *Verfügbarkeit* der Angebote für die Angehörigen) ermöglichen, bieten die interpersonalen Kommunikationswege wechselseitige und somit aufeinander Bezug nehmende (d. h. reziproke)

Kommunikation (Merten 2007). Durch die *Interaktivität* erhöhen sie die Spezifizierung der Kommunikationsinhalte (auf die Bedürfnisse des Angehörigen und die Krankheitssituation des Patienten) sowohl im face-to-face Kontakt im Einzel- oder Gruppengespräch als auch bei medial vermitteltem Austausch per Telefon, E-Mail oder Chat (Bonfadelli und Friemel 2010; Fromm et al. 2011). Die Verfügbarkeit kann vor allem durch die räumliche und zeitliche Unabhängigkeit von Informationen auf Webseiten und in Apps aber auch durch klassische Massenmedien (wie Fernsehen, Radio, Zeitung, Plakate, Flyer, Broschüren) ermöglicht werden.

Zudem ist auch die *Aufbereitung der Kommunikationsinhalte* innerhalb der verschiedenen Kommunikationswege wesentlich für die Kommunikation. Die Bereitstellung von Informations- und Kommunikationsangeboten ist nicht gleichzusetzen mit der Vermittlung der Inhalte, da hierfür weitere Verarbeitungs- und Aneignungsprozesse notwendig sind, welche von den jeweiligen Nutzern in ganz unterschiedlicher Weise geleistet werden können (Ose und Hurrelmann 2004). Formen der Aufbereitung zur besseren Vermittlung betreffen zum einen die gesamte inhaltliche Darstellung von Informationen und zum anderen verschiedene Möglichkeiten der formalen Gestaltung. Da sich diese Kriterien (wie Verständlichkeit, Evidenzbasierung, Informationstiefe) allerdings für die Zielgruppe der Angehörigen kaum von den Kriterien für andere Zielgruppen der Gesundheitskommunikation (vor allem den Patienten) unterscheiden, wird für diese Fragestellungen lediglich auf die entsprechenden Publikationen für die zielgruppenspezifische Gestaltung von Gesundheitsinformationen verwiesen (Fromm et al. 2011; Luehnen et al. 2017). Allerdings liegen bislang für die (mediale) Aufbereitung von Unterstützungsinformationen (im Gegensatz zur Aufbereitung von Risikoinformationen) wenig Forschungsergebnisse vor.

Dabei wird u. a. auf die Notwendigkeit der *Zielgruppenorientierung* hingewiesen (Keller und Lehmann 2008). Aufgrund der Heterogenität der Angehörigen ist es erforderlich die Angebote an die Bedürfnisse der unterschiedlichen Bevölkerungsgruppen (z. B. aufgrund des Gehörverlusts im Alter oder der Mobilität jüngerer Familienmitglieder) anzupassen (Hannawah und Rothenfluh 2014). Das kann auch bedeuten, die Angebote entsprechend auszudifferenzieren und verschiedene Darstellungsformen (wie Visualisierung, einfache Sprache, verschiedene Sprachen etc.) für die verschiedenen Angehörigengruppen anzubieten.

Um die Vor- und Nachteile verschiedener Medien auszugleichen bzw. Vorteile zu kumulieren, ist ein *Medien-Mix* meist die effektivste (wenn auch häufig kostenintensivste) Lösung. So kann bspw. für die Kompetenzentwicklung eine Kombination aus interaktiver (z. B. Telefonhotline, Gesprächsrunden) und passiver bzw. einseitiger (z. B. Broschüren, Kontaktlisten) Informationsvermittlung am besten geeignet sein. Idealerweise werden die Kommunikationswege in der Angehörigenkommunikation somit so kombiniert, dass sie sich gegenseitig in Reichweite bzw. Verfügbarkeit und Interaktivität bzw. Individualisierung ergänzen und eine Vielzahl an Zugangswegen für die unterschiedlichen Angehörigengruppen und Informations- und Unterstützungsbedürfnisse ermöglichen.

So stehen bspw. interaktive Onlineforen häufig auch in Verbindung mit einem Webangebot, dass nur Informationen (aber keinen Austausch) anbietet. Neben zahlreichen Informationen mit Tipps für die alltäglichen Herausforderungen im Umgang mit pflegebedürftigen Angehörigen bietet z. B. das Internetportal „pflegen-und-leben.de“ auch professionelle psychologische Beratung für pflegende Angehörige an. Gleichzeitig verweist die Homepage aber auch auf viele private, informelle Interessenvertretungen und Netzwerke für Angehörige, sodass über die Edukationsangebote hinaus auch verschiedene Entlastungsangebote kommuniziert werden.

Zudem ist es häufig nötig, die Kommunikationswege zu kombinieren, um auf andere Kanäle (z. B. ein Internetangebot) hinzuweisen. So kann es bspw. notwendig sein, auf die Angebote medialer Vermittlung durch ein persönliches Gespräch oder mit Postern in Wartezimmern aufmerksam zu machen, denn häufig sind den Angehörigen die vorhanden Angebote nicht bekannt (Döbele und Schmidt 2014). So könnten bspw. Ärzte, professionell Pflegende, Beratungsstellen, Apotheken oder der Sanitätsfachhandel, aber auch andere Angehörige als *Multiplikatoren* (Abschn. 2.4.2) für mediale Kommunikationswege auftreten und den ratsuchenden Angehörigen bestimmte Angebote empfehlen.

Darüber hinaus können für Angehörige auch die Möglichkeiten zur *Weitergabe der Informationen* als Print- oder Digitalmaterial (Kirschning und Kardorff 2007) und die Anforderungen an die Medienkompetenz der Nutzer (Abschn. 2.5.2) wichtige Kriterien zur Nutzung der Kommunikationswege sein. Ein Überblick über die wichtigsten Kommunikationskanäle und deren Einschätzung aufgrund relevanter Kriterien findet sich in Tab. 4.2. Detaillierte Ausführungen zu den einzelnen Kommunikationswegen finden sich in den folgenden Teilkapiteln, die jeweils die Spezifika der Kanäle für die Angehörigenkommunikation ausführen.

Tab. 4.2 Bewertung von Kommunikationswegen

Kanal/Format	Verfügbarkeit	Spezifität	Interaktivität	Informationstiefe	Weitergabe	Anforderung
Persönlich						
Einzelgespräch	+	++++	++++	++++	+	+
Gruppenangebote	+	+++	+++	+++	++	+
Telefonhotline	++	++++	++++	+++	+	+
Vorträge für Patienten	+	++	++	++	++	+
Print & Fernsehen						
Broschüren	++	++	+	++++	++++	+
Plakat/Postkarten	++	+	+	+	+	+
Berichterstattung	+++	+	+	++	++	+
Ratgebersendungen/ Reportagen	++	+++	+	++	++	+
Serien/Filme	++++	++	+	+	+	+
Internet						
Websites	++++	++	++	++++	++++	++
E-Mail	++	++++	+++	++	++++	++
Datenbanken	++++	++++	++	++	++	+++
Apps	+++	++++	+++	+++	++	++++
Social Media						
Online-Beratung	+	++++	++++	+++	+++	++++
Online-Foren	+++	++++	++++	+++	+++	++++
Soziale Netzwerke	+++	+++	++++	++	+++	++++

Anmerkungen: nach Fromm et al. 2011, S. 49; ++++ sehr hoch, +++ hoch, ++ mittel, + gering. Die Bewertung ist allerdings stark abhängig vom spezifischen Angebot und kann daher nur in der Tendenz Anhaltspunkte liefern.

4.4.1 Persönliche Kommunikation

Meist steht zwischen Angehörigen und Patienten der persönliche Austausch von Angesicht zu Angesicht im Vordergrund und ist für die meisten Formen der instrumentellen Unterstützung (z. B. Transport) auch eine notwendige Voraussetzung (Bevan und Sparks 2011). Bestandteil der Kommunikationsstrategien Integration und Rollenklärung kann daher zunächst sein, Kommunikationswege für die *Kommunikation zwischen Patienten und Angehörigen* sicherzustellen (sowohl durch die Ausstattung als auch durch die Kompetenzvermittlung). Hier ist mitunter zunächst die entsprechende räumliche Ausstattung notwendig, um diese auch mit ausreichender Privatsphäre für alle Beteiligten zu ermöglichen (Abschn. 4.1). Für einzelne Krankheitsbilder stehen für den persönlichen Austausch auch Medien, wie z. B. ein Touchscreen Computer bei Demenzpatienten (Astell et al. 2010) oder elektronische Buchstabentafeln bei Schlaganfallpatienten mit Locked-In Syndrom (Pantke 2011) zur Verfügung, um die interpersonale Kommunikation zu unterstützen.

Aufgrund der zunehmenden Mobilität und räumlichen Entfernung zwischen Angehörigen und Patienten (Abschn. 1.1.1) sind aber vielfach auch Medien im Einsatz, die auch für die sonstige Kommunikation (ohne Gesundheits- oder Pflegebezug) verwendet werden. Am häufigsten findet dabei telefonisch vermittelte Kommunikation statt, aber auch E-Mail, Briefe, Videotelefonie und Textnachrichten dienen als Austauschmedien. Mobile Kommunikationsmittel können zudem helfen Angehörige in die Unterstützung einzubeziehen, die nicht in derselben Wohnung oder am selben Ort wohnen (Aikens et al. 2014). Einige Kliniken bieten auch die Möglichkeit an, elektronische Grußkarten an die Patienten zu schicken (Reifegerste 2018).

Die Frage des passenden Kommunikationsweges für den persönlichen Austausch besteht auch für die *Kommunikation zwischen medizinischem Personal und Angehörigen.* Neben dem eher ungeplanten Kontakt mit den Angehörigen (z. B. auf dem Flur einer Klinik) bieten einige Einrichtungen und Praxen auch spezielle Familienvisiten oder Angehörigensprechstunden an (Reifegerste 2018) oder laden die Angehörigen ausdrücklich zum gemeinsamen Arzttermin mit dem Patienten ein (Eberlein et al. 2017). Durch die Anwesenheit der Angehörigen bietet sich im Rahmen der Integration besonderes Aktivierungspotenzial. Neben dem (häufig schwierig zugänglichen) direkten Kontakt mit dem medizinischen Personal bieten sich für die Angehörigen aber auch die Kommunikation per Telefon oder E-Mail an (Chiu et al. 2010), um trotz zeitlicher Einschränkungen, geografischer Distanz oder Terminschwierigkeiten über den Zustand des Patienten informiert zu sein oder wichtige Unterstützung zu erhalten. Bei längeren stationären Aufenthalten oder für Pflegeheime sind zum Teil auch Onlinetools im Einsatz, aus denen die Angehörigen die tagesaktuellen Pflegeinfos zu ihrem Angehörigen entnehmen können, wenngleich dies entsprechenden Datenschutz und die Einverständniserklärung der Patienten voraussetzt. Zur Kompetenzentwicklung und Unterstützung durch medizinische und therapeutische Fachkräfte wird allerdings zunehmend auch der medial vermittelte persönliche Kommunikationsweg genutzt. Beispielsweise werden Angehörige von Demenzpatienten im Projekt Tele.TanDEm per Telefon oder E-Mail psychologisch beraten (Soellner et al. 2015). Unklar ist allerdings noch inwieweit in die zunehmende telemedizinische Betreuung von Patienten (Agha et al. 2009), etwa per Videotelefonie oder Telefon, auch die Angehörigen (bspw. in ihrer Rolle als Vermittler, Abschn. 3.2.4) eingebunden werden (können).

Für die Kompetenzentwicklung und die Unterstützung der Angehörigen finden sich vor allem im klinischen Setting, Pflegeheimen oder Beratungsstellen zahlreiche *Angebote vor Ort.* Dies können Individualkommunikationsformen wie die Angehörigensprechstunde (George und George 2003), Beratungsangebote zu unterschiedlichen Themen, Mikroschulungen am Krankenbett (Brüchner et al. 2014), die individuelle Angehörigenschulung (Steimel 2004) oder das Angehörigenzimmer (Horn 2012) sein. Daneben finden sich auch zahlreiche Veranstaltungsformen, die entweder speziell für Angehörigengruppen (Angehörigenschulungen oder Selbsthilfegruppen) oder gemeinsam für Angehörige und Patienten angeboten werden, wie Patientenakademien, Patientenschulungen oder Patientenuniversitäten (Daneke 2010; Reifegerste 2018). Allerdings unterliegen diese Angebote oft zeitlichen bzw. finanziellen Einschränkungen des medizinischen Personals und der Einrichtungen, denn für Angehörigenangebote steht meist kein Etat zur Verfügung (Horn 2012; Reifegerste 2018).

4.4.2 Massenmediale Angebote

Während Angebote vor Ort zwar größere Interaktion und Möglichkeiten des Trainings mit direktem Feedback durch das medizinische Personal (wie in Mikroschulungen am Krankenbett) bieten, sind sie leider nicht für alle Personen zugänglich, weil sie Anwesenheit und eine regelmäßige Teilnahme und die Bereitschaft des medizinischen Personals erfordern. Zudem haben pflegende Angehörige oft nicht die Möglichkeit den Patienten zu Hause zu lassen, um mehrmals einen Kurs zu besuchen. Daher kommen für die Angehörigen (ebenso wie für die Patienten) vielfach Printprodukte wie Ratgeberbücher, Broschüren, Faltblätter und Infomappen (z. B. mit Informationen des Krankenhauses oder der Station) als traditionelle Massenmedien zum Einsatz (Chiu und Eysenbach 2011; George und George 2003). Darüber hinaus enthalten auch regionale und überregionale Tageszeitungen, Publikumszeitschriften, Kunden- und Mitgliederzeitschriften oder Fachzeitschriften zahlreiche Gesundheitsinformationen. In Printmedien können Inhalte sehr viel tief gehender, umfassender und komplexer dargestellt werden, setzten allerdings auch eine gewisse Aufmerksamkeit der Nutzer voraus (Bonfadelli und Friemel 2010). Im Gegensatz dazu können audiovisuelle Materialen wie Schulungsfilme für Angehörige vor allem Handlungskompetenzen anschaulicher vermitteln (Kocks 2016).

Die schriftlichen Materialien bieten im Gegensatz zu Gesprächsinhalten für die Angehörigen auch die Möglichkeit, das Material weiterzugeben (und so die Übermittlung an den Patienten zu erleichtern) und es auch zu einem späteren Zeitpunkt (an dem das Thema relevanter wird oder die erste emotionale Erregung abgeklungen ist) noch verfügbar zu haben (Kirschning und Kardorff 2007). Dies kann sowohl bei emotionalen Themen wie Krebs oder Tod, aber auch bei chronischen Erkrankungen mit einem dynamischen Verlauf (Abschn. 2.2.1.1) nützlich sein. Allerdings sind Printmaterialien wenig flexibel. Einmal gedruckte Inhalte können erst in der nächsten Auflage erneuert werden. Zudem können sie kaum auf die individuellen Bedürfnisse einzelner Nutzer angepasst werden. Darüber hinaus stellt sich auch die Frage des *Zugangs*. Viele Printmarialien sind nur an bestimmten Orten verfügbar, auch wenn sie inzwischen häufig als Download im Internet zugänglich sind.

Neben der Informationsvermittlung zur Kompetenzentwicklung können die klassischen Massenmedien auch zur Motivation und Adressierung der Angehörigen (Integration) genutzt werden und als Broschüre, im Postkartenformat oder als Plakat oder Kurzfilm in *spezifischen Settings* (z. B. Wartezimmer oder Beratungsstellen, im Kontext einer Veranstaltung) eingesetzt werden. Die Wirkung der gesundheitsbezogenen Inhalte in Massenmedien auf die Aktivierung oder Kompetenzentwicklung von Angehörigen ist bislang allerdings nur selten untersucht worden. Zwar kann dadurch ein *breites Publikum* erreicht werden, allerdings ist bei Darstellungen zu Gesundheitsthemen der Bezug zu den Angehörigen häufig nicht integriert (Flesch et al. 2016). Eine Ausnahme ist etwa die Kampagne ‚30 Junge Menschen‘ (Schulz 2017), die durch Blogs zum Thema Sterbende und deren Angehörige Aufmerksamkeit in den traditionellen Medien erzeugte.

Insbesondere fiktionale Unterhaltungsformate wie Serien oder Spielfilme (z. B. Honig im Kopf oder Vergiss mein nicht) bieten die Chance, angehörigenrelevante Inhalte unterhaltsam und nachvollziehbar (durch sog. Entertainment Education; Lubjuhn und Bouman 2017) aufzubereiten. Allerdings bedarf es hier, sowohl einer gewissen Sensibilität im Umgang mit den Krankheitsthemen als auch einer hohen Realitätsnähe, um Kompetenzentwicklung zu erreichen (Link et al. 2016a, b).

4.4.3 Onlineangebote

Zusätzlich zu den traditionellen Massenmedien stellt auch das Internet eine wichtige Informationsquelle für Angehörige dar (Yuen et al. 2018) und wird von ihnen teilweise sogar intensiver genutzt als von den Patienten (Cutrona et al. 2015). Es ermöglicht insbesondere solchen Angehörigen die Teilnahme an Angeboten zur Kompetenzentwicklung, die nur eingeschränkt mobil oder zeitlich verfügbar sind, da sie *zeitlich und räumlich flexibel* sind.

Im Internet und damit verbundenen digitalen Formen in mobilen Medien finden sich zudem unterschiedliche interaktive Formate, die von den Angehörigen genutzt werden. *Apps* wie Tweri zur Lokalisierung von Patienten (Fox et al. 2012) oder Pflege-Apps bieten durch ihre flexible Gestaltung eine hohe Interaktivität. Aufgrund verschiedener Zielgruppeneinstiege können die Angebote sehr individuell auf die Bedarfe eingehen. Zudem können eine Reihe weiterer unterstützender Funktionen zur Information über wohnortnahe Entlastungsangebote, Terminerinnerungen, Notrufoptionen oder Angebote zum Austausch mit anderen enthalten sein. So können Beratungsangebote von Experten oder ehrenamtlich tätigen Laien per Telefon, E-Mail, Onlinechat (Wesemann und Grunwald 2008) oder durch den Zugang zu Online-Communities (Abschn. 4.4.4) ergänzt werden. Gerade in Notfallsituationen, wie Vergiftungen, Schlaganfall oder Unterzuckerung bei Diabetes-Patienten kann die mobile Verfügbarkeit von Informationen und Ansprechpartnern entscheidend sein.

Die Nutzung digitaler Angebote ist allerdings abhängig von der *Medienkompetenz* der Angehörigen (Abschn. 2.5). Vor allem ältere Angehörige, die nicht kompetent im Umgang mit dem Internet, Apps oder Onlineforen sind, werden damit von der Teilnahme ausgeschlossen (Strozier et al. 2004). Zwar versuchen einige Anbieter, wie das Elternpflege-Forum, darauf zu reagieren indem sie Abläufe und Funktionsweise der Plattform oder häufig gestellte Fragen ausführlich erläutern, allerdings erreichen sie damit auch nur Nutzer, die die entsprechenden Seiten überhaupt nutzen. Hier ist möglicherweise zunächst eine Kompetenzentwicklung durch Angebote vor Ort notwendig, bevor zeitlich und räumlich flexiblere Angebote genutzt werden können. Die Probleme der mangelnden Medienkompetenz zeigen sich auch bei der Suche nach Gesundheitsinformationen. Onlinequellen haben dabei zwar einen wachsenden Stellenwert, deren Nutzung hängt allerdings stark vom Alter der Befragten ab (Baumann et al. 2017). Dies trifft dementsprechend auch auf die Angehörigen zu. Je jünger diese sind, desto wahrscheinlicher nutzen sie auch Internetquellen für ihre Recherche (Reifegerste et al. 2017).

Erschwerend kommt hinzu, dass die *Qualität* der zahlreichen verfügbaren Angebote im Internet sowie in mobilen Anwendungen sehr unterschiedlich ausfällt (Baumann und Hastall 2014; Scherenberg 2015). Dies macht es selbst interessierten und erfahrenen Nutzer mitunter schwer, die richtigen Informationen zu finden und hochwertige von weniger verlässlichen Angeboten zu unterscheiden (Baumann und Czerwinski 2015). Dies liegt zum Teil auch daran, dass die Informationen von sehr unterschiedlichen Akteuren (z. B. Betroffenen, Pharmaunternehmen, Gesundheitseinrichtungen oder staatlichen Institutionen) erstellt werden. Dies erfordert bei den Angehörigen, die Fähigkeit die Informationen kritisch einzuschätzen und entsprechend einzuordnen und geeignete Strategien für Suche und Bewertung zu entwickeln (Abschn. 2.4).

4.4.4 Social Media und Foren

Während Webseiten im Internet eher der massenmedialen Informationsbereitstellung von Printprodukten ähneln, sind Social Media bzw. Onlineforen Kommunikationswege, die massenmediale und interpersonale Kommunikation verbinden, um soziale Unterstützung zwischen Laien und damit den betroffenen Angehörigen auszutauschen (Badr et al. 2015). Sie gelten daher als *digitale Formen der Selbsthilfegruppen*. Im Gegensatz zu den Selbsthilfegruppen an einem bestimmten Ort ermöglichen Onlinenetzwerke einen flexiblen, räumlich wie zeitlich ungebundenen, niedrigschwelligen und zielorientieren Dialog der Angehörigen. Gerade bei Krankheiten, die wenig verbreitet sind oder für Angehörige in wenig besiedelten Gebieten bietet sich dadurch die Möglichkeit „Gleichgesinnte" zu finden (Link 2017). Die Angehörigen können sich an der Kommunikation beteiligen ohne ihr häusliches Umfeld und damit z. B. auch den Pflegebedürftigen verlassen zu müssen, was eine häufige Hürde für die Teilnahme von pflegenden Angehörigen an institutionellen Unterstützungsangeboten ist (Dräger et al. 2012). Auch wenn sie selbst Einschränkungen durch Krankheit, Berufstätigkeit oder Familie haben und den hohen organisatorischen Aufwand für Angebote vor Ort scheuen, besteht damit für sie die Möglichkeit Kontakte zu knüpfen und soziale Unterstützung zu erhalten (Colvin et al. 2004).

Insbesondere aktive Nutzer, die selbst schreiben und kommentieren, können in einem erweiterten Personenkreis direkt nach den für sie relevanten Informationen fragen. Dadurch erhalten sie in der Regel schneller die individuell passende Unterstützung (z. B. in Form einer sehr *spezifischen Information*) durch die anderen Teilnehmer des Onlinenetzwerkes als durch andere Kommunikationswege

(Tanis et al. 2011). Gegebenenfalls kann dieser Austausch der Angehörigen (d. h. Laien) auch durch *professionelle Ansprechpartner* auf der Plattform organisiert, moderiert oder ergänzt werden (Boots et al. 2014). So ergibt sich zusätzlich auch die Möglichkeit für einen Austausch mit Fachleuten, die Experten auf dem Gebiet sind. Dadurch kann gleichzeitig auch sichergestellt werden, dass verzerrende, interessengeleitete, beleidigende oder fehlinformierende Beiträge entsprechend kommentiert oder gelöscht werden (Brabazon 2012).

Als Kommunikationsplattformen finden sich zum einen Facebook-Gruppen, wo Teilnehmer sich per Klarnamen austauschen (z. B. die Facebook-Gruppe Pflegende Angehörige). Zum anderen existieren aber auch spezielle Foren oder *Online-Communities* für eine bestimmte Krankheit mit einem Unterforum für Angehörige oder Foren speziell für Angehörige, die im Gegensatz zu den Facebook-Gruppen eher anonymisiert sind (Schmidt 2013). Der Kommunikationsprozess ist allerdings jeweils ähnlich. Nutzer können Beiträge anderer lesen, selber Diskussionen anregen oder Fragen stellen und darauf antworten, wobei die Mehrzahl der Teilnehmer allerdings in der Beobachterrolle (als sog. Lurker) bleibt (Tanis et al. 2011). Tanis et al. (2011) zeigen, dass Angehörige, die eine höhere subjektive Belastung (gemessen als Caregiver Strain) aufweisen, deutlich aktiver, zielstrebiger und häufiger Onlinenetzwerke aufsuchen und nutzen als Angehörige mit geringerer Belastung. Dabei zeigt sich dieser Zusammenhang nur für die Suche nach emotionaler Unterstützung und nicht für die informationelle Unterstützung, die möglicherweise eher in anderen Kommunikationskanälen gesucht wird (Abschn. 4.4.3). Möglicherweise spielen hier aber auch Geschlechterunterschiede eine wichtige Rolle. Insgesamt nutzen Frauen Onlinenetzwerke für Angehörige aktiver. Dies betrifft die Suche nach Informationen, das Posten von Nachrichten und das Teilen von Erfahrungen, während die Männer eher informationelle Unterstützung geben (Kinnane und Milne 2010).

Die *Wirkung der Nutzung von Onlineforen* zeigt sich vor allem in der psychologischen Gesundheit Angehöriger. Sie kann zum Rückgang von depressiven Verstimmungen sowie zur Steigerung der Selbstwirksamkeit von Angehörigen beitragen (O'Connor et al. 2014) und dazu führen, dass diese ihre eigene Rolle neu verstehen (Barbabella et al. 2016). Zudem können die Onlinenetzwerke durch die Milderung der Stressauswirkungen auch zur Verbesserung oder Stabilisierung des Wohlbefindens der Angehörigen beitragen. Dies setzt allerdings die wechselseitige Kommunikation der Teilnehmer voraus (Tanis et al. 2011).

Die *Anonymität* von Onlinenetzwerken (im Gegensatz zum persönlichen Austausch oder Facebook-Gruppen mit Klarnamen) ermöglicht es vielen Betroffenen leichter von ihren Gefühlen zu berichten und Tabu- oder Schamthemen anzusprechen (Colvin et al. 2004), da die Kommunikation außerhalb des persönlichen sozialen Umfelds und dessen Normen und Erwartungen und meist auch ohne Teilnahme des Patienten stattfindet (King und Moreggi 2007). Dieser Vorteil kann aber gleichzeitig auch als Nachteil betrachtet werden. Die fehlende physische Präsenz der Nutzer in rein digitalen, anonymen Kommunikationsbeziehungen kann dazu führen, dass Personen aus der Gruppe herausfallen, ohne dass dies jemand bemerkt (Colvin et al. 2004). Programme mit regelmäßigen Treffen mit Avataren in digitalen Selbsthilfegruppen versuchen hierfür Abhilfe zu schaffen, ohne die räumliche Flexibilität aufzugeben (O'Connor et al. 2014). Die meisten Foren bieten auch ergänzend zum öffentlichen Austausch im Onlineforum die Versendung privater Nachrichten an, die von den übrigen Teilnehmern nicht eingesehen werden können (King und Moreggi 2007). Zudem treffen sich die Teilnehmer einiger Foren für Angehörige auch regelmäßig persönlich an verschiedenen Standorten mit der Möglichkeit reale Kontakte zu knüpfen.

Onlinenetzwerke zeichnen sich (neben der Anonymität) im Gegensatz zu Selbsthilfegruppen und klassischen Face-to-Face-Kommunikationen auch durch eine *asynchrone Kommunikation (d. h. zeitlich versetzte) aus. Im Vergleich zu wöchentlichen oder monatlichen Treffen von Selbsthilfegruppen können daher spezifische Fragen kurzfristiger beantwortet werden und auf emotionale Belastung können die anderen Teilnehmer sofort reagieren. Durch die Asynchronität kann es allerdings auch passieren, dass auf einen Beitrag und damit einen geäußerten Unterstützungsbedarf gar nicht oder erst zeitlich verzögert reagiert wird (King und Moreggi* 2007*). Dies kann insbesondere in eher kleinen und weniger aktiven Online-Communities problematisch sein.*

Zusammenfassend zeigt sich, dass für die Angehörigen die wesentlichen Nutzungskriterien Verfügbarkeit und Kompetenz der Kommunikatoren sind. Während die Strategien der Integration und Rollenklärung überwiegend auf das persönliche Gespräch und Räumlichkeiten vor Ort angewiesen sind, können viele Kompetenzentwicklungs- und Unterstützungsangebote für Angehörige auch telefonisch, web- oder app-basiert durchgeführt werden (Griffin et al. 2014). Sie sind dadurch für mehr Angehörige verfügbar als wenn sie nur im persönlichen Gespräch durch das medizinische Personal bereit gestellt werden (Zulman et al. 2012). In Social-Media-Umgebungen wie Facebook oder Onlineforen sind die massenmedialen und interpersonalen Kommunikationswege miteinander kombiniert, sodass sie die Möglichkeit zur medienvermittelten Interaktion zwischen den Teilnehmern bei gleichzeitig hoher Verfügbarkeit bieten. Allerdings kann hier die Qualität der Aussagen wie auch in den anderen Onlineangeboten oft nur schwer beurteilt werden.

Literatur

Adams, E., Boulton, M., & Watson, E. (2009). The information needs of partners and family members of cancer patients: A systematic literature review. *Patient Education and Counseling, 77*(2), 179–186. https://doi.org/10.1016/j.pec.2009.03.027.

Adelman, R. D., Tmanova, L. L., Delgado, D., Dion, S., & Lachs, M. S. (2014). Caregiver burden: A clinical review. *The Journal of the American Medical Association, 311*(10), 1052–1060. https://doi.org/10.1001/jama.2014.304.

Agha, Z., Schapira, R. M., Laud, P. W., McNutt, G., & Roter, D. L. (2009). Patient satisfaction with physician – Patient communication during telemedicine. *Telemedicine and e-Health, 15*(9), 830–839. https://doi.org/10.1089/tmj.2009.0030.

Aikens, J. E., Zivin, K., Trivedi, R., & Piette, J. D. (2014). Diabetes self-management support using mHealth and enhanced informal caregiving. *Journal of Diabetes and Its Complications, 28*(2), 171–176. https://doi.org/10.1016/j.jdiacomp.2013.11.008.

Alden, D. L., Friend, J., Lee, P. Y., Lee, Y. K., Trevena, L., Ng, C. J. et al. (2017). Who decides. Me or we? Family involvement in medical decision making in Eastern and Western countries. *Medical Decision Making, 38*(1), 14–25. https://doi.org/10.1177/0272989X17715628.

Anders, M., & Breitbart, E. (2014). Die Bedeutung der Kommunikation in der medizinischen Versorgung. In K. Hurrelmann & E. Baumann (Hrsg.), *Handbuch Gesundheitskommunikation* (S. 129–141). Bern: Huber.

Armour, T. A., Norris, S. L., Jack, L., Zhang, X., & Fisher, L. (2005). The effectiveness of family interventions in people with diabetes mellitus: A systematic review. *Diabetic Medicine, 22*(10), 1295–1305. https://doi.org/10.1111/j.1464-5491.2005.01618.x.

Arora, N. K., Finney, R. L. J., Gustafson, D. H., Moser, R., & Hawkins, R. P. (2007). Perceived helpfulness and impact of social support provided by family, friends, and health care providers to women newly diagnosed with breast cancer. *Psycho-Oncology, 16*(5), 474–486. https://doi.org/10.1002/pon.1084.

Astell, A. J., Ellis, M. P., Bernardi, L., Alm, N., Dye, R., Gowans, G., et al. (2010). Using a touch screen computer to support relationships between people with dementia and caregivers. *Interacting with Computers, 22*(4), 267–275. https://doi.org/10.1016/j.intcom.2010.03.003.

Bachner, Y. G., & Carmel, S. (2009). Open communication between caregivers and terminally ill cancer patients: The role of caregivers' characteristics and situational variables. *Health Communication, 24*(6), 524–531. https://doi.org/10.1080/10410230903104913.

Badr, H., Carmack, C. L., & Diefenbach, M. A. (2015). Psychosocial interventions for patients and caregivers in the age of new communication technologies: Opportunities and challenges in cancer care. *Journal of Health Communication, 20*(3), 328–342. https://doi.org/10.1080/10810730.2014.965369.

Bandura, A. (1997). *Self-efficacy. The exercise of control*. New York: Freeman.

Barbabella, F., Poli, A., Andréasson, F., Salzmann, B., Papa, R., Hanson, E., et al. (2016). A web-based psychosocial intervention for family caregivers of older people: Results from a mixed-methods study in three European countries. *JMIR Research Protocols, 5*(4), e196. https://doi.org/10.2196/resprot.5847.

Basil, D. Z., Ridgway, N. M., & Basil, M. D. (2006). Guilt appeals: The mediating effect of responsibility. *Psychology & Marketing, 23*(12), 1035–1054. https://doi.org/10.1002/mar.20145.

Baumann, E., & Czerwinski, F. (2015). Erst mal Doktor Google fragen? Nutzung Neuer Medien zur Information und zum Austausch über Gesundheitsthemen. In J. Böcken, B. Braun, & R. Meierjürgen (Hrsg.), *Gesundheitsmonitor 2015. Bürgerorientierung im Gesundheitswesen* (S. 57–79). Gütersloh: Bertelsmann Stiftung.

Baumann, E., Czerwinski, F., & Reifegerste, D. (2017). Gender-specific determinants and patterns of online health information seeking: Results from a representative German health survey. *Journal of Medical Internet Research, 19*(4), e92. https://doi.org/10.2196/jmir.6668.

Baumann, E., & Hastall, M. R. (2014). Nutzung von Gesundheitsinformationen. In K. Hurrelmann & E. Baumann (Hrsg.), *Handbuch Gesundheitskommunikation* (S. 451–466). Bern: Huber.

Belle, S. H., Burgio, L., Burns, R., Coon, D., Czaja, S. J., Gallagher-Thompson, D. et al. (2006). Enhancing the quality of life of dementia caregivers from different ethnic or racial groups. A randomized, controlled trial. *Annals of Internal Medicine, 145*(10), 727–738. https://www.ncbi.nlm.nih.gov/pmc/articles/PMC2585490/.

Bergmann, K., & Bergmann, R. (2007). Prävention und Gesundheitsförderung im Kindesalter. In K. Hurrelmann, T. Klotz, & J. Haisch (Hrsg.), *Lehrbuch Prävention und Gesundheitsförderung* (S. 53–60). Bern: Huber.

Bevan, J. L., & Sparks, L. (2011). Communication in the context of long-distance family caregiving: An integrated review and practical applications. *Patient Education and Counseling, 85*(1), 26–30. https://doi.org/10.1016/j.pec.2010.08.003.

Bierhoff, H. W. (2010). *Psychologie prosozialen Verhaltens. Warum wir anderen helfen.* Stuttgart: Kohlhammer.

Bischofberger, I. (2011). Angehörige als wandelnde Patientenakte. Ausgewählte Ergebnisse aus einem Projekt zur Klärung der Rolle der Angehörigen. *Care Management, 4*(5), 27–29. https://www.careum.ch/documents/20181/63542/Bischofberger_2011_Patientenakte.pdf/7bcfe42a-57fa-49cb-8db0-ac07265e159c.

Bodenmann, G. (2000). *Stress und Coping bei Paaren*. Göttingen: Hogrefe.

Bonfadelli, H., & Friemel, T. N. (2010). *Kommunikationskampagnen im Gesundheitsbereich. Grundlagen und Anwendungen* (2. Aufl.). Konstanz: UVK.

Boots, L. M. M., de Vugt, M. E., van Knippenberg, R. J. M., Kempen, G. I. J. M., & Verhey, F. R. J. (2014). A systematic review of Internet-based supportive interventions for caregivers of patients with dementia. *International Journal of Geriatric Psychiatry, 29*(4), 331–344. https://doi.org/10.1002/gps.4016.

Boster, F. J., Kotowski, M. R., Andrews, K. R., & Serota, K. (2011). Identifying influence. development and validation of the connectivity, persuasiveness, and maven scales. *Journal of Communication, 61*(1), 178–196. https://doi.org/10.1111/j.1460-2466.2010.01531.x.

Brabazon, T. (2012). *Digital dialogues and community 2.0. After avatars, trolls and puppets.* New York: Elsevier.

Brüchner, J., Ludwig, N., & Büker, C. (2014). Das Gefühl, noch etwas tun zu können. *PADUA, 9*(3), 175–179. https://doi.org/10.1024/1861-6186/a000187.

Buchner, U. G., Koytek, A., Gollrad, T., Arnold, M., & Wodarz, N. (2013). *Angehörigenarbeit bei pathologischem Glücksspiel: Das psychoedukative Entlastungstraining ETAPPE.* Göttingen: Hogrefe.

Budin, W. C., Hoskins, C. N., Haber, J., Sherman, D. W., Maislin, G., Cater, J. R. et al. (2008). Breast cancer. Education, counseling, and adjustment among patients and partners: a randomized clinical trial. *Nursing Research, 57*(3), 199–213. https://doi.org/10.1097/01.NNR.0000319496.67369.37.

Carpenter, D. M., Elstad, E. A., Sage, A. J., Geryk, L. L., DeVellis, R. F., & Blalock, S. J. (2015). The relationship between partner information-seeking, information-sharing, and patient medication adherence. *Patient Education and Counseling, 98*(1), 120–124. https://doi.org/10.1016/j.pec.2014.10.001.

Carron-Arthur, B., Ali, K., Cunningham, J. A., & Griffiths, K. M. (2015). From help-seekers to influential users: A systematic review of participation styles in online health communities. *Journal of Medical Internet Research, 17*(12), e271. https://doi.org/10.2196/jmir.4705.

Chalmers, K., Marles, S., Tataryn, D., & Scott-Findlay, S. (2003). Reports of information and support needs of daughters and sisters of women with breast cancer. *European Journal of Cancer, 12*(1), 81–90. https://doi.org/10.1046/j.1365-2354.2003.00330.x.

Cheah, W. H. (2005). Condom attitudes and risk perceptions: A test of the extended parallel processing model. *Journal of Intercultural Communication Research, 34*(3/4), 213–232. http://search.ebscohost.com/login.aspx?direct=true&db=ufh&AN=20247498&site=ehost-live.

Chiu, T. M. L., & Eysenbach, G. (2011). Theorizing the health service usage behavior of family caregivers: A qualitative study of an internet-based intervention. *International Journal of Medical Informatics, 80*(11), 754–764. https://doi.org/10.1016/j.ijmedinf.2011.08.010.

Chiu, T. M. L., Marziali, E., Tang, M., Colantonio, A., & Carswell, A. (2010). Client-centred concepts in a personalized e-mail support intervention designed for Chinese caregivers of family members with dementia. A qualitative study. *Hong Kong Journal of Occupational Therapy, 20*(2), 87–93. https://doi.org/10.1016/S1569-1861(11)70008-0.

Claus, S., & Ernst, J. (2008). Tumorpatienten – Die Rolle der Angehörigen. *Heilberufe, 60*(11), 23–25. https://doi.org/10.1007/s00058-008-0186-8.

Colvin, J., Chenoweth, L., Bold, M., & Harding, C. (2004). Caregivers of older adults: Advantages and disadvantages of Internet-based social support. *Family Relations, 53*(1), 49–57. https://doi.org/10.1111/j.1741-3729.2004.00008.x.

Coyne, I. (2015). Families and health-care professionals' perspectives and expectations of family-centred care: Hidden expectations and unclear roles. *Health Expectations, 18*(5), 796–808. https://doi.org/10.1111/hex.12104.

Crawshaw, M. A., & Sloper, P. (2010). ‚Swimming against the tide' – The influence of fertility matters on the transition to adulthood or survivorship following adolescent cancer. *European Journal of Cancer Care, 19*(5), 610–620. https://doi.org/10.1111/j.1365-2354.2009.01118.x.

Cutrona, S., Roblin, D., Wagner, J., Gaglio, B., Williams, A., Stone, R. T., et al. (2013). Pass this message along: Self-edited email messages promoting colon cancer screening among friends and family. *Clinical Medicine & Research, 11*(3), 123–124. https://doi.org/10.3121/cmr.2013.1176.a2-3.

Cutrona, S. L., Mazor, K. M., Vieux, S. N., Luger, T. M., Volkman, J. E., & Finney Rutten, L. J. (2015). Health information-seeking on behalf of others: Characteristics of "Surrogate Seekers". *Journal of Cancer Education, 30*(1), 12–19. https://doi.org/10.1007/s13187-014-0701-3.

DAK. (Hrsg.). (2015). Pflege-Report 2015. So pflegt Deutschland. Hamburg. https://www.dak.de/dak/download/pflegereport-2015-1701160.pdf.

Daly, M. B. (2016). Family communication of genetic risk: A personalized approach. *Current Genetic Medicine Reports, 4*(2), 35–40. https://doi.org/10.1007/s40142-016-0088-z.

Daneke, S. (2010). *Achtung, Angehörige! Kommunkationstips und wichtige Standards für Pflege- und Leitungskräfte*. Hannover: Schlütersche Verlagsgesellschaft.

Dasch, B., Blum, K., Gude, P., & Bausewein, C. (2015). Place of death: Trends over the course of a decade: A population-based study of death certificates from the years 2001 and 2011. *Deutsches Arzteblatt International, 112*(29–30), 496–504. https://doi.org/10.3238/arztebl.2015.0496.

Detweiler-Bedell, J. B., Detweiler-Bedell, B., Baugher, A., Cohen, M., & Robertson, J. (2013). Using message framing to promote social support in depression: When misery makes better company. *Psychological Studies, 58*(1), 38–47. https://doi.org/10.1007/s12646-012-0173-7.

Döbele, M., & Schmidt, S. (2014). *Demenzbegleiter für Betroffene und Angehörige. Informationen und Hilfen für den Alltag*. Berlin: Springer.

Docherty, A., Owens, A., Asadi-Lari, M., Petchey, R., Williams, J., & Carter, Y. H. (2008). Knowledge and information needs of informal caregivers in palliative care: A qualitative systematic review. *Palliative Medicine, 22*(2), 153–171. https://doi.org/10.1177/0269216307085343.

Dräger, D., Budnick, A., Kummer, K., Seither, C., & Blüher, S. (2012). Gesundheitsförderung für ältere pflegende Angehörige. *Prävention in der zweiten Lebenshälfte, 20*(1), 31. https://doi.org/10.1016/j.phf.2011.12.004.

Eberlein, E., Reifegerste, D., & Link, E. (2017). Triadische Kommunikation im Kontext medizinischer und psychotherapeutischer Behandlung: Die Rolle der Angehörigen von Depressionspatienten. In C. Lampert & M. Grimm (Hrsg.), *Gesundheitskommunikation als transdisziplinäres Forschungsfeld* (S. 237–248). Baden-Baden: Nomos.

Edwards, H., & Chapman, H. (2004a). Caregiver – Carereceiver communication Part 2. Overcoming the influence of stereotypical role expectations. *Quality in Ageing and Older Adults, 5*(3), 3–12. https://doi.org/10.1108/14717794200400014.

Edwards, H., & Chapman, H. (2004b). Communicating in family aged care dyads Part 1. The influence of stereotypical role expectations. *Quality in Ageing and Older Adults, 5*(2), 3–11. https://doi.org/10.1108/14717794200400008.

Edwards, H., & Noller, P. (1998). Factors influencing caregiver-care receiver communication and its impact on the well-being older care receivers. *Health Communication, 10*(4), 317. https://doi.org/10.1207/s15327027hc1004_2.

Fjeldsoe, B. S., Miller, Y. D., O'Brien, J. L., & Marshall, A. L. (2012). Iterative development of MobileMums: A physical activity intervention for women with young children. *International Journal of Behavioral Nutrition and Physical Activity, 9,*151. https://doi.org/10.1186/1479-5868-9-151.

Flesch, J., Reifegerste, D., & Ruhrmann, G. (2016, November). *Medizin meets (and beats) Soziologie. Das Framing von Depressionserkrankungen in der deutschen Gesundheitsberichterstattung.* 1. Jahrestagung der DGPuK-Fachgruppe Gesundheitskommunikation, Hamburg.

Fox, R., Cooley, J., & McGrath, M. (2012). Mobile health apps – From singular to collaborative. In B. Blobel, P. Pharow, & F. Sousa (Hrsg.), *pHealth 2012. Proceedings of the 9th International conference on wearable micro and nano technologies for personalized health* (S. 158–163). Amsterdam: IOS Press.

Frehe, P., & Kremer, H. (2012). Rollenbasierte Kompetenzbilanz – Potenziale und Herausforderungen für das berufsschulische Übergangssystem. http://www.bwpat.de/ausgabe22/frehe_kremer_bwpat22.pdf.

Friemel, T. N. (2008). Anatomie von Kommunikationsrollen. *KZfSS Kölner Zeitschrift für Soziologie und Sozialpsychologie, 60*(3), 473–499. https://doi.org/10.1007/s11577-008-0024-7.

Friemel, T. N. (2015). Influence versus selection: A network perspective on opinion leadership. *International Journal of Communication, 9*(5), 1002–1022. http://ijoc.org/index.php/ijoc/article/view/2806.

Fromm, B., Baumann, E., & Lampert, C. (2011). *Gesundheitskommunikation und Medien. Ein Lehrbuch*. Stuttgart: Kohlhammer.

George, W., & George, U. (Hrsg.). (2003). *Angehörigenintegration in der Pflege*. München: Reinhardt.

Gilstrap, C. M., & White, Z. M. (2015). Interactional communication challenges in end-of-life care: Dialectical tensions and management strategies experienced by home hospice nurses. *Health Communication, 30*(6), 525–535. https://doi.org/10.1080/10410236.2013.868966.

Götze, H., Perner, A., Gansera, L., & Brähler, E. (2013). „Da kann man nicht auf die Uhr gucken" – Interviews mit Hausärzten zur ambulanten Palliativversorgung von Tumorpatienten. *Gesundheitswesen, 75*(06), 351–355. https://doi.org/10.1055/s-0032-1321753

Griffin, J. M., Meis, L. A., MacDonald, R., Greer, N., Jensen, A., Rutks, I., et al. (2014). Effectiveness of family and caregiver interventions on patient outcomes in adults with cancer: A systematic review. *Journal of General Internal Medicine, 29*(9), 1274–1282. https://doi.org/10.1007/s11606-014-2873-2.

Haase, N., & Betsch, C. (2012). Parents trust other parents lay vaccination narratives on the web may create doubt about vaccination safety. *Medical Decision Making, 32*(4), 645. https://doi.org/10.1177/0272989X12445286.

Hannawah, A. F., & Rothenfluh, F. B. (2014). Arzt-Patient-Interaktion. In K. Hurrelmann & E. Baumann (Hrsg.), *Handbuch Gesundheitskommunikation* (S. 110–128). Bern: Huber.

Hartmann, M., Bäzner, E., Wild, B., Eisler, I., & Herzog, W. (2010). Effects of interventions involving the family in the treatment of adult patients with chronic physical diseases: A meta-analysis. *Psychotherapy and Psychosomatics, 79*(3), 136–148. https://doi.org/10.1159/000286958.

Haugstvedt, A., Wentzel-Larsen, T., Graue, M., Søvik, O., & Rokne, B. (2010). Fear of hypoglycaemia in mothers and fathers of children with Type 1 diabetes is associated with poor glycaemic control and parental emotional distress: A population-based study. *Diabetic Medicine, 27*(1), 72–78. https://doi.org/10.1111/j.1464-5491.2009.02867.x.

Hauke, D., Reiter-Theil, S., Hoster, E., Hiddemann, W., & Winkler, E. C. (2011). The role of relatives in decisions concerning life-prolonging treatment in patients with end-stage malignant disorders. Informants, advocates or surrogate decision-makers? *Annals of Oncology, 22*(12), 2667–2674. https://doi.org/10.1093/annonc/mdr019.

Hermann, K., Bölter, R., Engeser, P., Szecsenyi, J., & Peters-Klimm, F. (2014). Verbesserung der häuslichen Versorgung von Palliativpatienten durch Unterstützung pflegender Angehöriger. Übersicht über das PalliPA-Projekt. *Palliativmedizin, 15*(03). https://doi.org/10.1055/s-0034-1374200.

Herpertz-Dahlmann, B. (2015). Behandlung der Essstörungen in Kindheit und Adoleszenz. In S. Herpertz, M. Zwaan, & S. Zipfel (Hrsg.), *Handbuch Essstörungen und Adipositas* (S. 247–254). Berlin: Springer.

Hetzel, C., Opfermann-Kersten, M., & Holzer, M. (2016). Das subjektive Wohlbefinden von pflegenden Angehörigen nach einer Trainings- und Erholungswoche. *Zeitschrift für Gesundheitspsychologie, 24*(1), 13–28. https://doi.org/10.1026/0943-8149/a000155.

Heumann, K., Janßen, L., Ruppelt, F., Mahlke, C., Sielaff, G., & Bock, T. (2016). Auswirkungen von Peer-Begleitung für Angehörige auf Belastung und Lebensqualität. *Zeitschrift für Psychiatrie, Psychologie und Psychotherapie, 64*(1), 45–53. https://doi.org/10.1024/1661-4747/a000259.

Heyland, D. K., Allan, D. E., Rocker, G., Dodek, P., Pichora, D., & Gafni, A. (2009). Discussing prognosis with patients and their families near the end of life: Impact on satisfaction with end-of-life care. *Open Medicine, 3*(2), 101–110.

Hobbs, G. S., Landrum, M. B., Arora, N. K., Ganz, P. A., van Ryn, M., Weeks, J. C., et al. (2015). The role of families in decisions regarding cancer treatments. *Cancer, 121*(7), 1079–1087. https://doi.org/10.1002/cncr.29064.

Holt-Lunstead, J., & Uchino, B. N. (2015). Social support and health. In K. Glanz, B. K. Rimer, & K. Viswanath (Hrsg.), *Health behavior and health education. Theory, research, and practice* (5. Aufl., S. 183–204). San Francisco: Jossey-Bass.

Höppner, C., Schneemilch, M., & Lichte, T. (2015). Pflegende Angehörige und ihre Belastungen in Hausarztpraxen identifizieren – Hindernisse und Empfehlungen. *Zeitschrift für Allgemeinmedizin, 91,* 310–313. https://doi.org/10.3238/zfa.2015.0310-0314.

Horn, K. (2012). Das Angehörigenzimmer. Ein neuer Schulungsansatz in der Pflege. *PADUA, 7*(2), 63–68. https://doi.org/10.1024/1861-6186/a000045.

Hunter, M., Donaghy, O., & O'Brien, N. (2014). More than a cup of tea: An evaluation of an intervention program empowering parents to be effective members of the treating team for young people with eating disorders. *Journal of Eating Disorders, 2*(Suppl 1), O35. https://doi.org/10.1186/2050-2974-2-S1-O35.

James, N., Daniels, H., Rahman, R., McConkey, C., Derry, J., & Young, A. (2007). A study of information seeking by cancer patients and their carers. *Clinical Oncology, 19*(5), 356–362. https://doi.org/10.1016/j.clon.2007.02.005.

Jünemann, S., & Gräßel, E. (2004). Was erwarten pflegende Angehörige. *Zeitschrift für Gerontopsychologie & -psychiatrie, 17*(4), 225–237. https://doi.org/10.1024/1011-6877.17.4.225.

Jung, J.-Y., & Kim, Y.-C. (2016). Are you an opinion giver, seeker, or both? Re-examining political opinion leadership in the new communication environment. *International Journal of Communication, 10,* 4439–4459. http://ijoc.org/index.php/ijoc/article/view/5303. Zugegriffen: 17. Juli 2018.

Keller, P. A., & Lehmann, D. R. (2008). Designing effective health communications: A meta-analysis. *Journal of Public Policy & Marketing, 27*(2), 117–130. https://doi.org/10.1509/jppm.27.2.117.

Kienle, R., Knoll, N., & Renneberg, B. (2006). Soziale Ressourcen und Gesundheit: Soziale Unterstützung und dyadisches Bewältigen. In B. Renneberg & P. Hammelstein (Hrsg.), *Gesundheitspsychologie* (Springer-Lehrbuch, S. 107–122). Berlin: Springer.

Kiessling, C. (2014). Das Verhältnis von Medizin und Gesundheitskommunikation. In K. Hurrelmann & E. Baumann (Hrsg.), *Handbuch Gesundheitskommunikation* (S. 95–108). Bern: Huber.

Kim, E., Scheufele, D. A., Han, J. Y., & Shah, D. (2017). Opinion leaders in online cancer support groups: An investigation of their antecedents and consequences. *Health Communication, 32*(2), 142–151. https://doi.org/10.1080/10410236.2015.1110005.

King, S. A., & Moreggi, D. (2007). Internet self-help and support groups: The pros and cons of text based mutual aid. In J. Gackenbach (Hrsg.), *Psychology and the Internet. Intrapersonal, interpersonal, and transpersonal implications* (2. Aufl., S. 221–244). Amsterdam: Elsevier.

Kinnane, N. A., & Milne, D. J. (2010). The role of the Internet in supporting and informing carers of people with cancer: A literature review. *Supportive Care in Cancer, 18*(9), 1123–1136. https://doi.org/10.1007/s00520-010-0863-4.

Kirschning, S., & von Kardorff, E. (2007). Welche Informationen suchen internetnutzende Angehörige krebskranker Frauen und Männer? Helfen die gefundenen Informationen bei der Bewältigungsarbeit? *Medizinische Klinik, 102*(2), 136–140. https://doi.org/10.1007/s00063-007-1014-7.

Kirschning, S., von Kardorff, E., & Merai, K. (2007). Internet use by the families of cancer patients – Help for disease management? *Journal of Public Health, 15*(1), 23–28. https://doi.org/10.1007/s10389-006-0070-4.

Kjos, A. L., Worley, M. M., & Schommer, J. C. (2011). Medication information seeking behavior in a social context: The role of lay and professional social network contacts. http://hdl.handle.net/11299/120061. Zugegriffen: 16. Juli 2018.

Klotz, V. K. (2015). *Diagnostik beruflicher Kompetenzentwicklung. Eine wirtschaftsdidaktische Modellierung für die kaufmännische Domäne*. Wiesbaden: Springer.

Kocks, A. (2016). Informationsfilme für Patienten und Angehörige. *PADUA, 11*(4), 287. https://doi.org/10.1024/1861-6186/a000330.

Krieger, J. L. (2014). Family communication about cancer treatment decision making. A description of the DECIDE typology. *Annals of the International Communication Association, 38*(1), 279–305. https://doi.org/10.1080/23808985.2014.11679165.

Krok-Schoen, J. L., Palmer-Wackerly, A. L., Dailey, P. M., Wojno, J. C., & Krieger, J. L. (2017). Age differences in cancer treatment decision making and social support. *Journal of Aging and Health, 29*(2), 187–205. https://doi.org/10.1177/0898264316628488.

Kuhlmann, A., Reuter, V., Schramek, R., Dimitrov, T., Görnig, M., Matip, E.-M. et al. (2018). OurPuppet – Pflegeunterstützung mit einer interaktiven Puppe für pflegende Angehörige. Chancen und Herausforderungen im sozialen und technischen Entwicklungsprozess. *Zeitschrift fur Gerontologie und Geriatrie, 51*(1), 3–8. https://doi.org/10.1007/s00391-017-1348-6.

Laidsaar-Powell, R., Butow, P., Bu, S., Fisher, A., & Juraskova, I. (2017). Oncologists' and oncology nurses' attitudes and practices towards family involvement in cancer consultations. *European Journal of Cancer, 26*(1), e12470. https://doi.org/10.1111/ecc.12470.

Laidsaar-Powell, R. C., Butow, P. N., Bu, S., Charles, C., Gafni, A., Lam, W. W. T., et al. (2013). Physician-patient-companion communication and decision-making: A systematic review of triadic medical consultations. *Patient Education and Counseling, 91*(1), 3–13. https://doi.org/10.1016/j.pec.2012.11.007.

Laidsaar-Powell, R., Butow, P., Bu, S., Charles, C., Gafni, A., Fisher, A. et al. (2016). Family involvement in cancer treatment decision-making. A qualitative study of patient, family, and clinician attitudes and experiences. *Patient Education and Counseling, 99*(7), 1146–1155. https://doi.org/10.1016/j.pec.2016.01.014.

Lichtenthal, W. G., & Kissane, D. W. (2008). The management of family conflict in palliative care. *Progress in Palliative Care, 16*(1), 39–45. https://doi.org/10.1179/096992608X296914.

Link, E. (2017). Gesundheitskommunikation mittels Gesundheitsportalen und Online-Communitys. In C. Rossmann & M. R. Hastall (Hrsg.), *Handbuch Gesundheitskommunikation*. Wiesbaden: Springer. https://doi.org/10.1007/978-3-658-10948-6_13-1.

Link, E., & Reifegerste, D. (2016, November). *„Mit meiner Frau habe ich immer wieder gesprochen" Die Rolle der Angehörigen in medizinischen Entscheidungsprozessen*. 1. Jahrestagung der DGPuK Fachgruppe Gesundheitskommunikation, Hamburg.

Link, E., Schluetz, D. M., & Brauer, S. (2016a). Opportunities and challenges of entertainment-education. Learning about Parkinson's disease via The Michael J. Fox Show. *Communication & medicine, 13*(2), 203–214. https://doi.org/10.1558/cam.28981.

Link, E., Schlütz, D., Auge, H., Gramlich, B., Meseke, J., Owsianski, S.-A., et al. (2016b). Kann man Alzheimer mit Humor nehmen? Eine Untersuchung der Reaktionen von Angehörigen von Alzheimer-Betroffenen auf den Kinofilm‚Honig im Kopf'. In A.-L. Camerini, R. Ludolph, & F. B. Rothenfluh (Hrsg.), *Gesundheitskommunikation im Spannungsfeld zwischen Theorie und Praxis* (S. 183–195). Baden-Baden: Nomos.

Lipp, V., & Brauer, D. (2016). Autonomie und Familie in medizinischen Entscheidungssituationen. In H. Steinfath & C. Wiesemann (Hrsg.), *Autonomie und Vertrauen. Schlüsselbegriffe der modernen Medizin* (1. Aufl., S. 201–237). Wiesbaden: Springer. https://doi.org/10.1007/978-3-658-11074-1_6.

Lubjuhn, S., & Bouman, M. (2017). Die Entertainment-Education-Strategie zur Gesundheitsförderung in Forschung und Praxis. In C. Rossmann & M. R. Hastall (Hrsg.), *Handbuch Gesundheitskommunikation*. Wiesbaden: Springer.

Luce, C. B. (2017). *Reimagining healthcare. Through a gender lens*. Los Angeles, CA: Rare Bird Books.

Luehnen, J., Albrecht, M., Mühlhauser, I., & Steckelberg, A. (2017). *Leitlinie evidenzbasierte Gesundheitsinformation* (EbM Netzwerk, Hrsg.). https://www.leitlinie-gesundheitsinformation.de/leitlinie/.

Mahrer-Imhof, R., & Bruylands, M. (2014). Ist es hilfreich, Famiilienmitglieder einzubeziehen? Eine Literaturübersicht zu psychosozialen Interventionen in der familienzentrierten Pflege. *Pflege, 27*(5), 285–296. https://doi.org/10.1024/1012-5302/a000376.

Mak, W. W. S., & Cheung, R. Y. M. (2008). Affiliate stigma among caregivers of people with intellectual disability or mental illness. *Journal of Applied Research in Intellectual Disabilities, 21*(6), 532–545. https://doi.org/10.1111/j.1468-3148.2008.00426.x.

McHugh, J. E., Wherton, J. P., Prendergast, D. K., & Lawlor, B. A. (2012). Teleconferencing as a source of social support for older spousal caregivers: Initial explorations and recommendations for future research. *American Journal of Alzheimer's Disease and other Dementias, 27*(6), 381–387. https://doi.org/10.1177/1533317512453491.

Merten, K. (2007). *Einführung in die Kommunikationswissenschaft*. Berlin: LIT.

Merten, K. (2013). Strategie, Management und strategisches Kommunikationsmanagement. In U. Röttger, V. Gehrau, & J. Preusse (Hrsg.), *Strategische Kommunikation. Umrisse und Perspektiven eines Forschungsfeldes* (S. 103). Wiesbaden: Springer.

Miller, W. R., Rollnick, S., & Kremer, G. (2009). *Motivierende Gesprächsführung. Ein Konzept zur Beratung von Menschen mit Suchtproblemen*. Freiburg: Lambertus.

Mo, P. K. H., Malik, S. H., & Coulson, N. S. (2009). Gender differences in computer-mediated communication: A systematic literature review of online health-related support groups. *Patient Education and Counseling, 75*(1), 16–24. https://doi.org/10.1016/j.pec.2008.08.029.

Mollica, M. A., Litzelman, K., Rowland, J. H., & Kent, E. E. (2017). The role of medical/nursing skills training in caregiver confidence and burden. *A CanCORS study. Cancer, 123*(22), 4481–4487. https://doi.org/10.1002/cncr.30875.

Nerdinger, F. W., Blickle, G., & Schaper, N. (2014). *Arbeits- und Organisationspsychologie.* (3., vollst. überarb. Aufl.). Berlin: Springer.

Nguyen, T., Henderson, D., Stewart, D., Hlyva, O., Punthakee, Z., & Gorter, J. W. (2016). You never transition alone! Exploring the experiences of youth with chronic health conditions, parents and healthcare providers on self-management. *Child: Care, Health and Development, 42*(4), 464–472. https://doi.org/10.1111/cch.12334.

Connor, M.-F., Arizmendi, B. J., & Kaszniak, A. W. (2014). Virtually supportive. A feasibility pilot study of an online support group for dementia caregivers in a 3D virtual environment. *Journal of Aging Studies, 30,* 87–93. https://doi.org/10.1016/j.jaging.2014.03.001.

Oh, Y.-S. (2015). Predictors of self and surrogate online health information seeking in family caregivers to cancer survivors. *Social Work in Health Care, 54*(10), 939–953. https://doi.org/10.1080/00981389.2015.1070780.

O'Keefe, D. J., & Nan, X. (2012). The relative persuasiveness of gain- and loss-framed Messages for promoting vaccination: A meta-analytic review. *Health Communication, 27*(7), 776–783. https://doi.org/10.1080/10410236.2011.640974.

Omilion-Hodges, L. M., & Swords, N. M. (2016). Communication that heals: Mindful communication practices from palliative care leaders. *Health Communication, 31*(3), 328–335. https://doi.org/10.1080/10410236.2014.953739.

Ose, D., & Hurrelmann, K. (2004). Mediale Kommunikationsstrategien der Prävention und Gesundheitsförderung. In K. Hurrelmann, T. Klotz, & J. Haisch (Hrsg.), *Lehrbuch Prävention und Gesundheitsförderung* (S. 389–398). Bern: Huber.

Ose, D. (2011). *Patientenorientierung im Krankenhaus. Welchen Beitrag kann ein Patienten-Informations-Zentrum leisten?* Wiesbaden: VS Verlag und Springer Fachmedien.

Pantke, K.-H. (2011). Wiedergewinnung der Kommunikation bei einem Locked-in-Syndrom. *Forum Logopädie, 25*(4), 22–27. http://www.locked-in-syndrom.org/forum-logopaedie-pantke-4-2011.pdf. Zugegriffen: 16. Juli 2018.

Patel, M. S., Asch, D. A., & Volpp, K. G. (2015). Wearable devices as facilitators, not drivers, of health behavior change. *The Journal of the American Medical Association, 313*(5), 459–460. https://doi.org/10.1001/jama.2014.14781.

Patel, S., Shafer, A., Brown, J., Bulik, C., & Zucker, N. (2014). Parents of children with eating disorders: Developing theory-based health communication messages to promote caregiver well-being. *Journal of Health Communication, 19*(5), 593–608. https://doi.org/10.1080/10810730.2013.821559.

Pechmann, C., Zhao, G., Goldberg, M. E., & Reibling, E. T. (2003). What to convey in antismoking advertisements for adolescents: The use of protection motivation theory to identify effective message themes. *Journal of Marketing, 67*(2), 1–18. https://doi.org/10.1509/jmkg.67.2.1.18607.

Perreault, M., Paquin, G., Kennedy, S., Desmarais, J., & Tardif, H. (1999). Patients' perspective on their relatives' involvement in treatment during a short-term psychiatric hospitalization. *Social Psychiatry and Psychiatric Epidemiology, 34*(3), 157–165. https://doi.org/10.1007/s001270050128.

Quante, M. (2010). *Menschenwürde und personale Autonomie. Demokratische Werte im Kontext der Lebenswissenschaften* (2. Aufl.). Hamburg: Felix Meiner.

Query, J. L., & Kreps, G. L. (1996). Testing a relational model for health communication competence among caregivers for individuals with Alzheimer's disease. *Journal of Health Psychology, 1*(3), 335–351. https://doi.org/10.1177/135910539600100307.

Rains, S. A., & Ruppel, E. K. (2013). Channel complementarity theory and the health information-seeking process. *Communication Research, 43*(2), 232–252. https://doi.org/10.1177/0093650213510939.

Reifegerste, D. (2017). Soziale Appelle in der Gesundheitskommunikation. In C. Rossmann & M. R. Hastall (Hrsg.), *Handbuch Gesundheitskommunikation*. Wiesbaden: Springer.

Reifegerste, D. (2018, November). *Emergent und trotzdem zielführend – Klinikkommunikation mit Angehörigen*. 25. Jahrestagung der DGPuK Fachgruppe PR und Organisationskommunikation, Stuttgart.

Reifegerste, D., & Bachl, M. (2017, April). *Information (not only) for the patient. Uses and gratifications of surrogate health information seeking. Poster im Rahmen der D.C. Health Communication Conference (DCHC), Fairfax, USA*, Washington DC.

Reifegerste, D., Bachl, M., & Baumann, E. (2017). Wer sind die Surrogate Seeker? Demografische, motivationale und sozio-kontextuelle Faktoren der Suche nach Gesundheitsinformationen für andere Personen. In C. Lampert & M. Grimm (Hrsg.), *Gesundheitskommunikation als transdisziplinäres Forschungsfeld* (S. 119–130). Baden-Baden: Nomos.

Revenson, T. A., Griva, K., Luszczynska, A., Morrison, V., Panagopoulou, E., Vilchinsky, N., et al. (2015). *Caregiving in the illness context*. Basingstoke: Palgrave Pivot. https://doi.org/10.1057/9781137558985.

Ripich, D. N., Ziol, E., Fritsch, T., & Durand, E. J. (2000). Training Alzheimer's disease caregivers for successful communication. *Clinical Gerontologist, 21*(1), 37–56. https://doi.org/10.1300/J018v21n01_05.

Robison, J., Curry, L., Gruman, C., Porter, M., Henderson, C. R., Pillemer, K. et al. (2007). Partners in caregiving in a special care environment. Cooperative communication between staff and families on dementia units. *The Gerontologist, 47*(4), 504–515. https://doi.org/10.1093/geront/47.4.504.

Rosenberg, E., Seller, R., & Leanza, Y. (2008). Through interpreters' eyes: Comparing roles of professional and family interpreters. *Patient Education and Counseling, 70*(1), 87–93. https://doi.org/10.1016/j.pec.2007.09.015.

Rosenberger, C., Höcker, A., & Cartus, M. (2012). Angehörige und Patienten in der ambulanten psychoonkologischen Versorgung. Zugangswege, psychische Belastungen und Unterstützungsbedürfnisse. *Psychotherapie, Psychosomatik, Medizinische Psychologie, 62,* 185–194. https://doi.org/10.1055/s-0032-1304994.

Rosland, A.-M., Heisler, M., Janevic, M. R., Connell, C. M., Langa, K. M., Kerr, E. A., et al. (2013). Current and potential support for chronic disease management in the United States: The perspective of family and friends of chronically ill adults. *Families, Systems, & Health, 31*(2), 119–131. https://doi.org/10.1037/a0031535.

Rosland, A.-M., & Piette, J. D. (2010). Emerging models for mobilizing family support for chronic disease management: A structured review. *Chronic Illness, 6*(1), 7–21. https://doi.org/10.1177/1742395309352254.

Rosland, A.-M., Piette, J. D., Choi, H., & Heisler, M. (2011). Family and friend participation in primary care visits of patients with diabetes or heart failure: Patient and physician determinants and experiences. *Medical Care, 49*(1), 37–45. https://doi.org/10.1097/MLR.0b013e3181f37d28.

Rossmann, C. (2010). Gesundheitskommunikation im Internet. Erscheinungsformen, Potentiale, Grenzen. In W. Schweiger & K. Beck (Hrsg.), *Handbuch Online-Kommunikation* (S. 338–363). Wiesbaden: VS Verlag.

Rossmann, C. (2015). Strategic health communication: Theory- and evidence-based campaign development. In D. R. Holtzhausen (Hrsg.), *Routledge handbook of strategic communication* (RoutlAuflge handbooks 1 Aufl., S. 409–423). New York: Routledge.

Sadasivam, R. S., Kinney, R. L., Lemon, S. C., Shimada, S. L., Allison, J. J., & Houston, T. K. (2013). Internet health information seeking is a team sport: Analysis of the pew internet survey. *International Journal of Medical Informatics, 82*(3), 193–200. https://doi.org/10.1016/j.ijmedinf.2012.09.008.

Sauer, S., Müller, R., & Rothgang, H. (2015). Institutionalised dying in Germany. *Zeitschrift für Gerontologie und Geriatrie, 48*(2), 169–175. https://doi.org/10.1007/s00391-013-0547-z.

Schaeffer, D., & Moers, M. (2008). Überlebensstrategien – Ein Phasenmodell zum Charakter des Bewältigungshandelns chronisch Erkrankter. *Pflege & Gesellschaft, 13*(1), 6–31.

Schäfer, C. D. (Hrsg.). (2017). *Einführung in die Mediation*. Wiesbaden: Springer.

Scherenberg, V. (2015). Qualitätsaspekte von Gesundheits-Apps. Wie lässt sich Qualität erkennen? *Public Health Forum, 23*(3), 144–146. https://doi.org/10.1515/pubhef-2015-0053.

Schmid, R., Spießl, H., & Cording, C. (2005). Zwischen Verantwortung und Abgrenzung. Emotionale Belastungen von Angehörigen psychisch Kranker. *Psychiat Prax, 32*(06), 272–280. https://doi.org/10.1055/s-2004-828312.

Schmidt, J.-H. (2013). *Social media*. Berlin: Springer.

Schneider, N., Mitchell, G., & Murray, S. A. (2010). Ambulante Palliativversorgung: Der Hausarzt als erster Ansprechpartner. *Deutsches Ärzteblatt, 107*(19), 925–927. https://www.aerzteblatt.de/archiv/74925/Ambulante-Palliativversorgung-Der-Hausarzt-als-erster-Ansprechpartner. Zugegriffen: 18. Juli 2018.

Scholz. (2011). S2-Leitlinie Humangenetische Diagnostik. *Medizinische Genetik, 23*(2), 281–323. https://doi.org/10.1007/s11825-011-0284-x.

Schulz, C. (Universitätsklinikum Düsseldorf, Hrsg.). (2017). *30 Junge Menschen,* Universitätsklinikum Düsseldorf. http://30jungemenschen.de/.

Schwarzkopf, D., Behrend, S., Skupin, H., Westermann, I., Riedemann, N. C., Pfeifer, R., et al. (2013). Family satisfaction in the intensive care unit: A quantitative and qualitative analysis. *Intensive Care Medicine, 39*(6), 1071–1079. https://doi.org/10.1007/s00134-013-2862-7.

Schwinger, A., Tsiasioti, C., & Klauber, J. (2016). Unterstützungsbedarf in der informellen Pflege – Eine Befragung pflegender Angehöriger. In K. Jacobs, A. Kuhlmey, S. Greß, A. Schwinger, & J. Klauber (Hrsg.), *Pflege-Report 2016. Schwerpunkt: Die Pflegenden im Fokus* (S. 189–216). Stuttgart: Schattauer.

Scott, A. (2014). Communication about end-of-life health decisions. *Annals of the International Communication Association, 38*(1), 243–271. https://doi.org/10.1080/23808985.2014.11679164.

Sekimoto, M., Asai, A., Ohnishi, M., Nishigaki, E., Fukui, T., Shimbo, T., et al. (2004). Patients' preferences for involvement in treatment decision making in Japan. *BMC Family Practice, 5*(1), 1–10. https://doi.org/10.1186/1471-2296-5-1.

Shen, L. (2010). The effect of message frame in anti-smoking public service announcements on cognitive response and attitude toward smoking. *Health Communication, 25*(1), 11–21. https://doi.org/10.1080/10410230903473490.

Shin, D. W., Cho, J., Roter, D. L., Kim, S. Y., Sohn, S. K., Yoon, M.-S., et al. (2013). Preferences for and experiences of family involvement in cancer treatment decision-making: Patient-caregiver dyads study. *Psycho-Oncology, 22*(11), 2624–2631. https://doi.org/10.1002/pon.3339.

Sio, T. T., Chang, K., Jayakrishnan, R., Wu, D., Politi, M., Malacarne, D., et al. (2014). Patient age is related to decision-making, treatment selection, and perceived quality of life in breast cancer survivors. *World Journal of Surgical Oncology, 12*(230), 1–8. https://doi.org/10.1186/1477-7819-12-230.

Soellner, R., Reder, M., Machmer, A., Holle, R., & Wilz, G. (2015). The Tele. TAnDem intervention. Study protocol for a psychotherapeutic intervention for family caregivers of people with dementia. *BMC Nursing, 14*(1), 11. https://doi.org/10.1186/s12912-015-0059-9.

Southwell, B. G., & Yzer, M. C. (2016). The roles of interpersonal communication in mass media campaigns. *Annals of the International Communication Association, 31*(1), 420–462. https://doi.org/10.1080/23808985.2007.11679072.

Steimel, R. (2004). *Individuelle Angehörigenschulung. Eine effektive Alternative zu Pflegekursen* (2., aktual. Aufl.). Hannover: Schlütersche.

Strozier, A. L., Elrod, B., Beiler, P., Smith, A., & Carter, K. (2004). Developing a network of support for relative caregivers. *Children and Youth Services Review, 26*(7), 641–656. https://doi.org/10.1016/j.childyouth.2004.02.018.

Suckfüll, T., & Stillger, B. (1999). *Starke Kinder brauchen starke Eltern. Familienbezogene Suchtprävention-Konzepte und Praxisbeispiele. Ein Modellprojekt der Bundesarbeitsgemeinschaft Katholischer Familienbildungsstätten in Zusammenarbeit mit der BZgA* (Forschung und Praxis der Gesundheitsförderung, Bd. 7). Köln: BZgA.

Sullivan, M. T. (2003). Caregiver strain index (CSI). *Home Healthcare Now, 21*(3), 197–198. https://journals.lww.com/homehealthcarenurseonline/Citation/2003/03000/Caregiver_Strain_Index__CSI_.24.aspx. Zugegriffen: 17. Juli 2018.

Tanis, M., Das, E., & Fortgens-Sillmann, M. (2011). Finding care for the caregiver? Active participation in online health forums attenuates the negative effect of caregiver strain on wellbeing. *Communications, 36*(1), 51–66. https://doi.org/10.1515/comm.2011.003.

Thoits, P. A. (2011). Mechanisms linking social ties and support to physical and mental health. *Journal of Health and Social Behavior, 52*(2), 145–161. https://doi.org/10.1177/0022146510395592.

Timmers, R., & van der Wijst, P. (2007). Images as anti-smoking fear appeals: The effect of emotion on the persuasion process. *Information Design Journal (IDJ), 15*(1), 21–36. https://doi.org/10.1075/idj.15.1.04tim.

Traa, M. J., de Vries, J., Bodenmann, G., & Den Oudsten, B. L. (2015). Dyadic coping and relationship functioning in couples coping with cancer: A systematic review. *British Journal of Health Psychology, 20*(1), 85–114. https://doi.org/10.1111/bjhp.12094.

Trepte, S., & Boecking, B. (2009). Was wissen die Meinungsführer? Die Validierung des Konstrukts Meinungsführerschaft im Hinblick auf die Variable Wissen. *Medien & Kommunikationswissenschaft, 57*(4), 443–463. https://doi.org/10.5771/1615-634x-2009-443.

Trief, P. M. (2011). Challenges and lessons learned in the development and implementation of a couples-focused telephone intervention for adults with type 2 diabetes: The diabetes support project. *Translational Behavioral Medicine, 1*(3), 461–467. https://doi.org/10.1007/s13142-011-0057-8.

Valente, T. W., & Pumpuang, P. (2007). Identifying opinion leaders to promote behavior change. *Health Education & Behavior: The Official Publication of the Society for Public Health Education, 34*(6), 881–896. https://doi.org/10.1177/1090198106297855.

Van Dam, H. A., van der Horst, F. G., Knoops, L., Ryckman, R. M., Crebolder, H. F., & van den Borne, B. H. (2005). Social support in diabetes. A systematic review of controlled intervention studies. *Patient Education and Counseling, 59*(1), 1–12. https://doi.org/10.1016/j.pec.2004.11.001.

Vedel, I., Ghadi, V., Lapointe, L., Routelous, C., Aegerter, P., & Guirimand, F. (2014). Patients', family caregivers', and professionals' perspectives on quality of palliative care: A qualitative study. *Palliative Medicine, 28*(9), 1128–1138. https://doi.org/10.1177/0269216314532154.

Wallace, C. L. (2015). Family communication and decision making at the end of life: A literature review. *Palliative & Supportive Care, 13*(3), 815–825. https://doi.org/10.1017/S1478951514000388.

Walsh-Childers, K., & Braddock, J. (2014). Competing with the conventional wisdom: Newspaper framing of medical overtreatment. *Health Communication, 29*(2), 157–172. https://doi.org/10.1080/10410236.2012.730173.

Washington, K. T., Meadows, S. E., Elliott, S. G., & Koopman, R. J. (2011). Information needs of informal caregivers of older adults with chronic health conditions. *Patient Education and Counseling, 83*(1), 37–44. https://doi.org/10.1016/j.pec.2010.04.017.

Watzlawick, P. (2011). *Man kann nicht nicht kommunizieren*. Bern: Huber.

Wesemann, D., & Grunwald, M. (2008). Onlineberatung für Betroffene von Essstörungen und deren Angehörige. *Psychotherapeut, 53*(4), 284–289. https://doi.org/10.1007/s00278-007-0576-4.

WHO. (Hrsg.). (2016). Definition of palliative care. http://www.who.int/cancer/palliative/definition/en/.

Wiesenberg, M. (2018). Strategische Kommunikation und die Unberechenbarkeit der Taktik: Die Rolle der Rezipientinnen und Rezipienten in der Strategischen Kommunikation. In S. Wehmeier & D. Schoeneborn (Hrsg.), *Strategische Kommunikation im Spannungsfeld zwischen Intention und Emergenz* (S. 119–140). Wiesbaden: Springer.

Wilz, G. (2007). Role of spouses' overprotection on stroke patients' recovery. *Psychology & Health, 1,*215.

Wilz, G., & Meichsner, F. (2012). Einbezug von Familienangehörigen chronisch Kranker in die Arzt-Patient-Kommunikation. *Bundesgesundheitsblatt – Gesundheitsforschung – Gesundheitsschutz, 55*(9), 1125–1133. https://doi.org/10.1007/s00103-012-1532-1.

Wilz, G., & Meichsner, F. (2015). Unterstützende Interventionen für Angehörige. In W. Rief & P. Henningsen (Hrsg.), *Psychosomatik und Verhaltensmedizin* (Bd. 25, S. 444–456). Stuttgart: Schattauer.

Wilz, G., & Meichsner, F. (2017). Angehörigeninterventionen bei somatischer Krankheit. In U. Koch & J. Bengel (Hrsg.), *Anwendungen der Medizinischen Psychologie* (S. 183–208). Göttingen: Hogrefe.

Winkler, P. (2018). Zum Was, Wann, Wo, Wer und Wie emergenter Kommunikationsstrategie – Eine Konzeptschärfung. In S. Wehmeier & D. Schoeneborn (Hrsg.), *Strategische Kommunikation im Spannungsfeld zwischen Intention und Emergenz* (S. 157–172). Wiesbaden: Springer.

Wittenberg-Lyles, E., Goldsmith, J., Ferrell, B., & Ragan, S. L. (2013). *Communication in palliative nursing*. Oxford: Oxford University Press.

Wolff, J. L., & Roter, D. L. (2011). Family presence in routine medical visits: A meta-analytical review. *Social Science and Medicine, 72*(6), 823–831. https://doi.org/10.1016/j.socscimed.2011.01.015.

Wolff, J. L., & Roter, D. L. (2012). Older adults' mental health function and patient-centered care: Does the presence of a family companion help or hinder communication? *Journal of General Internal Medicine, 27*(6), 661–668. https://doi.org/10.1007/s11606-011-1957-5.

Woods, B., Keady, J., & Seddon, D. (2009). *Angehörigenintegration: Beziehungszentrierte Pflege und Betreuung von Menschen mit Demenz*. Bern: Huber.

Wright, K. B., Rains, S., & Banas, J. (2010). Weak-tie support network preference and perceived life stress among participants in health-related, computer-mediated support groups. *Journal of Computer-Mediated Communication, 15*(4), 606–624. https://doi.org/10.1111/j.1083-6101.2009.01505.x.

Yoo, W., Shah, D. V., Shaw, B. R., Kim, E., Smaglik, P., Roberts, L. J., et al. (2014). The role of the family environment and computer-mediated social support on breast cancer patients' coping strategies. *Journal of Health Communication, 19*(9), 981–998. https://doi.org/10.1080/10810730.2013.864723.

Yuen, E. Y. N., Dodson, S., Batterham, R. W., Knight, T., Chirgwin, J., & Livingston, P. M. (2016). Development of a conceptual model of cancer caregiver health literacy. *European Journal of Cancer Care, 25*(2), 294–306. https://doi.org/10.1111/ecc.12284.

Yuen, E. Y. N., Knight, T., Ricciardelli, L. A., & Burney, S. (2018). Health literacy of caregivers of adult care recipients. A systematic scoping review. *Health & Social Care in the Community, 26*(2), e191–e206. https://doi.org/10.1111/hsc.12368.

Zhang, A. Y., & Siminoff, L. A. (2003a). The role of the family in treatment decision making by patients with cancer. *Oncology Nursing Forum, 30*(6), 1022–1028. https://doi.org/10.1188/03.ONF.1022-1028.

Zhang, A. Y., & Siminoff, L. A. (2003b). Silence and cancer: Why do families and patients fail to communicate? *Health Communication, 15*(4), 415. https://doi.org/10.1207/S15327027HC1504_03.

Zulman, D. M., Schafenacker, A., Barr, K. L. C., Moore, I. T., Fisher, J., McCurdy, K., et al. (2012). Adapting an in-person patient-caregiver communication intervention to a tailored web-based format. *Psycho-Oncology, 21*(3), 336–341. https://doi.org/10.1002/pon.1900.

Zwaanswijk, M., Tates, K., van Dulmen, S., Hoogerbrugge, P. M., Kamps, W. A., Beishuizen, A. et al. (2011). Communicating with child patients in pediatric oncology consultations. A vignette study on child patients', parents', and survivors' communication preferences. *Psycho-Oncology, 20*(3), 269–277. https://doi.org/10.1002/pon.1721.

Fazit 5

Die Kommunikation mit Angehörigen nimmt im Alltag der Gesundheitskommunikation einen großen Raum ein und weist eine hohe Relevanz für die physische, psychische und soziale Gesundheit der Patienten auf. Dies zeigt sich für ganz verschiedene Krankheitsformen (akute sowie chronische Formen; psychische sowie physische Erkrankungen), für unterschiedliche Gesundheitsphasen (Prävention/Kuration/Krankheitsmanagement/Palliativphase) und ambulante sowie klinische Versorgungsformen. Letztlich gibt es kaum Patientengruppen und Krankheitsbilder, die keinen Angehörigenbezug aufweisen. Denn selbst die fehlenden Angehörigen oder die dysfunktionalen Einflüsse vorhandener Angehöriger können für die Krankheitsbewältigung eine wichtige Rolle spielen. Zudem wirkt sich die Angehörigenkommunikation auch auf die Arbeit und Gesundheit des medizinischen Personals sowie die Gesundheit der Angehörigen selbst aus.

Diese Relevanz spiegelt sich allerdings bislang nicht adäquat in der Forschung oder strategischen Formen der Gesundheitskommunikation bei verschiedenen Akteuren und Institutionen im Gesundheitswesen wider. Das Ziel der vorliegenden Arbeit lag daher primär in der Skizzierung des Forschungsfeldes Angehörigenkommunikation in seiner Vielfalt und Breite hinsichtlich der theoretischen und empirischen Zugänge, der Gesundheitsthemen und der Kommunikationskanäle. Dafür wurden Konzepte ganz verschiedener Disziplinen zur Fragestellung der Angehörigenkommunikation betrachtet und deren Implikationen für die Angehörigenkommunikation abgeleitet. Somit standen weniger die Forschungsstände einzelner Fragestellungen als vielmehr eine krankheits- und kanalübergreifende systematische Kartierung des Forschungsfeldes im Vordergrund. Dies soll den Zugang anhand zentraler Fragenstellungen sowie die Etablierung der Angehörigenkommunikation vorantreiben.

Anhand eines Rahmenmodells, dem Two-Step-Flow of Support (d. h. dem Zwei-Stufen-Fluss der Unterstützung), wurden zunächst die Kommunikationsprozesse

D. Reifegerste, *Die Rollen der Angehörigen in der Gesundheitskommunikation*,
https://doi.org/10.1007/978-3-658-25031-7_5

zwischen Patienten und ihren Angehörigen anhand der verschiedenen Unterstützungsarten und deren Kommunikationsrichtung unterschieden und danach Strategien für den Umgang mit den Angehörigen aufgezeigt.

Basierend auf den vorgestellten Ansätzen und Modellen aus unterschiedlichen Fachdisziplinen konnten verschiedene *Rollen der Angehörigen* als primäre Unterstützungsgeber entwickelt werden. Neben den funktionalen Kommunikationsprozessen wurden dabei auch die dysfunktionalen Formen der Unterstützung durch die Angehörigen berücksichtigt. Teilweise sind die Funktionen der Angehörigenrollen mit professionellen Kommunikationsrollen von Journalisten oder Unternehmenssprechern vergleichbar (Aldrich und Herker 1977; Donsbach 2012).

Aufbauend auf diesen Rollen und den daraus resultierenden Unterstützungsbedarfen beschäftigte sich die nächste Stufe des Kommunikationsprozesses mit den *Strategien,* die sich für den Umgang mit den Angehörigen in ihren verschiedenen Funktionen eignen. Dabei wurden unterschiedliche sekundäre Unterstützungsgeber und Kanäle der Kommunikation betrachtet und in Hinblick auf ihre Eignung für die unterschiedlichen Anlässe und Zielstellungen der Angehörigenkommunikation bewertet. Zudem wurden auch hierbei wiederum potenzielle dysfunktionale Kommunikationsstrategien diskutiert.

5.1 Transdisziplinäre Forschungsperspektiven

Insgesamt wurde deutlich, dass die Angehörigenkommunikation ein Forschungsthema ist, dass sich nicht innerhalb einer Disziplin bearbeiten lässt, sondern sich vielmehr in verschiedene theoretische Ansätze aus unterschiedlichen Disziplinen einbettet. Hierzu zählen neben den Rollentheorien aus der Soziologie, die Konzepte der sozialen Unterstützung aus der Sozialpsychologie, die triadischen Modelle aus der medizinischen Entscheidungsforschung, der Two-Step-Flow aus der Kommunikationswissenschaft und die Ansätze zur Gesundheitskompetenz aus den Gesundheitswissenschaften. Sie liefern jeweils sehr unterschiedliche Erkenntnisse über die Prozesse der Angehörigenkommunikation und damit auch verschiedene Ansatzpunkte für Strategien im Umgang mit den Angehörigen in der Gesundheitskommunikation. Ausgehend von einem transdisziplinären Anspruch der Arbeit ergeben sich zudem zahlreiche weitere theoretische und empirische *Forschungsperspektiven.* Während eine eher *soziologische Perspektive* sich auf die Auswahl der primären und sekundären Unterstützungsgeber im Netzwerk des Patienten, die Wechselwirkungen der verschiedenen Idealtypen von Angehörigenfunktionen in situationalen Kontexten und die Abstimmung zwischen den Akteuren vor dem Hintergrund moderner Lebenswelten konzentriert (z. B. Schobin 2013), beschäftigen sich die *Informatiker* vor allem mit der Entwicklung technik-basierter funktionaler Alternativen für die Unterstützungsleistungen der primären und sekundären Unterstützungsgeber (wie Pflegeassistenzsystemen oder Medizin-Apps). Für die *Mediziner, Gesundheitswissenschaftler und Psychologen* steht dagegen (vermutlich) die Wirkung der Kommunikationsprozesse auf die Gesundheit der Patienten (aber auch die der Angehörigen und des medizinischen Personals) im Fokus der Forschung. Zudem lassen sich aus der Perspektive dieser Fachdisziplinen zahlreiche krankheitsspezifische Einflussfaktoren für die Bestandteile der Gesundheitskompetenz der Angehörigen, der Kommunikationsstrategien und der Kommunikationskanäle identifizieren. Beispielsweise die Frage, bei welchen Krankheitsformen welche Unterstützungsform und welche Strategien am besten geeignet sind (Butler et al. 2015; Fisher et al. 2017).

Kommunikationswissenschaftler schließlich könnten sich der Vielfalt und Kombination der digitalen und analogen, interpersonalen und massenmedialen Kommunikationsformen, parasozialen funktionalen Alternativen, dem Einfluss medialer Darstellungen von Angehörigen auf Rollenerwartungen, hilfreichen Formen der Arzt-Patienten-Angehörigenkommunikation, geeigneten Unterstützungsbotschaften (Bodie und Burleson 2008) und vertieften Analysen der Unterstützungsaktivierung (MacGeorge et al. 2011) widmen. Vorhandene Theorien in der (klassischen) Gesundheitskommunikation, die sich vor allem auf das Individuum konzentrieren reichen häufig nicht aus, um die Angehörigenkommunikation abzubilden. So müssten etwa Theorien der Informationssuche wie das Comprehensive Model of Information Seeking (Johnson und Meischke 1993) oder Theorien zur Wirkung von Gesundheitsbotschaften wie die Theorie der Schutzmotivation (Rogers 1975) um Motive der Fürsorge oder beziehungsbezogene Einflussfaktoren ergänzt werden (Reifegerste und Bachl 2017), um die entsprechenden Handlungen (wie etwa die stellvertretende Suche nach Gesundheitsinformationen) abzubilden. Auch müssten die interpersonalen Kommunikationswege (wieder) stärker in den Vordergrund geraten. Theorien wie die Theory of Motivated Information Management (Afifi und Weiner 2004) können hierbei als Ausgangspunkt dienen, um bspw. die Informationssuche bei Angehörigen und durch Angehörige zu untersuchen (Hovick 2014). Zudem ergeben sich für die Kommunikationswissenschaft möglicherweise verschiedene Rückbezüge für etablierte Theorien. So könnte bspw. auch die Betrachtung politischer Kommunikationsprozesse als Form sozialer Unterstützung für die Entscheidungsfindung die Perspektive auf Rollenkonzepte der Journalisten, das Meinungsführerkonzept oder Theorien der Unternehmenskommunikation erweitern.

Darüber hinaus bietet die hier dargelegte theoretische Einbettung der Angehörigenkommunikation auch zahlreiche Anknüpfungspunkte für *weitere Theorien.*

Dazu zählt bspw. das Facekonzept (Goffman 1967), welches verdeutlicht, dass Identitäten (und somit auch Rollen) abhängig von den Werten sozialer Gemeinschaften sowie den Aushandlungsprozessen in konkreten Interaktionen sind. Insbesondere die Unterscheidung zwischen dem Bedürfnis nach Anerkennung durch den Interaktionspartner („positive face") und dem Wunsch nach Autonomie („negative face") und damit verbundene Faceworkstrategien zeigen sich auch in der Angehörigenkommunikation (Brown und Levinson 1978). Darüber hinaus lässt sich soziale Unterstützung auch aus der eher soziologischen Perspektive des sozialen Kapitals (Bourdieu 1983) oder vor dem Hintergrund der Bewältigungsaufgaben einer chronischen Erkrankung (Corbin und Strauss 2010) interpretieren. Um die funktionalen Alternativen stärker zu beleuchten, bietet sich zudem die Akteur-Netzwerk-Theorie (Latour 1996) an, die es ermöglicht auch nichtmenschliche Entitäten (wie Pflegeassistenzsysteme) in das Unterstützungsnetzwerk zu integrieren. Die Kommunikationsstrategien lassen sich hingegen ergänzend auch an Dialogansätzen aus der Unternehmenskommunikation und entsprechenden Strategien zur Verhandlung oder Argumentation verstehen (Zerfass und Grünberg 2016).

Der relationale und systemische Charakter hat allerdings nicht nur Konsequenzen für die Theorieentwicklung, sondern auch für die *methodische Herangehensweise* in der Auswahl des 1) Erhebungsverfahrens, 2) des Samples und 3) der untersuchungsrelevanten Variablen.

So können verschiedene 1) Erhebungsverfahren gewählt werden, um die Bedeutung des sozialen Netzwerkes zu ermitteln. Bereits in einer Individualbefragung kann die ego-zentrierte Netzwerkanalyse (mit der Erhebung wichtiger Alteri, der Ego-Alter-Relationen und deren Attributen) wichtige Einblicke in die relationalen Unterstützungsprozesse geben. Darüber hinaus können im Rahmen einer Dyadenbefragung auch bidirektionale Effekte oder unterschiedliche Wahrnehmungen zwischen zwei Personen untersucht werden. Bei einer Triadenbefragung kann zusätzlich das medizinische Personal als weiterer Interaktionspartner einbezogen werden (Docherty et al. 2008; Laidsaar-Powell et al. 2016). Eine quantitative Untersuchung ist hierbei häufig schwieriger zu realisieren und bedarf neben der aufwendigen Rekrutierung auch eines sensiblen Datenmanagements. Gerade im Online-Kontext (wie in Online-Support-Groups) lassen sich aber mit Inhaltsanalysen auch Unterstützungsprozesse für ganze Netzwerke untersuchen. Mit einer ergänzenden Befragung können dann auch die sozialen Vernetzungen außerhalb des Internets berücksichtigt werden.

Für die Festlegung des 2) Samples und damit auch relevanter Kommunikationsbeteiligter (Abschn. 4.3) sind vor allem krankheits- und zielgruppenspezifische Faktoren relevant. So können die spezifische Lebensphase sowie der gesundheitliche

Status die Zusammenstellung der untersuchten Akteure wesentlich beeinflussen. Während bei älteren Patienten meist der Partner oder erwachsene Kinder wichtige Bezugspersonen sind (Rosland et al. 2011), agieren Personen mittleren Alters in Gesundheitsfragen sehr viel selbstständiger (Rosland et al. 2013; Sadasivam et al. 2013). Zudem kann geschlechterspezifisch auch die Anzahl der Unterstützer im sozialen Netzwerk variieren. Während Frauen in Gesundheitsfragen auf vielfältige Beziehungspartner zurückgreifen, verlassen sich Männer vorrangig auf die Partnerin (Mo et al. 2009). Bei stigmatisierenden Themen können zudem anonyme Kontakte wichtiger sein als nahestehende Personen (Wright et al. 2010). Daher kann es erforderlich sein, die Auswahl der Alteri (d. h. der relevanten Angehörigen) den Befragten selbst zu überlassen (wenn es nicht ohnehin bereits eine Forschungsfrage darstellt). Zu berücksichtigen ist allerdings eine mögliche Verzerrung, die bereits durch die Bereitschaft an der Befragung teilzunehmen entsteht. Möglicherweise sind gerade jene Patienten relevant, die keine Angehörigen benennen konnten, die sie unterstützen würden (Jene Nicht-Angehörigen sind allerdings eben auch nicht befragbar). Bei stark mental einschränkenden Krankheiten (z. B. Depression oder Demenz) kann ggf. auch nur der Angehörige oder das Fachpersonals befragt werden.

Die Zielkriterien und damit relevante abhängige 3) Variablen der Angehörigenkommunikation können je nach Fragestellung, sowohl kommunikationsbezogen (wie Anschlusskommunikation, die Suche nach Informationen über die Gesundheit anderer, Gesprächsanteile der Beteiligten, Bereitschaft zur und Formen der Unterstützung) als auch gesundheitsbezogen (wie Wohlbefinden des Partners, gesundheitsbezogene Verhaltensintentionen, Konsequenzen der Kommunikation) sein. Allerdings ist immer zu berücksichtigen, dass sie direkt oder indirekt auch einen relationalen Bezug aufweisen (z. B. direkte Messung der Belastung der Angehörigen). Dies gilt auch für potenziell moderierende Variablen (neben den Alteri-Attributen, wie Alter, räumliche Nähe, auch Beziehungsparameter, wie Beziehungsqualität) und mögliche Mediationsparameter (z. B. Risikowahrnehmung für andere, soziale Orientierung, Empathie). Zudem sollte sich die Art der Kommunikation und damit auch der Intervention an den Problemstellungen und Bedürfnissen der Patienten und Angehörigen orientieren (Mahrer-Imhof und Bruylands 2014). Gerade diese Forderung nach einem optimalen Matching (Abschn. 2.1.3) von Bedürfnissen der Beteiligten und Kommunikations- bzw. Unterstützungsangeboten, widerspricht allerdings häufig der Logik von Interventionsstudien, die den Erfolg einer bestimmten Maßnahme objektiv prüfen soll. Zielführend erscheint hier die Orientierung am Transaktionalen Stressmodell (Abschn. 2.1.3), das es ermöglicht die Bewertung der Maßnahme relational zur subjektiven Stressbewertung der Akteure abzubilden.

Es lässt sich somit schlussfolgern, dass sich in der Angehörigenkommunikation zahlreiche Fragestellungen ergeben, die zwar an vorhandene Forschungsfelder anknüpfen, aber jeweils neue oder zumindest erweiterte Perspektiven benötigen. Gleichzeitig ermöglichen sie durch die Berücksichtigung eines weiteren sozialen Kontextes auch neue Erkenntnisse für etablierte Theorien oder empirische Befunde.

5.2 Praktische Implikationen

Neben den Perspektiven für die weitere Forschung im Bereich der Angehörigenkommunikation gilt es auch die Implikationen für die praktische Gesundheitsversorgung zu betrachten. Ebenso wie in der Wissenschaft werden die Angehörigen auch hier systematisch und übergreifend unterschätzt (Kirschning und Kardorff 2007; Schaeffer und Haslbeck 2016). Obwohl die Angehörigen omnipräsent in der Gesundheitsversorgung und familiären Kommunikationsprozessen sind und einen wichtigen Beitrag zur Bewältigungsarbeit der Erkrankten leisten, sind sie meist „hidden in plain sight“ (Wolff und Roter 2008, S. 1409). Es herrscht weitgehend (wenn auch nicht überall) ein patientenzentriertes Krankheitsverständnis vor. Dies ist verbunden mit der Illusion, dass Krankheitsbewältigung vor allem individuell zu leisten ist (Borgetto 2016). Dies mag auch darin begründet sein, dass die Unterstützungsleistungen überwiegend außerhalb der Gesundheitseinrichtungen im privaten Umfeld stattfinden (Magsamen-Conrad et al. 2018). Forderungen nach Patientenautonomie und generelle gesellschaftliche Entwicklungen der Individualisierung (Dieterich 2006; Rosenbrock und Gerlinger 2014) scheinen diese Sichtweisen im Gesundheitswesen eher zu verstärken (Eberlein et al. 2017). Als wichtigste praktische Implikation aus der vorliegenden Arbeit ergibt sich daher die *Anerkennung der Angehörigen* (und ihrer Funktion) als wichtige Anspruchsgruppe in der Gesundheitskommunikation. Dies gilt selbst dann (oder vor allem dann), wenn Angehörige für den Heilungsprozess als dysfunktional (d. h. störend oder sogar schädlich) empfunden werden. Das medizinische Personal sowie andere Berufsgruppen im Gesundheitswesen sollten idealerweise den Angehörigen dabei helfen, den Pateinten angemessen zu unterstützen (Kinnane und Milne 2010). Nur aufgrund dieser Relevanzzuschreibung ergibt sich die Notwendigkeit sie auch in Kommunikationsprozessen im Gesundheitswesen zu berücksichtigen. Dies gilt sowohl für einzelne Interaktionen (z B. im Arzt-Patienten-Angehörigengespräch) als auch strukturell-organisatorisch (z. B. durch eine entsprechende räumliche Ausstattung der Einrichtungen oder Aufbereitung der Internetangebote).

Ausgehend von der grundsätzlichen Integration der Angehörigen als relevante Anspruchsgruppe in der Gesundheitskommunikation, gilt es auch die *Vielfalt ihrer Funktionen* anzuerkennen. Die Rollen der Angehörigen in der Gesundheitskommunikation lassen sich weder auf eine bestimmte Erkrankung, noch auf eine einzelne Funktion (z. B. Angehörige in der Entscheidungsfindung oder pflegende Angehörige) oder bestimmte Kommunikationskanäle (z. B. in Broschüren) beschränken. Aufgrund der multiperspektivischen Bewertung können sich folglich, die von einem Beteiligten als Unterstützung intendierten Hilfeleistungen auch als nicht hilfreich für den Patienten erweisen. Eine Integration der Angehörigen verlangt somit immer auch eine Rollenklärung zwischen den beteiligten Akteuren, um die verschiedenen Erwartungen an die Interaktionen abzugleichen. Konfusion über die Rollen der Angehörigen besteht ja meist gleichermaßen bei Patienten, Angehörigen und professionellen Akteuren. Die gilt insbesondere auch für die Erwartungen, die Patienten und Angehörige an die Mediziner haben (Maio 2016).

Berücksichtigt man die Vielfalt der Rollen und die transaktionalen Prozesse in der Angehörigenkommunikation, wird deutlich das sie insgesamt von einer hohen *Komplexität* geprägt ist (MacGeorge et al. 2011). Dazu tragen u. a. folgende Faktoren bei:

- die Heterogenität der Angehörigen und ihrer Kompetenzen und Bedürfnisse
- die Diversität der Beziehungen der Angehörigen zu den Patienten
- die Flexibilität der Rollen-Personenzuordnung
- die Vielfalt der beteiligten Akteure und deren Beziehungen untereinander (Netzwerk aus mehreren Angehörigen und mehreren professionellen Akteuren)
- der transaktionale Charakter der Unterstützungsprozesse und deren multiperspektivische Wahrnehmung und Bewertung (wechselseitige Abhängigkeit).

Monokausale Erklärungsansätze, standardisierte Gesprächsabläufe, einfache Lösungsstrategien, einmalige Aktionen oder starre Informationsangebote können dieser Komplexität kaum gerecht werden (George und George 2003; Vedel et al. 2014). Dies gilt insbesondere für hochemotionale Situationen mit einer Vielzahl an (unsicheren) Entscheidungsoptionen, die für die Gesundheitskommunikation prägend sind. Die Heterogenität der Angehörigen und die Komplexität im Umgang mit ihnen müssen aber nicht zu einer Verweigerungshaltung führen, sondern können auch als Chance für flexible und vielfältige Lösungsstrategien verstanden werden.

Die Reduktion der Angehörigenkommunikation auf einen einstufigen oder zweistufigen Kommunikationsprozess im Two-Step-Flow of Support stellt somit eine (zwangsläufige) theoretische Vereinfachung dar, um grundlegende Strategien abzuleiten. Diese Vereinfachung sollte aber nicht darüber hinwegtäuschen, dass diese Strategien flexibel und situationsspezifisch angemessen einzusetzen sind und sich daraus kein pauschaler Wenn-Dann-Maßnahmenalgorithmus, sondern nur eine heuristische Grundlage für Interventionsstrategien ergibt.

Zentrale Rolle spielt daher die *Kommunikationskompetenz* aller beteiligten Akteure, sodass deren Situations- und Beziehungswissen (Maio 2016) eine bedarfsgerechte Anwendung der Strategien und die Bewältigung komplexer Situationen ermöglicht. Angehörigenkommunikation ist somit eher eine grundsätzliche Aufgabe und Haltung als eine einzelne Maßnahme (George und George 2003, S. 63).

Auf Basis der entsprechenden Kommunikationskompetenzen und der Rollenklärung zwischen den Beteiligten, können auch krisen- bzw. krankheitsspezifische *Kompetenzen* und Unterstützungs- bzw. *Entlastungsangebote* für Angehörige entwickelt werden. Hierfür finden sich im Bereich verschiedener Krankheitsbilder (wie Demenz, Diabetes, Schlaganfall) und verschiedener Versorgungsfelder (pflegende Angehörige) bereits zahlreiche Programme und Angebote (Mollica et al. 2017; Wilz und Meichsner 2017), die sich ggf. auf andere Bereiche übertragen lassen. Auch wenn im Rahmen der vorliegenden Arbeit krankheitsübergreifende Prozesse und Strategien im Vordergrund standen, so gilt es doch im Einzelfall immer die Krankheitsspezifika zu berücksichtigen und gleichzeitig aber offen für die individuellen Bedarfe der Patienten und Angehörigen zu bleiben.

Dabei ermöglicht die *Medienvielfalt* eine strategische Auswahl der Kommunikationskanäle, die einerseits die Vorteile digitaler Medien (Erreichbarkeit, hohe Verbreitung, Interaktivität und Kosteneffizienz) nutzt. Insbesondere der dynamische Krankheitsverlauf, situationelle Krisen und die Heterogenität der Angehörigen machen es erforderlich, dass eine Vielfalt an Beratungs- und Informationsangeboten (quasi immer) auf unterschiedlichen Zugangswegen bereitsteht, die die Angehörigen (und auch die Patienten) bei Bedarf in Anspruch nehmen können. Andererseits sollte eine strategische Kanalauswahl auch die Notwendigkeit für den interpersonalen Austausch und die bewusste Auswahl der Kommunikationsbeteiligten anerkennen.

Diese Anerkennung ihrer Funktion ist dabei nicht nur ideell zu leisten, sondern sollte sich letztlich auch in entsprechenden *strukturellen Rahmenbedingungen* niederschlagen. Dies beinhaltet bspw. die finanzielle und rechtliche Anerkennung der Rollen der Angehörigen als Manager oder als Interessenvertreter, um ihnen eine offizielle Position im Versorgungssystem, eine angemessene Kompetenzentwicklung, fachliche Beratung sowie Entlastung zu ermöglichen (Bischofberger 2011). Schleichend zeigt sich dieser Prozess bereits indirekt, indem Angehörigenfunktionen durch verschiedene Berufsgruppen (wie Case Management, rechtliche Betreuer oder sozialer Dienst) oder durch Technik im Sinne einer Landnahme (d. h. Ausweitung kapitalistischer Logiken auf vorher nicht ökonomische Sektoren oder Lebensformen) ersetzt werden (Dörre et al. 2014).

Die zunehmende Ökonomisierung des Gesundheitswesens und ihr Bestreben nach Effizienz und standardisierten Prozessen steht allerdings der menschlichen (wahrscheinlich angeborenen) Neigung zum Helfen (Warneken und Tomasello 2009) sowie dem sozial-karitativen Selbstverständnis des medizinischen Personals zum Teil diametral entgegen (Maio 2016). Eine angehörigenintegrierende ganzheitliche Betreuung braucht Raum, Zeit und institutionelle Verankerung. Zwar zeigt sich immer wieder, dass sich ökonomische Ziele mit wohlfahrtsorientierten Zielen in der Angehörigenkommunikation kombinieren lassen (Reifegerste 2018), allerdings zeigen sich die Effekte möglicherweise erst mittelfristig und lassen sich daher so nicht direkt in den bestehenden Unternehmenskennzahlen (wie Abrechnungen von Gesundheitsleistungen) abbilden. Entsprechende Beispiele für *angehörigenintegrierende Versorgungssysteme* finden sich in den Kinder- und in den Palliativbereichen. Hier ist die räumliche und organisationale Integration der Angehörigen so selbstverständlich, dass sie von den dort Arbeitenden kaum wahrgenommen wird, obwohl sie wichtige Impulse für andere Versorgungsbereiche geben kann.

Hingegen berücksichtigt die *Ausbildung* des medizinischen Personals bislang kaum die Herausforderungen von komplexen Mehrpersonengesprächen oder triadischen Entscheidungskonflikten mit offenem Ausgang (Kiessling 2014). Angebote für Angehörige in Kliniken entstehen eher aufgrund von Initiativen einzelner Mitarbeiter (Woods et al. 2009) oder Angehöriger und nicht aufgrund strategischer Zielstellungen der Versorgungseinrichtungen (Reifegerste 2018). Ebenso ist auch die Adressierung der Angehörigen in Gesundheitskampagnen oder -informationen (außer im Rahmen von Multiplikatoransätzen) bislang rudimentär ausgeprägt, sodass (die meist sehr interessierten) Angehörigen dazu gezwungen sind, Materialien zu nutzen, die nicht für sie entwickelt wurden und damit möglicherweise ihren Bedarfen nur teilweise entsprechen.

Maio (2016) macht deutlich, dass eine sozial motivierte Gesundheitsversorgung auch strukturell durch die entsprechenden *Anreize* zum beziehungsaufbauenden Gespräch oder zur ganzheitlichen Betreuung ermöglicht werden muss. Dies gilt zweifellos auch für die Angehörigenkommunikation. Fraglich bleibt inwieweit, finanzielle Anreize, Qualitätsanforderungen an die Gesundheitsversorgung, technische Mittel oder die Verankerung entsprechender angehörigenbezogener Anforderungen in Leitfäden oder Ausbildungsstationen des medizinischen Personals eine zielgerichtete Berücksichtigung sozialer Beziehungen in der Gesundheitsversorgung gewährleisten können. Unabhängig davon werden die meisten Angehörigen ihre funktionalen (und dysfunktionalen) Rollen in der Gesundheitskommunikation übernehmen und im Rahmen ihrer Kompetenzen (und häufig darüber hinaus) versuchen, die Patienten in ihrer Krankheitsbewältigung zu unterstützen.

Literatur

Afifi, W. A., & Weiner, J. L. (2004). Toward a theory of motivated information management. *Communication Theory, 14*(2), 167–190. https://doi.org/10.1111/j.1468-2885.2004.tb00310.x.

Aldrich, H., & Herker, D. (1977). Boundary spanning roles and organization structure. *Academy of Management Review, 2*(2), 217–230. https://doi.org/10.2307/257905.

Bischofberger, I. (2011). Angehörige als wandelnde Patientenakte. Ausgewählte Ergebnisse aus einem Projekt zur Klärung der Rolle der Angehörigen. *Care Management, 4*(5), 27–29. https://www.careum.ch/documents/20181/63542/Bischofberger_2011_Patientenakte.pdf/7bcfe42a-57fa-49cb-8db0-ac07265e159c.

Bodie, G. D., & Burleson, B. R. (2008). Explaining variations in the effects of supportive messages: A dual-process framework. *Communication Yearbook, 32,* 355–398. https://doi.org/10.1080/23808985.2008.11679082.

Borgetto, B. (2016). Soziologie des kranken Menschen. Krankenrollen und Krankenkarrieren. In M. Richter & K. Hurrelmann (Hrsg.), *Soziologie von Gesundheit und Krankheit* (S. 369–381). Wiesbaden: Springer. https://doi.org/10.1007/978-3-658-11010-9_25.

Bourdieu, P. (1983). Ökonomisches Kapital, kulturelles Kapital, soziales Kapital. In R. Kreckel (Hrsg.), *Soziale Ungleichheiten* (S. 183–198). Göttingen: Schwartz.

Brown, P., & Levinson, S. C. (1978). Universals in language usage. Politeness phenomena. In E. N. Goody (Hrsg.), *Questions and politeness: Strategies in social interaction* (S. 56–311). Cambridge: Cambridge University Press.

Butler, A. M., Elkins, S., Kowalkowski, M., & Raphael, J. L. (2015). Shared decision making among parents of children with mental health conditions compared to children with chronic physical conditions. *Maternal and Child Health Journal, 19*(2), 410–418. https://doi.org/10.1007/s10995-014-1523-y.

Corbin, J. M., & Strauss, A. L. (2010). *Weiterleben lernen: Verlauf und Bewältigung chronischer Krankheit.* Bern: Huber.

Dieterich, A. (2006). *Eigenverantwortlich, informiert und anspruchsvoll … Der Diskurs um den mündigen Patienten aus ärztlicher Sicht* (WZB Discussion Paper No. SP I 2006-310). http://hdl.handle.net/10419/47375.

Docherty, A., Owens, A., Asadi-Lari, M., Petchey, R., Williams, J., & Carter, Y. H. (2008). Knowledge and information needs of informal caregivers in palliative care: A qualitative systematic review. *Palliative Medicine, 22*(2), 153–171. https://doi.org/10.1177/0269216307085343.

Donsbach, W. (2012). Journalists' role perception. In W. Donsbach (Hrsg.), *The international encyclopedia of communication.* https://doi.org/10.1002/9781405186407.wbiecj010.pub2.

Dörre, K., Ehrlich, M., & Haubner, T. (2014). Landnahmen im Feld der Sorgearbeit. In B. Aulenbacher, B. Riegraf, & H. Theobald (Hrsg.), *Sorge: Arbeit, Verhältnisse, Regime* (S. 107–124). Baden-Baden: Nomos.

Eberlein, E., Reifegerste, D., & Link, E. (2017). Triadische Kommunikation im Kontext medizinischer und psychotherapeutischer Behandlung: Die Rolle der Angehörigen von Depressionspatienten. In C. Lampert & M. Grimm (Hrsg.), *Gesundheitskommunikation als transdisziplinäres Forschungsfeld* (S. 237–248). Baden-Baden: Nomos.

Fisher, A., Manicavasagar, V., Sharpe, L., Laidsaar-Powell, R., & Juraskova, I. (2017). A qualitative exploration of patient and family views and experiences of treatment decision-making in bipolar II disorder. *Journal of Mental Health, 27*(1), 66–79. https://doi.org/10.1080/09638237.2016.1276533.

George, W., & George, U. (Hrsg.). (2003). *Angehörigenintegration in der Pflege*. München: Reinhardt.

Goffman, E. (1967). *On face-work. Interaction ritual: Essays on face-to-face behavior* (S. 5–46). New York: Pantheon.

Hovick, S. R. (2014). Understanding family health information seeking: A test of the theory of motivated information management. *Journal of Health Communication, 19*(1), 6–23. https://doi.org/10.1080/10810730.2013.778369.

Johnson, J. D., & Meischke, H. (1993). A comprehensive model of cancer-related information seeking applied to magazines. *Human Communication Research, 19*(3), 343–367. https://doi.org/10.1111/j.1468-2958.1993.tb00305.x.

Kiessling, C. (2014). Das Verhältnis von Medizin und Gesundheitskommunikation. In K. Hurrelmann & E. Baumann (Hrsg.), *Handbuch Gesundheitskommunikation* (S. 95–108). Bern: Huber.

Kinnane, N. A., & Milne, D. J. (2010). The role of the Internet in supporting and informing carers of people with cancer: A literature review. *Supportive Care in Cancer, 18*(9), 1123–1136. https://doi.org/10.1007/s00520-010-0863-4.

Kirschning, S., & von Kardorff, E. (2007). Welche Informationen suchen internetnutzende Angehörige krebskranker Frauen und Männer? Helfen die gefundenen Informationen bei der Bewältigungsarbeit? *Medizinische Klinik, 102*(2), 136–140. https://doi.org/10.1007/s00063-007-1014-7.

Laidsaar-Powell, R., Butow, P., Bu, S., Charles, C., Gafni, A., Fisher, A., et al. (2016). Family involvement in cancer treatment decision-making. A qualitative study of patient, family, and clinician attitudes and experiences. *Patient Education and Counseling, 99*(7), 1146–1155. https://doi.org/10.1016/j.pec.2016.01.014.

Latour, B. (1996). On actor-network theory. A few clarifications. *Soziale Welt, 47*(4), 369–381. https://www.jstor.org/stable/40878163.

MacGeorge, E. L., Feng, B., Burleson, B. R., Knapp, M. L., & Daly, J. A. (2011). Supportive communication. In M. L. Knapp & J. A. Daly (Hrsg.), *The SAGE handbook of interpersonal communication* (S. 317–354). Thousand Oaks: Sage Publications.

Magsamen-Conrad, K., Dillon, J. M., Billotte Verhoff, C., & Faulkner, S. L. (2018). Online Health-Information Seeking Among Older Populations. Family Influences and the Role of the Medical Professional. *Health communication*, 1–13. https://doi.org/10.1080/10410236.2018.1439265.

Mahrer-Imhof, R., & Bruylands, M. (2014). Ist es hilfreich, Famiilienmitglieder einzubeziehen? Eine Literaturübersicht zu psychosozialen Interventionen in der familienzentrierten Pflege. *Pflege, 27*(5), 285–296. https://doi.org/10.1024/1012-5302/a000376.

Maio, G. (2016). *Geschäftsmodell Gesundheit. Wie der Markt die Heilkunst abschafft* (2. Aufl.). Berlin: Suhrkamp.

Mo, P. K. H., Malik, S. H., & Coulson, N. S. (2009). Gender differences in computer-mediated communication: A systematic literature review of online health-related support groups. *Patient Education and Counseling, 75*(1), 16–24. https://doi.org/10.1016/j.pec.2008.08.029.

Mollica, M. A., Litzelman, K., Rowland, J. H., & Kent, E. E. (2017). The role of medical/ nursing skills training in caregiver confidence and burden. A CanCORS study. *Cancer, 123*(22), 4481–4487. https://doi.org/10.1002/cncr.30875.

Reifegerste, D. (2018, November). *Emergent und trotzdem zielführend – Klinikkommunikation mit Angehörigen.* 25. Jahrestagung der DGPuK Fachgruppe PR und Organisationskommunikation, Stuttgart.

Reifegerste, D., & Bachl, M. (2017, April). *Information (not only) for the patient. Uses and gratifications of surrogate health information seeking. Poster im Rahmen der D.C. Health Communication Conference (DCHC), Fairfax, USA*, Washington DC.

Rogers, R. W. (1975). A protection motivation theory of fear appeals and attitude change. *Journal of Psychology, 91*(1), 93–114. https://doi.org/10.1080/00223980.1975.9915803.

Rosenbrock, R., & Gerlinger, T. (2014). *Gesundheitspolitik. Eine systematische Einführung* (3. vollst. überarb. Aufl.). Bern: Hogrefe.

Rosland, A.-M., Heisler, M., Janevic, M. R., Connell, C. M., Langa, K. M., Kerr, E. A., et al. (2013). Current and potential support for chronic disease management in the United States: The perspective of family and friends of chronically ill adults. *Families, Systems, & Health, 31*(2), 119–131. https://doi.org/10.1037/a0031535.

Rosland, A.-M., Piette, J. D., Choi, H., & Heisler, M. (2011). Family and friend participation in primary care visits of patients with diabetes or heart failure: Patient and physician determinants and experiences. *Medical Care, 49*(1), 37–45. https://doi.org/10.1097/MLR.0b013e3181f37d28.

Sadasivam, R. S., Kinney, R. L., Lemon, S. C., Shimada, S. L., Allison, J. J., & Houston, T. K. (2013). Internet health information seeking is a team sport: Analysis of the Pew Internet Survey. *International Journal of Medical Informatics, 82*(3), 193–200. https://doi.org/10.1016/j.ijmedinf.2012.09.008.

Schaeffer, D., & Haslbeck, J. (2016). Bewältigung chronischer Krankheit. In M. Richter & K. Hurrelmann (Hrsg.), *Soziologie von Gesundheit und Krankheit* (Lehrbuch, 1. Aufl., S. 243–256). Wiesbaden: Springer. https://doi.org/10.1007/978-3-658-11010-9_16.

Schobin, J. (2013). *Freundschaft und Fürsorge. Bericht über eine Sozialform im Wandel.* Hamburg: Hamburger Edition HIS.

Vedel, I., Ghadi, V., Lapointe, L., Routelous, C., Aegerter, P., & Guirimand, F. (2014). Patients', family caregivers', and professionals' perspectives on quality of palliative care: A qualitative study. *Palliative Medicine, 28*(9), 1128–1138. https://doi.org/10.1177/0269216314532154.

Warneken, F., & Tomasello, M. (2009). The roots of human altruism. *British Journal of Psychology, 100*(3), 455–471. https://doi.org/10.1348/000712608X379061.

Wilz, G., & Meichsner, F. (2017). Angehörigeninterventionen bei somatischer Krankheit. In U. Koch & J. Bengel (Hrsg.), *Anwendungen der Medizinischen Psychologie* (S. 183–208). Göttingen: Hogrefe.

Wolff, J. L., & Roter, D. L. (2008). Hidden in plain sight. Medical visit companions as a resource for vulnerable older adults. *Archives of Internal Medicine, 168*(13), 1409–1415. https://doi.org/10.1001/archinte.168.13.140.

Woods, B., Keady, J., & Seddon, D. (2009). *Angehörigenintegration: Beziehungszentrierte Pflege und Betreuung von Menschen mit Demenz*. Bern: Huber.

Wright, K. B., Rains, S., & Banas, J. (2010). Weak-tie support network preference and perceived life stress among participants in health-related, computer-mediated support groups. *Journal of Computer-Mediated Communication, 15*(4), 606–624. https://doi.org/10.1111/j.1083-6101.2009.01505.x.

Zerfass, A., & Grünberg, P. (2016). Konzepte der Public Relations: Vertrauen, Reputation und Dialog. In M. Bruhn, F.-R. Esch, & T. Langner (Hrsg.), *Handbuch Strategische Kommunikation* (S. 186–207). Wiesbaden: Springer.